Maurizio Martinelli Giulio Paolucci

ETRUSKISCHE
STÄTTEN

SCALA

Inhalt

Bologna
Marzabotto
MARE ADRIATICO
F. Santerno
F. Montone
F. Savio
F. Reno
F. Secchia
F. Magra
Luni
G. di La Spezia
Pistoia
T. Ombrone
F. Sieve
F. Serchio
Lucca
MARE
LIGURE
L. di Massaciùccoli
Quinto
Fiesole
Firenze
Artimino
Pisa
Fiume Arno
F. Pesa
F. Elsa
F. Era
F. Arno
Anghiari
Arezzo
Volterra
F. Cecina
Montescudaio
Casale Marittimo
Siena
Castiglion Fiorentino
Cortona
Montarrenti
Asciano
Murlo
Lago Trasimeno
Perugia
Dolciano
Chianciano
Chiusi
Sarteano
Cetona
F. Cornia
Massa Marittima
Canale di Piombino
Populonia
Scarlino
Vetulonia
Bruna
Roselle
F. Ombrone
Grosseto
Sorano
Volsinii (Orvieto)
Saturnia
Sovana
Pitigliano
Volsinii Novi (Bolsena)
Magliano
Poggio Buco
L. di Bolsena
Talamone
Castro
Marsiliana
F. Albegna
MARE TIRRENO
Acquarossa
Orbetello
Laguna di Orbetello
Cosa (Ansedonia)
Vulci
Tuscania
Viterbo
Castel D'Asso
F. Marta
Norchia
L. di Vico
S. Giuliano
Falerii Novi
Falerii Veteres (Civita Castellana)
Tarquinia
Blera
Gravisca
S. Giovenale
Sutri
Nepi
Narce
Civitavecchia
L. di Bracciano
Capena
Lucus Feroniae
Castrum Novum
Pyrgi
Cerveteri
Ceri
Veio
Alsium
Roma
Fregene
0 5 10 20 30 40 50 km

EINFÜHRUNG

In den literarischen römischen Quellen verstand man unter Etrurien traditionell das weitläufige Territorium Mittelitaliens zwischen dem Tiber im Süden, dem Arno im Norden und dem Apennin im Osten. Obwohl die moderne archäologische Forschung für dieses Territorium die Bezeichnung Etrurien beibehält – dazu müssen die Gebiete zwischen dem Arno und dem Apennin ergänzt werden, – hat sie klar herausgefunden, dass andere Gebiete außerhalb dieses schon großen Territoriums schon seit ältester Zeit mit ihm zusammen eine Einheit bildeten. Man muss bedenken, dass die etruskische Kultur etwa ein Jahrtausend lang andauerte und dass das sie betreffende Territorium unvermeidliche Dynamiken erfuhr genauso wie der Begriff „Etrurien". Man darf ihn nicht mit der heutigen Definition eines Territorialstaates verwechseln. Zu Beginn der Eisenzeit, auf die die Zeugnisse der sogenannten „Villanova-Kultur" zurückgehen, einer Kultur, die von ihrer Art her ein Teil der etruskischen Kultur war, gab es keine Zentralregierung, keine eindeutige Gesetzgebung und keine international sanktionierten Grenzen. Für die antiken Völker existierten Gebiete, die nach ethnischen und kulturellen Gemeinsamkeiten definierbar waren (biologisch nahverwandte Herkunft, Identität von Sprache und Traditionen), dank derer sich ein auf einem bestimmten Territorium zerstreutes *ethnos* identifizierte. Sie unterlagen damit auch großen gebietsmäßigen Variablen, die tiefen, sozialpolitischen inneren Teilungen entsprachen.

Die Kultur der Etrusker entwickelte sich daher vom 9. Jh. v. Chr. an auf einem Territorium, das sich durch eine wilde Natur mit einer dichten Macchia aus Büschen und Bäumen auszeichnete, die sich die Hügel entlang zog, während sich in den Tälern weite, fruchtbare Gebiete ausdehnten. In dieser Gegend, wo heute die Toskana, ein Teil Latiums und Umbriens liegen, wird die Landschaft von den sub-apenninischen Bergrücken – Colline Metallifere, Monte Amiata, Monte Cetona und Monti della Tolfa – dominiert; die charakteristischen Elemente der Landschaft sind die sanften Hügelkuppen der Toskana und die großen Tuffstein-Terrassen des Latium. Typisch sind auch die breiten Flusstäler, die zur Küstenzone hin in der weiten Ebene der Maremma zusammentreffen und die eher kleineren Täler an der Küste des Latium, die im Lauf der Jahrhunderte in Folge einer umsichtigen Handhabung der Gewässer besonders fruchtbar wurden. Die Region, die von den Etruskern bewohnt wurde, umfasst Binnenseebecken aus Vulkangestein (Bolsena-See, Bracciano-See, Vico-See) oder Becken tektonischer Herkunft wie der große Trasimenische See.

Seit ihrem ersten Auftreten unterschied sich die etruskische Kultur deutlich von der zeitgenössischen griechischen, deren tiefgreifende Einflüsse sie dennoch erfuhr. Sie unterschied sich aber auch von der römischen Kultur, die von den Etruskern wiederum Traditionen und Bräuche übernahm: Tatsächlich ist die Sprache – trotz der Verwendung des griechischen Alphabets – völlig unterschiedlich, so wie auch die ausgeprägte Religiosität, die Hinwendung zur Welt der Toten und die konservative Tendenz im aristokratischen Sinn besonders sind. Griechische und römische Schriftsteller legten den Schwerpunkt auf das Problem der Herkunft der Etrusker und begannen damit eine fruchtbare Debatte, die seit nun schon mehr als zweitausend Jahren andauert. Dem Historiker Herodot zufolge (5. Jh. v. Chr.) waren sie von Lydien im östlichen Mittelmeerraum ein-

Seite 2-3: *Kylix*, die Oltos von Tarquinia zugeschrieben wird, 510-500 v. Chr. Tarquinia, Museo Archeologico Nazionale

Hüttenurne aus Impasto-Masse aus der Nekropole Cavalupo, Vulci, 9. Jh. v. Chr. Rom, Museo Nazionale Etrusco di Villa Giulia

Aschenurne aus Bronzeblech aus *Falerii Veteres*, Mitte des 7. Jh. v. Chr. Rom, Museo Nazionale Etrusco di Villa Giulia

gewandert und hatten die fruchtbare Region kolonisiert, die sich zum Tyrrhenischen Meer hin öffnet. Diese Abwanderung soll durch eine schwere Hungersnot verursacht worden sein, die über ihr Heimatland hereingebrochen war, und von Tyrrhenos, dem Sohn des Königs, angeführt worden sein. So erfüllte ihre legendäre Herkunft die Funktion, diese hochentwickelte Kultur zu adeln, indem man sie von der griechischen Welt ableitete. Für Dionysos von Halikarnassos (Ende 1. Jh. v. Chr.) hingegen handelte es sich um ein alteingesessenes antikes Volk – im Unterschied zu den Römern, die Beiträge von verschiedenen Völkern, wenn auch alle von griechischer Herkunft, gehabt haben sollen. Er unterstrich bei den Etruskern die absolute Originalität der Bräuche und der Sprache im Vergleich zu den anderen italischen Völkern. Für lange Zeit wurden die zwei Theorien mit unterschiedlichen Argumentationen akzeptiert oder widerlegt. Heute glaubt man, dass diese Kultur eine außergewöhnliche Mischung von externen kulturellen Einflüssen (sowohl mediterranen als auch mitteleuropäischen) und einer lokalen Ethnie war, die von dem – auch vom Ausland kommenden – Zustrom verschiedener kleiner Minderheiten belebt wurde.
Im weitläufigen Territorium zwischen Tiber- und Arnotal erschienen im 9. Jh. v. Chr. demnach die ersten Gruppen von Hütten. Sie lagen auf natürlich befestigten Hochplateaus, die von abschüssigen, steil abfallenden Wänden begrenzt und verteidigt wurden. Von ihnen bleiben heute nur noch bescheidene Spuren übrig. Man hat in neueren Zeiten begonnen, diese Spuren zu untersuchen, die aus Feuerstellen und Löchern für die Pfosten bestehen. Letztere wurden aufgestellt, um den Bauten aus Holz, Stroh und Lehm Halt zu geben. Das externe Aussehen dieser bescheidenen Be-

Gebeinurne aus Impasto-Masse aus Volterra, 9.-8. Jh. v. Chr. Volterra, Museo Etrusco Guarnacci

Urne aus Impasto-Masse mit Helm-Deckel aus der Nekropole Montarano, *Falerii Veteres*, Mitte 8. Jh. v. Chr. Rom, Museo Nazionale Etrusco di Villa Giulia

hausungen wird von verschiedenen Exemplaren von Hüttenurnen aus Impasto-Masse und Bronze dokumentiert, die nur in bestimmten Zonen im Inneren von Schachtgräbern gefunden wurden. Die Urnengräber dieser Zeit bestehen aus Schächten, die ins Erdreich gegraben wurden. Die Gräber beinhalten Ossarien in Doppelkegelform, die von Schalen bedeckt sind, sowie bescheidene Grabbeigeben; diese neigen jedoch schon dazu, das Geschlecht des Verstorbenen zu kennzeichnen: kleine Spindeln weisen auf die Tätigkeit des Spinnens bei den Frauen hin, seltener kommen Waffen bei den Männern vor. Noch sporadischer sind Hüttenurnen und Ossarien, die mit Helmen aus Bronze oder Ton bedeckt sind (in einigen Fällen sind Lanzen und Schwerter vorhanden). Sie repräsentieren die Tätigkeiten des Familienoberhauptes mit heiligen Funktionen oder seine Rolle als Krieger. Das Auffinden von Manufakten in den Grabbeigaben, die auf Sardinien in der Nuraghen-Zeit herstellt wurden, erlaubt außerdem die Vermutung eines bescheidenen Austausches mit anderen Kulturen.
Mit dem fortschreitenden 8. Jh. v. Chr. deuten die Bestattungen auf offensichtliche Anzeichen einer sozialen Struktur hin, die sich nach und nach im Sinne einer *gens* (Sippe) entwickelt, d. h. in großen familienübergeordneten Gruppen, die durch die Abstammung von einem gemeinsamen Vorfahren verbunden waren. In ihrem Inneren waren bewegliche Güter und Grundstücke durch die Verbreitung des Privateigentums anstelle des Kollektiveigentums erblich. Die soziale Organisation und die Benutzung von Geräten aus Eisen erklären die Blüte der Landwirtschaft, die in unmittelbarer Nähe der Siedlungen unter besonderer Beachtung des Anbaus von Getreide und Gemüse betrieben wurde.
Die Gemeinschaften der späten Eisenzeit lebten in ziemlich großen Agglomeraten, die sich in den folgenden Jahrzehnten in die großen Küstenstädte Cerveteri, Tarquinia, *Veji*, Vulci und Vetulonia verwandelten. Sie zeichneten sich durch eine spektakuläre Blüte im Lauf des 7. Jh. v. Chr. aus, während in Nordetrurien das Phänomen der Verdichtung deutlich langsamer und weniger offensichtlich erscheint. Die Verlegung der Küstenstädte Südetruriens auf neue Handels- und Kommunikationsrouten fungierte als Anziehungspunkt auf die umliegenden Ortschaften und war die Ursache der fortschreitenden Entstehung richtiggehender Städte. Sie entsprangen aus dem Zusammenschluss von Gruppen, die sich in Herkunft, Traditionen, weltlichen und religiösen Bräuchen zunächst unterschieden. Sie fanden dann aber gemeinsame Lebensregeln in Normen, die von einem einzigen König und von einer Versammlung der Oberschicht (sozial hochstehenden Persönlichkeiten) diktiert wurden. Nordetrurien hingegen, das auch wegen seiner vorherrschenden landwirtschaftlichen Bestimmung konservativer war, behielt für längere Zeit eine Zerstreuung der Gemeinschaften auf dem Territorium mit kleinen Fürstentümern bei, die auf landwirtschaftlichen Anbau und lokalen Handel gründeten.
Die letzten Jahrzehnte des 8. Jh. v. Chr. zeichnen sich in Südetrurien durch eine fortschreitende Veränderung im sozialen Gefüge mit der Bildung der reichen Adelsschichten. Diese manifestierten im Lauf des folgenden Jahrhunderts ihren Wohlstand mit prunkvollen Gräbern, die von monumentalen Erdhügeln bedeckt wurden. Sie prägten die etruskische Agrarlandschaft sowohl in den südlichen Küstenstädten als auch bis ins Landesinnere nach Cortona und das Arnotal und hoben die Macht eines „fürstlichen" Ranges hervor, der seinen Reichtum auf den Besitz von Boden gründete, der oft durch Kriegsaktionen erobert wurde. Diese Phase wird aufgrund ihrer starken kulturellen und künstlerischen Beeinflussung die „orientalisierende" Zeit genannt. Dieser Einfluss kam vom östlichen Mittelmeerraum her, der durch die Importe wertvoller Objekte aus Keramik oder Metall dokumentiert wird sowie durch die örtlichen Imitationen der Formen, des ornamentalen Gefüges und des bildlichen Repertoires auf italischem Gebiet, was in Etrurien von Ende des 8. Jh. v. Chr. bis einschließlich des 7. Jh. v. Chr. dauerte.
Die großen Tumulus-Gräber erheben sich einzeln oder in Gruppen und bilden beeindruckende Nekropolen wie die Banditaccia-Nekropole in Cerveteri. Auf ihren in den Tuffstein gehauen Fun-

Seite 8-9: Banditaccia-Nekropole mit Tumulusgrab, Cerveteri

damenten mit Gesimsverzierungen liegen die Altäre für die Opferungen zu Ehren der Götter der Unterwelt. Auch an den Ufern der kleinen Bucht von Baratti zu Füssen des Hügels von Populonia erheben sich große Tumulus-Gräber, und an den Hängen von Vetulonia wurden Grabmonumente bereitgestellt, die von einem kleinen Kreis aus Steinen begrenzt sind, die ins Erdreich hineingetrieben wurden. Im Inneren befinden sich Gräber von ranghohen Persönlichkeiten, die in großen Gruben angeordnet sind.

Die Fürstengräber mit Einäscherung nahmen nach dem Vorbild der Helden von Homer reiche Grabbeigaben auf: Sie enthielten exotische Gegenstände, Keramiken und andere prunkvoll verzierten Objekte und zeigen den großen Wohlstand, den die Adelsschicht erreicht hatte. Auf dieselbe Elite sind auch luxuriöse Wohnstätten zu beziehen, wie die außergewöhnlichen Funde von Murlo und Acquarossa bezeugen. Es handelte sich um große palastartige Bauten mit einer Überdachung von Tonziegeln und reicher architektonischer Verzierung zu dem Zweck, die Macht der adligen Familie noch mehr herauszustellen, die sie schon auf bestimmte soziale Gruppen ausübte. Wie das Innere dieser Wohnungen aussah, die eine nunmehr sichtbare Zäsur von den bescheidenen Hütten der vorausgegangen Jahrhunderte aufwiesen, ist uns mit den zeitgenössischen Kammergräbern überliefert, die als Haus des Verstorbenen mit Totenzellen verstanden wurden.

Detail einer Aschenurne mit Bankettszene aus Chiusi, letzte Jahrzehnte des 6. Jh. v. Chr. Florenz, Museo Archeologico Nazionale

Diese Zellen waren miteinander verbunden durch einen weiten Vorraum mit Türen, Decken, Pfeilern, Säulen und Hausrat in Nachahmung der Häuser der Lebenden.

Das häusliche Leben der Adelsfamilien spielte sich in unterschiedlichen Räumen ab, von denen einige zur Verarbeitung von Wolle und zur Herstellung von Lebensmitteln bestimmt waren. In diesem Hinblick erwähnen die literarischen Quellen die Viehzucht, im Besondern die Schweine- sowie Schaf- und Ziegenzucht als eine wichtige Ertragsquelle Etruriens, auch wenn neuere archäologische Forschungen den Schwerpunkt auf die Rinderzucht als hauptsächliche Quelle für die Landwirtschaft legen. Berühmt waren auch die etruskischen Rennpferde, die ohne Sattel geritten wurden, wie einige Darstellungen aus dieser Zeit zeigen.

In den reichen Häusern der „Fürsten" fanden prunkvolle Bankette statt, an die uns einige Tonplatten von Acquarossa und die Worte des Philosophen Poseidonios von Apameia erinnern: „die Etrusker essen zweimal am Tag an prunkvollen Tafeln mit allem, was zu einem auserlesenen Leben beiträgt, und lassen sich von einer ganzen Schar von Sklaven bedienen". Der Konsum von Wein und parfümierten Ölen bezeugt zunächst einmal den Anbau von Weinrebe und Olivenbaum, was die Landschaft Etruriens für immer prägen sollte, und zeigt zudem die sozial hochstehende Abstammung, die dazu tendiert, den eigenen Lebensstil an die Bräuche der griechischen und orientalischen Welt anzugleichen. Die üppige Vegetation, die weite Gebiete Etruriens bedeckte, bescherte den Wildschweinen reichliche Nahrung, die zum Spiel der Flöte gejagt wurden und ein hervorragendes Fleisch lieferten, das auf den Tischen der Adligen sehr geschätzt wurde. Im Allgemeinen erschienen auf den reichen Tafeln dieser Elite zahlreiche Arten von Wild, das an den See- und Flussbecken des Hinterlands erlegt wurde. Diese wurden von den literarischen Quellen auch für ihren Fischreichtum gepriesen. Die Fischerei war auf dem Meer mit Netz, Angel und Harpune weit verbreitet, was in Tarquinia vom „Grab der Jagd und Fischerei" bezeugt wird. Hingegen zeigen andere Bilder auf Geschirr das Fangen von großen Fischen mit der Harpune, die vielleicht als Thunfische erkennbar sind. Die etruskischen Festmahlgäste wurden von Flöten- und Zitherspielern erfreut, und die große Wertschätzung der Musik wird von bildlichen und literarischen Quellen erwähnt, die eine Verwendung der Musik bei Kultzeremonien, beim Sport und bei den zahlreichen Tätigkeiten des täglichen Lebens bezeugen.

Gewiss nicht weniger charakteristisch als Sitten und Bräuche ist die etruskische Sprache, die erbitterte Debatten und Polemiken hervorgerufen hat, angefangen beim Alphabet und dem Brauch, von rechts nach links zu schreiben. In Wirklichkeit ist die schon im 7. Jh. v. Chr. benutzte alphabetische Serie vom griechisch-westlichen Typ. Es ist der gleiche, der aus einigen Inschriften

Detail einer Terrakottaplatte mit Bankettszene aus Acquarossa, 6. Jh. v. Chr. Viterbo, Museo Civico

von Pitecusa und *Cumae* bekannt ist, den ersten griechischen Kolonien im Westen. Das Lesen stellt keine Probleme dar, auch wenn auf den ältesten Inschriften die Trennungszeichen zwischen den einzelnen Wörtern fehlen, die im Allgemeinen erst im 6. Jh. v. Chr. benutzt wurden. Die über zehntausend bekannten Inschriften beinhalten zum größten Teil Angaben mit namens- und bestattungsbezogenem Charakter, während einige der längeren Texte (die sogenannte „Mumie von Zagreb", eine Binde aus Leinen des 3.-2. Jh. v. Chr., auf der ca. 1350 Wörter stehen, oder die Tontafel von Capua aus dem 5. Jh. v. Chr. mit 390 Wörtern) Ritualkalender mit Angaben von heiligen Formeln und Zeremonien wiedergeben, die zu bestimmten Daten und zu Ehren ganz bestimmter Gottheiten auszuführen waren. Andere, eher lange Inschriften aus dem 3.-2. Jh. v. Chr., wie die Stele aus Travertin von San Manno mit 128 Wörtern und die sogenannte *Tabula Cortonensis* aus Bronze mit 206 Wörtern haben einen juristischen Inhalt, der ein Urteil zu einem landwirtschaftlichen Besitz bei Perugia bzw. die Transaktion einiger landwirtschaftlicher Grundstücke in der Nähe von Cortona betrifft.

Eine Spur Ähnlichkeit zwischen dem Etruskischen und den anderen Sprachen im Mittelmeerraum wurde auf einigen Inschriften erkannt, die auf der Insel Lemnos entdeckt wurden: die bekannteste und längste befindet sich auf einer Stele mit der Figur eines Kriegers und besteht aus

33 Wörtern, die solch eine bedeutende Ähnlichkeit mit der etruskischen Sprache aufweisen, dass man eine Präsenz auf der griechischen Insel vermuten kann.
Der Reichtum Etruriens entstand auch durch die Präsenz wichtiger Erzvorkommen auf eigenem Territorium, die schon früh die hellenischen Völker anzogen mit dem Resultat, Entwicklungen von wirtschaftlichem und kulturellem Wachstum der aufstrebenden lokalen Schichten zu begünstigen. Folglich bildeten sich gegen Ende des 7. Jh. v. Chr. einige städtische Zentren, die das Küstenpanorama beherrschten und die in kurzer Zeit eine bedeutende Ausdehnung erreichten, die sich durch ein starkes demografisches Wachstum auszeichnete. Dieser Moment deutet auf die als „archaisch" bekannte Zeit hin, chronologisch entspricht sie den Jahren zwischen Ende des 7. Jh. und Mitte des 5. Jh. v. Chr. Dafür sind die definitive Entstehung der Städte und der ionisierende Stil griechisch-orientalischer Inspiration in der Kunst charakteristisch, der sich durch menschliche Figuren auszeichnet, die vorwiegend im Profil dargestellt werden, mit Schlitzaugen und dem sogenannten „etruskischen Lächeln". Waren die Stadtstaaten erst einmal definitiv aufgebaut, so standen sehr aktive Adelsgruppen an der Spitze. Die Organisation dieser Stadtstaaten brachte auch eine Entwicklung der Landwirtschaft und ein Wachstum des Handels mit sich; dies in Verbindung mit dem Austausch von Produkten, die das fruchtbare Territorium hervorbrachte: Getreide, Wein und Öl, wobei die zwei letzteren durch die Hügellage besonders begünstigt waren.
In dieser Zeit bauten die Etruskerstädte im Süden, die auf weiten Hochebenen an der Küste in Sichtweite des Meeres entstanden waren, auch spezielle Hafenanlagen und lösten damit weitere Entwicklungen in der Handelstätigkeit aus. In der Tat liefen von hier Schiffe aus, die sich neuen Handelsrouten zuwandten, sodass das Meer, auf das sich die Region hin öffnet, den Namen Tyrrhenisches Meer annahm, von *Tyrrhenoi*, dem griechischen Namen der Etrusker. Die etruskischen Seeleute waren den Quellen nach ziemlich gefürchtet und für ihre legendären Taten wie den Diebstahl der Hera-Statue auf der Insel Samos berühmt-berüchtigt. Die Griechen definierten sie wegen ihrer kühnen Unterfangen im Mittelmeer als Piraten und der achte Hymnus Homers, der Dionysos gewidmet ist, erzählt, wie es den Etruskern gelang, das Schiff zu entern, auf dem der Gott des Weines inkognito reiste. Dionysos soll sich jedoch prompt befreit und die tyrrhenischen Seeleute in Delfine verwandelt haben. Diese mythologischen Erzählungen verbergen in Wirklichkeit die große kommerzielle Rivalität zwischen der griechischen und etruskischen Bevölkerung um die Herrschaft über die Seewege und den Weinhandel. Gleichzeitig kann man auch ein Produktionswachstum in der Nähe großer südlicher Etruskerstädte wie Cerveteri beobachten: Es entstanden Keramikwerkstätten, wo große Mengen an Geschirr hergestellt wurden, darunter die charakteristische schwarze Bucchero-Keramik mit aufgepressten geometrischen Dekorationen oder mit Tier- und Phantasiefiguren. Selten erscheinen Abbildungen aus dem mythologischen Repertoire, aber im Verlauf der Jahrzehnte nahmen die Vasen eine prunkvolle Verzierung an, die die gesamte Oberfläche bedeckte. Einige dieser Keramikwerkstätten wurden von

***Askos* aus Bucchero in Form eines Wagenlenkers aus Cerveteri, Ende 7. Jh. v. Chr. Vatikan, Museo Gregoriano Etrusco**

fähigen, aus Griechenland eingewanderten Töpfern betrieben wie Demaratos von Korinth, der gegen Mitte des 7. Jh. v. Chr. nach Tarquinia kam und andere Handwerker mit sich brachte. Diese Persönlichkeit bekleidete eine wichtige Rolle nicht nur in der Geschichte der Etruskerstadt, wo er die figurativen Künste und die Schrift eingeführt haben soll, sondern auch in der römischen Geschichte, denn er war der Vater von Lucius Tarquinius Priscus, dem zukünftigen König von Rom. Und genau dieser wird es sein, der einige Bräuche der etruskischen Kultur in die Tiberstadt einführt, indem er der literarischen Überlieferung nach die „*fasci*" (Bündel) mit dem Beil der Liktoren als Insignien der höchsten Macht, den kurulischen Stuhl (Amtssessel der höchsten Beamten), die Kriegstrompete und die purpurgesäumte Toga von Etrurien übernimmt.

In anderen Städten wie Vetulonia fertigte man wertvolle Gegenstände aus Gold von großem orientalisierenden Geschmack an, während in Vulci Werkstätten von Bronzekünstlern entstanden, deren Werke sowohl von den Adelsschichten als auch in Griechenland geschätzt und gelobt werden sollten. Im Gebiet von Campiglia, dem „Industriegebiet" von Baratti, zu Füßen des Ortes Populonia und vor allem auf der Insel Elba loderten Feuer für das Rösten des Eisenerzes und seine Verarbeitung, bei denen sich hohe Rauchsäulen erhoben, sodass die Insel von den Griechen „die Rauchige" genannt wurde.

Das wirtschaftliche Wachstum der verschiedenen Städte, die wir erwähnt haben, zeigte sich auch in einer Neuverteilung des Reichtums auf mehrere Familien; davon blieben unmissverständliche Zeugnisse in der Grabarchitektur – mit einer Zunahme der Monumentalgräber – sowie in den massiven Importen figürlicher griechischer Keramik erhalten. Letztere stellte sich als ein wichtiger Vermittler für die Kenntnis jener Bräuche heraus, die in Etrurien unbekannt waren, und für die Kenntnis von detailliert erzählten Mythen, die zur Einführung von griechischen Kulturmodellen und zum Interesse an griechischer Literatur verhalfen. In diesen Rahmen fügt sich das Erscheinen der monumentalen *François-Vase* (Florenz, Museo Archeologico) ein, eines Meisterwerkes der attischen Vasenkunst des Malers Kleitias und des Töpfers Ergotimos, das einen Erzählzyklus von außerordentlichem Interesse zeigt: Die Vase birgt einen Reichtum an Einzelheiten, der ansonsten unbekannt geblieben wäre.

Während dieser kulturellen Phase (6. Jh. v. Chr.) basierte die politische Organisation Etruriens auf zwölf Stadt-Staaten (vielleicht nach dem ionischen Modell), die politisch autonom, manchmal aber auch im Konflikt miteinander waren und ihre Oberhoheit auf bestimmte Gebiete ausübten, von denen man die Grenzen nicht sicher festlegen kann. Sie versammelten sich zu jährlichen Zeremonien, für die die Verehrung einiger Götter mit heiligen Opferungen und sportlichen Wettkämpfen typisch war. Sie wurden im gemeinsamen Heiligtum des Voltumna in Orvieto abgehalten, wo das ethnisch-religiöse Bündnis der „zwölf Volksstämme Etruriens" besiegelt wurde. Diese müssen wahrscheinlich mit den Städten *Veji*, *Caere* (Cerveteri), Tarquinia, Vulci, Roselle, Vetulonia, *Volsinii* (Orvieto), Chiusi, Perugia, Cortona, Arezzo und Volterra identifiziert werden. Zu dieser Liste würde Populonia erst nach der Zerstörung von

Detail eines *aryballos* aus Bucchero mit Inschrift aus Vulci, 7. Jh. v. Chr. Rom, Museo Nazionale Etrusco di Villa Giulia

Veji (396 v. Chr.) durch die Römer dazukommen, auch wenn die archäologischen Daten für diesen Ort einen großen Reichtum vorzuweisen scheinen, der sich mit der fehlenden Teilnahme an den Zeremonien im Sanktuarium von Orvieto vor dem 4. Jh. v. Chr. schlecht erklären lässt. Das in Orvieto abgehaltene Konzil wählte auch einen Priester, der den Feierlichkeiten zu Ehren der angebeteten Gottheiten vorsitzen musste. Wie Livius berichtet, wurde auf dieser Versammlung im Heiligtum, das der Gottheit *Nortia* gewidmet war, ein Nagel eingeschlagen als Zeugnis der Berechnung der Jahre und des langsamen Zeitablaufes. Die kleinen Territorialstaaten zeichneten sich durch eine starke Autonomie aus, die von verschiedener Seite bezeugt wird. Darunter fällt auch die Geschichte der Kapitulation *Vejis*. Livio berichtet in der Tat, dass die Stadt im Herzen des *Fanum Voltumnae* die anderen etruskischen Stämme im Krieg gegen Rom sogar zweimal um Hilfe bat und immer eine Absage erhielt, sodass sie letztlich auf sich allein gestellt blieb. Sie wurde schließlich besiegt und von der aufstrebenden römischen Macht vernichtet.

Die schon erwähnte Präsenz der Etrusker auf den Meeren und ihre Kontrolle über die wichtigsten Handelsrouten wurde von Anfang bis Mitte des 6. Jh. v. Chr. zeitweise getrübt: Die aus Griechenland stammenden Phoker hatten an der französischen Küste (Massalia-Marsiglia) und auf der tyrrhenischen Seite Korsikas (Alalia) ihre Kolonien gegründet. Dies wurde für die kommerzielle Expansion des etrurischen Küstenlands als große Gefahr empfunden, sodass um das Jahr 535 v. Chr. eine große etruskische, mit Karthago alliierte Flotte mit den Phokern zusammenstieß und vor den Küsten Korsikas einen bedeutenden Sieg davontrug. Der Erfolg diente dazu, die griechischen Handelssiedlungen in diesem Teil des Mittelmeers definitiv zu bremsen und das etruskische Vordringen in das südliche Tyrrhenische Meer zu begünstigen.

François-Vase aus Fonte Rotella, Chiusi, 560 v. Chr. Florenz, Museo Archeologico; gegenüber, Detail

Das von Südetrurien gebotene demographische Bild jener Zeit zeigt mit dem Verlassen zahlreicher kleinerer Siedlungen eine deutliche Landflucht, während die großen Küstenstädte eine massive demographische Zunahme erfuhren, die mit dem Erblühen des Handels verbunden war. Einige Städte bewehrten sich auch mit einem hohen Mauerring, und in vielen Orten war eine starke Baudynamik mit reicher architektonischer Dekoration spürbar, welche die religiösen und öffentlichen Gebäude schmückte. Sakralbauten wurden auf einem hohen Podium errichtet und mit mehrfarbiger Terrakotta elegant verziert, manchmal auch mit Statuen von Gottheiten, die zur Ausschmückung am Frontgiebel oder auf der Dachspitze aufgestellt wurden. Besonders aktive Werkstätten der Terrakotta-Architektur sind in Cerveteri und *Veji* bekannt, wie zahlreiche Platten, Giebelverzierungen und große Tonstatuen bezeugen. Das hohe Können der Kunsthandwerker von Cerveteri zeigt sich auch in der Schaffung außerordentlicher Werke wie Sarkophage mit einem Ehepaar, das auf dem Deckel liegend dargestellt ist. Wie gewöhnlich geben die Nekropolen Auskunft über die städtische Gesellschaft der letzten Jahrzehnte des 6. Jh. v. Chr. und heben den Wohlstand, den Etrurien genoss, hervor. Intensiv erschien der kulturelle Austausch mit der griechisch-orientalischen Welt, und die Gräber von Tarquinia wurden allmählich mit außergewöhnlichen Malzyklen ausgeschmückt, die vom ionischen Stil beeinflusst waren. In diesen Malereien war das Bankett im Freien oder auf luxuriösen Betten – aus Anlass der Beerdigung des Grabgründers – durch eine starke Zurschaustellung von Luxus charakterisiert, die beabsichtigte, den Reichtum des Verstorbenen widerzuspiegeln, der noch als Lebender zwischen den Tischgenossen dargestellt und von den Familienmitgliedern fröhlich verehrt wird. Dabei wird er von Sklaven bedient und von lebhaften Tänzern und besonnenen Musikern erfreut.

Anders ist die Situation in Nordetrurien, wo Städte wie Arezzo, Fiesole oder Volterra in großer Entfernung zueinander entstanden und das Land keine extremen Formen der Landflucht zu kennen schien; ganz im Gegenteil, einige zweitrangige Orte erlebten eine bedeutende Blüte, manchmal in einer wesentlichen Homogenität mit größeren Städten. Der nördliche etruskische Landadel gründete seinen Reichtum auf eine geschickte Ausbeutung der landwirtschaftlichen Ressourcen, und auf seine Unternehmungslust ist die Besiedlung Norditaliens mit weitläufigen Migrationen in Richtung Emilia und Lombardei auf der Eroberung neuer Märkte zurückzuführen. In der Tat war der Initiative der Adelsschicht in einigen Stadtstaaten des mittleren und nördlichen etruskischen Binnenlands – im Besonderen Chiusi – die Kolonisierung von Gebieten der Poebene zu verdanken, die auch von der literarischen Überlieferung bestätigt wird, welche die Gründung Bolognas einem gewissen, aus Perugia stammenden Aucnus zuordnet. Auf diesen historischen Moment muss sich das Zeugnis des römischen Historikers Titus Livius beziehen, demzufolge die Macht der Etrusker zu Land und zu Wasser weit verbreitet war und die regionalen Grenzen überschritt, um sich bis in die Poebene und zu den fruchtbaren Gebieten von Kampanien vorzuschieben, wo das Territorium eine Organisation in zwölf Städte aufwies genau wie in Etrurien.

Das Kunsthandwerk des mittleren und nördlichen Etruriens hatte den von Südetrurien gemachten Erfahrungen sehr viel zu verdanken, denn die höheren Schichten der Gesellschaft stellten stolz ihr wertvolles Geschirr aus Bronze und attische Keramiken zur Schau. Auch in Rom wurden die dekorativen etruskischen Traditionen übernommen und gerade der letzte der Tarquini, Lucius Tarquinius Superbus, ließ das große Heiligtum des Jupiter auf dem Kapitol errichten, das von Vulca und anderen aus *Veji* stammenden Künstlern prachtvoll ausgeschmückt wurde. Das Ende der etruskischen Dynastie fiel in das Jahr 509 v. Chr., als Tarquinius Superbus verjagt wurde und sich zu Aristodemos, dem Tyrannen von *Cumae* flüchtete, während in Rom die Republik entstand. In diesen Rahmen fügte sich das Unternehmen des Porsenna ein, der von den literarischen Quellen als Tyrann von Chiusi und Orvieto definiert wird und der bei dem Versuch, Tarquinius Superbus nach Rom zu bringen, die Stadt für kurze Zeit besetzte.

Mit dem 5. Jh. v. Chr. erschien die etruskische Seemacht noch im Aufwind und der Handel erwies sich folglich in Expansion, aber bald würde sich das Bild radikal wandeln mit schweren Rückschlägen für Etrurien. Im Jahr 474 v. Chr. erlitten die südlichen Küsten-

Apoll von *Veji* aus dem Portonaccio-Heiligtum, Ende 6. Jh. v. Chr. Rom, Museo Nazionale Etrusco di Villa Giulia

städte bei *Cumae* eine schwere Niederlage auf See durch Ierone von Syrakus, der zur Unterstützung der Cumaner mit einer Flotte von Triremen eingeschritten war, die die etruskischen Schiffe vernichtete. Von dem Sieg, der von Pindar in seinen *Pythischen Oden* gefeiert wurde, zeugt ein klarer Beweis in der Opfergabe einiger Bronzehelme, die mit Widmungsinschrift vom Triumph der Einwohner von Syrakus im Heiligtum des Zeus in Olympia gefunden wurden. So nahm ein fortschreitender Verfall der etruskischen Präsenz auf dem Tyrrhenischen Meer seinen Anfang, der im Laufe des Jahrhunderts mit anderen Rückschlägen weitergehen sollte, die ihr von den Truppen aus Syrakus versetzt wurden. Sie brachten einen starken wirtschaftlichen Abbau der Küstenstädte mit sich, die nun nicht mehr in der Lage waren, ihre Handelsbeziehungen aufrechtzuerhalten, sowie eine daraus folgende Schwächung der politischen Macht, was auch den Verlust der Städte in Kampanien bedeutete.
Diodorus Siculus erzählt, dass Syrakus im Jahr 453 v. Chr. wieder mit den Städten Etruriens in Konflikt geriet, worauf zwei Schiffsexpeditionen die Insel Elba erreichten, um jenem Phänomen Einhalt zu gebieten, das die Griechen als „etruskische Piraterie" bezeichneten. Der erste Angriff unter dem Flottenkommandanten Faillus beschränkte sich auf einen Streifzug über die Insel, da es den Etruskern gelungen war, ihn zu bestechen; der zweite, von Apellas mit sechzig Triremen angeführte Angriff war jedoch verheerend und von wilden Plünderungen begleitet. In Folge dieser tragischer Ereignisse wurden diese Insel des toskanischen Archipels und verschiedene Küstensiedlungen mit hohen Festungen als Kontrollfunktion ausgestattet, aber der Verfall der etruskischen Seemacht war nicht mehr aufzuhalten. Ein letzter definitiver Schlag wurde ihr bei der gescheiterten Belagerung von Syrakus (415-413 v. Chr.) versetzt, die die Teilnahme eines etruskischen Militärkontingents an der Seite von Athen sah. Die schweren, durch die Hand der Syrakusaner erlittenen Niederlagen und die komplexen internen Phänomene sozialen Ursprungs brachten einen Einbruch der Importe und eine Krise der Küstenstädte mit sich, vor allem im öffentlichen Bauwesen und im Kunsthandwerk, das einen abrupten Stillstand erfuhr. Die Orte im Binnenland Etruriens bewahrten dagegen eine bemerkenswerte Blüte: Dies wird durch die Sakralarchitektur bezeugt, die in Orvieto und Chiusi einen erneuten Aufschwung erlebte.
Die zweite Hälfte des Jahrhunderts war auch eine Bühne der Feindseligkeiten zwischen Rom und *Veji*, die einige Jahrzehnte zuvor begonnen hatten und dann um den Besitz von Fidene erneut aufloderten. Der kleine Ort mit seiner strategischen Lage an einer Tiberfurt wurde für das römische Vordringen in Richtung Sabinien und Umbrien als ungeheuer wichtig betrachtet. Er wurde 426 v. Chr. von den Römern belagert und zerstört und war der Anlass für das Wiederaufflackern des Kriegs mit *Veji*. Dabei kam es zu unzähligen militärischen Zusammenstössen, die sich noch viele Jahre lang mit wechselhaften Ereignissen hinziehen sollten. Durch den ausgesprochen starken Individualismus der anderen etruskischen Städte blieb *Veji* trotz wiederholter Hilferufe seinem Schicksal überlassen und wurde im Jahr 396 v. Chr. nach langer Belagerung endgültig unterworfen. Rom hatte mit der Annektierung seines Territoriums das rechte Tiberufer definitiv überschritten; der Tiber war nun kein Grenzfluss mehr. Von diesem Moment an nahm die Eroberung des ganzen Etrurien ihren Anfang.
Anzeichen von Gefahr kamen aber auch von jenseits der Alpen: Zu Beginn des 4. Jh. v. Chr. besetzten gallische Stämme die fruchtbaren Gebiete der Poebene und nahmen mit Leichtigkeit die von den Etruskern gegründeten Städte mit Ausnahme von Mantua in Besitz und riefen somit das Ende der tyrrhenischen Herrschaft in Norditalien aus. Kurz danach gelangte eine Gruppe von Senonern nach Etrurien, die vielleicht von den reichen Produkten auf dem Land angezogen wurden. Livius erzählt in seiner monumentalen Geschichte über Rom, dass die gallischen Senoner nach Chiusi auf Anregung des Arrun kamen, eines einfachen Bürgers, der die Verführung seiner Frau durch einen lokalen Fürsten nicht hingenommen hatte. Die Angelegenheit scheint, wenn auch nur in ihrem romanhaften Aspekt, die Konflikte zwischen den Eliten der Stadt zu verbergen und hebt die weitläufigen Handelsbeziehungen hervor, die sich zwischen dem fruchtbaren Chiana-Tal und

Norditalien gebildet hatten. Vor diesem Hintergrund griffen die römischen Botschafter auf Drängen der Fürsten von Chiusi ein und verursachten damit den Einfall der Gallier in die Stadt am Tiber, die in Schutt und Asche gelegt wurde, sodass man einen Umzug der Bevölkerung in das nahgelegene *Veji* vermuten kann.

Die ersten zwanzig Jahre des 4. Jh. v. Chr. endeten im Wesentlichen mit einer geschwächten Region, die die Kontrolle über die Territorien in Kampanien und nördlich des Apennin verloren hatte. Dazu kamen ein ziemlich eingeschränkter Seehandel und verschiedene Küstenstädte, die nun auf die Landwirtschaft auswichen, was eine Wiederbesiedlung auf dem Land zur Folge hatte. Im Kontrast dazu steht Tarquinia als eine der vitalsten Städte, deren Territorium an vorderster Front gegenüber der römischen Offensive lag. An der Spitze stand *Aule Spurinna*, ein Mann von hohem sozialen Rang und politischer Größe, dessen Taten sich mit der Absetzung von *Orgolnius*, des Königs von Cerveteri, sowohl auf Südetrurien richteten wie auf die nördlichen Territorien mit der Entsendung eines Heeres, um eine Sklavenrevolte in Arezzo niederzuschlagen. Keinen positiven Ausgang hingegen hatte die 358 - 351 v. Chr. von ihm geführte Offensive gegen die Römer, die mit einem vierzig Jahre währenden Waffenstillstand nach einem sehr blutigen Kapitel abschloss, der Ermordung von dreihundert römischen Gefangenen auf dem Forum von Tarquinia.

Auch der reiche Schatz an Wandmalereien, der seit dem 4. Jh. v. Chr. in den Gräbern von Tarquinia aufgetragen wurde und ans Licht gekommen ist, bezeugt – in engem Zusammenhang mit den politischen Ereignissen – eine radikale Veränderung im Bilderprogramm, nämlich die Verlagerung des Banketts von der Welt der Lebenden, wie es traditionell dargestellt wurde, in die jenseitige Welt, d. h. in das dunkle Reich des Hades, wo die Toten zusammen mit den Göttern der Unterwelt, Dämonen und Vorfahren wohnen.

Die etruskische Geschichte war an der Jahrhundertwende vom Ablauf des vierzigjährigen Waffenstillstands mit den Römern (311-310 v. Chr.) gezeichnet; wie schon im vorausgegangenen

Detail eines Bronzekessels aus Capua, Anfang 5. Jh. v. Chr. London, British Museum

Krieg geschehen, konzentrierten sich die etruskischen Angriffe auf Sutri, eine Grenzfestung, die nunmehr unter römischem Einflussbereich stand und eine obligatorische Station auf dem Weg zwischen dem Vico-See und dem Bracciano-See war. Aus diesem Anlass entsandten einige Städte Nordetruriens – mit Ausnahme von Arezzo – Militärkontingente. Den wichtigsten Beitrag lieferten Perugia und Orvieto, die in diesem Moment eine Hegemonierolle in der etruskischen Liga innehatten. Spuren der erbitterten Schlachten zwischen Etruskern und Römern, die an die Mythen großen griechischer Helden angeglichen wurden, entdeckt man auch in den außergewöhnlichen Malereien des François-Grabes von Vulci, wo *Vel Saties*, wahrscheinlich der Gründer des Grabes, den endgültigen Ausgang des Konflikts enthüllt, und zwar mit dem Brauch, aus der Beobachtung des Vogelflugs Prophezeiungen zu verkünden.
Das Jahrhundert endete mit einem Volksaufstand in Arezzo, der die Familien der lokalen Oligarchie den subalternen Klassen entgegenstellte und der nur dank des Einschreitens der römischen Truppen des Marcus Valerius Corvo niedergeschlagen wurde. Die Übermacht der römischen Militärorganisation zu Anfang des 3. Jh. v. Chr. war nun nicht mehr aufzuhalten. Die blutige Niederlage von Sentino (295 v. Chr.) im Rahmen der Sannitischen Kriege zeichnete das einsetzende Ende für verschiedene etruskische Städte ab.
Im Jahr darauf überfiel Rom das Territorium von Orvieto, verwüstete es und ermordete 2800 Menschen. Dann richtete es seine Eroberungswut auf Roselle: Die römischen Truppen plünderten es, ermordeten weitere 2000 Männer und nahmen ebenso viele Gefangene. Die Römer waren nunmehr tief in das etruskische Territorium eingedrungen, und auch die Erzbecken der Metallhügel waren nun nahe daran, erobert zu werden. Zwischen 282 und 273 v. Chr. wurden viele Orte bezwungen; die Städte Orvieto und Vulci verloren wahrscheinlich ihre Unabhängigkeit, und in den folgenden Jahren wurden auch Populonia und Volterra eingenommen, während ebenso ein großer Teil des Territoriums von Cerveteri konfisziert werden sollte.
Im Küstengebiet sollten dann verschiedene Kolonien gegründet werden: *Alsium*, Fregene, *Pyrgi*, *Castrum Novum* (Santa Marinella) im Umland von Cerveteri, *Graviscae* im Umland von Tarquinia und *Cosa* auf dem Territorium von Vulci. Manchmal handelte es sich um Orte, die schon eine Besiedlung vom Meer aus gekannt hatten, in anderen Fällen wurden Machtzentren, die zur Kontrolle des Territoriums bestimmt waren, an einen anderen Ort verlegt. Ein besseres Schicksal widerfuhr auch den Städten Inneretruriens nicht, denen schwere Auflagen aufgelastet wurden.
Ein berühmter Passus von Titus Livius zeigt die Situation Etruriens am Ende des Jahrhunderts: die Städte Etruriens, die nunmehr mit Rom verbündet waren, hatten Scipio ihre Hilfe für eine neue Militärkampagne gegen Hannibal versprochen. Die Stadt Cerveteri soll Getreide und andere Verpflegung für die Schiffe angeboten haben, Tarquinia nur Leinen, Populonia Eisen, Volterra Getreide und Wachs für den Schiffbau, Perugia, Chiusi und Roselle Getreide und Holz auch für den Schiffbau. Arezzo hingegen, das das Eisenerzgebiet der Rognosi-Berge kontrollierte und einen gewissen Wohlstand genoss, soll den Römern dreitausend Schilde, dreitausend Helme, fünfzigtausend Lanzen sowie Hacken, Sicheln und alles, was man sonst noch brauchte, geliefert haben, um die vierzig Schiffe mit allem Notwendigen auszustatten.
Die römische Kontrolle war in ihrer ganzen Offensichtlichkeit nunmehr total, auch wenn ihre Wirkung sich unterschiedlich ausdrückte. Das Gebiet im Süden, das schon Standort von reichen Küstenorten und zweitrangigen, von römischen Truppen zerstörten Siedlungen war, wurde nun Gegenstand großer Konfiszierungen, die das Küstenterritorium von Vulci, Cerveteri und Tarquinia betrafen. Im Gegenzug dazu erfuhr das südetrurische Binnenland, besonders das Gebiet der Felsnekropolen, in den letzten Jahrzehnten des 4. und 3. Jh. v. Chr. einen doch bemerkenswerten demographischen Zuwachs, den man auf eine recht intensive Landwirtschaft zurückführen kann. Diverse Ortschaften wurden von einem reichen Landadel bevölkert, sodass einige Mitglieder auf ihren Grabinschriften die hohen öffentlichen Ämter hervorhoben, die sie in Tarquinia bekleidet

Gegenüber, Kopf des *Aita* (Hades) in der Tomba dell'Orco II, erste Hälfte des 4. Jh. v. Chr., Tarquinia

hatten. Eine wichtige Rolle spielte auch die Öffnung der Via Clodia durch die Römer, die Saturnia mit Rom verband und die damit die Entwicklung kleiner Orte und die Errichtung zerstreut liegender, landwirtschaftlicher Gebäude begünstigte.
Die Präsenz einer mittleren bis hohen Gesellschaftsschicht ist auch in den Nekropolen dieser Epoche in Tarquinia spürbar, die sich durch Gräber mit mehreren Bestattungen und einen genauen Aufbau im Grundriss wie in Cerveteri auszeichnen. Für die Beerdigten wurden Sarkophage hergestellt mit der Darstellung des Verstorbenen auf dem Deckel, der in aufgestützter, halbliegender Position an einem Bankett teilnimmt. Bei den älteren Exemplaren ist er nach Art der „großen Helden" halbnackt oder bei den jüngeren Exemplaren des 2. Jh. v. Chr. mit Umhang und Tunika bekleidet. Die beträchtlichen ökonomischen Möglichkeiten der adligen Familien spiegelt sich durch das Vorkommen von Malereien in den Gräbern wider. Normalerweise handelt es sich dabei um Figuren, die mit der Unterwelt zusammenhängen. Das Jenseits erscheint von Ungeheuern bevölkert, und oft wurden für örtliche Richter des städtischen Adels Umzugsszenen in das Jenseits gemalt, die die vom Verstorbenen bekleidete soziale Rolle herausstellen sollten.
Die Unruhen, die offensichtlich die Gesellschaft durchdrangen, nährten sich auch an den starken Spannungen von sozialem Charakter, die sich im Laufe des 2. Jh. v. Chr. entwickelten. Ihr Echo kann man im Bruderstreit zwischen Eteokles und Polyneikes auf einer Darstellung aus Ton im Tempel von Talemone ablesen. Außerdem führte das römische Vorgehen auf etruskischem Territorium zur Gründung der Kolonien Saturnia (183 v. Chr.) und *Heba* (Magliano); von letzterer kennen wir das Gründungsdatum allerdings nicht. Diese Kolonien tendierten nunmehr dazu, das alte Territorium von Vulci definitiv in das römische Territorium zu integrieren.
Wir sind nun schon ganz in hellenistischer Epoche, einer Zeit, die sich durch die Verbreitung einer besonderen Verschmelzung von griechischer und orientalischer Kultur im Mittelmeerraum auszeichnete, die sich durch die Entstehung des Reiches von Alexander dem Großen gebildet hatte. Es handelt sich um eine Phase, die man allgemein in die Zeit von Alexanders Tod (323 v. Chr.)

Sarkophag „des Magistrats" aus Tarquinia, Ende 3. Jh. - erste Jahrzehnte 2. Jh. v. Chr. Tarquinia, Museo Archeologico Nazionale

bis zur Schlacht von Actium im Jahr 31 v. Chr. und der Eroberung Ägyptens durch Rom ansiedelt. In dieser Periode zeigt das innere Nordetrurien, das zwischen Perugia, Chiusi und Volterra liegt, ein wirtschaftlich recht positives Bild: die handwerkliche und landwirtschaftliche Produktion nimmt zu mit einer daraus folgenden Zunahme der Bevölkerung; eine starke Entwicklung mit einem hohem Anteil an Alphabetisierung erfährt auch eine gewisse „Mittelschicht", die in kleinen landwirtschaftlichen Betrieben mit nur wenigen Hektar Land angesiedelt ist. In den ersten Jahrzehnten des 2. Jh. v. Chr. wurden jedoch auch diese großen Territorien von sozialen Spannungen durchzogen. Sie waren von den Versuchen angetrieben, die Beziehungen zwischen den einzelnen Klassen zu verändern, und von der Forderung, die niedrigeren Gesellschaftsschichten, die von den politischen Rechten ausgeschlossen waren, zu integrieren. Dieser Prozess schien in der zweiten Hälfte des Jahrhunderts mit unterschiedlichem Ausgang in den jeweiligen Bezirken zum Abschluss zu kommen: So scheint das Umland von Perugia sehr viel mehr an die Stadt gebunden zu sein als vergleichsweise das von Chiusi oder Volterra. In dieser nördlichen Gegend schien sich jedenfalls ein Wirtschaftsmodell zu behaupten, das aus diesen Zusammenstössen entstand und auch im Vergleich zu dem an der Küste sehr unterschiedlich war. Die uns bekannten Verhältnisse in den nördlichen Städten deuten jedenfalls auf eine verschiedenartige Haltung der Römer hin, die in diesen Gebieten den Boden nicht konfiszierten wie hingegen in Südetrurien. Dort wurden große Latifundien gebildet, die von einem sozialen Gefüge mit Sklavencharakter bearbeitet wurden, das römischen Modellen vorausging.
Die ruhige Situation in den Etruskerstädten im Norden ist im 2. Jh. v. Chr. zum größten Teil und auch noch zu Beginn des folgenden Jahrhunderts feststellbar; der etruskische Adel beteiligte sich nur schwach an der Revolte, die die italische Halbinsel erschütterte. Er sollte schließlich 89 v. Chr. mit dem römischen Bürgerrecht belohnt werden, das durch die *Lex Julia* und die *Lex Calpurnia de civitate* sanktioniert wurde. Die folgenden Jahre sollten durch dramatische Ereignisse militärischer und politischer Art gekennzeichnet sein. Die Landung des Marius im Hafen von Talamone (87 v. Chr.) mit der Einziehung der Landbevölkerung, vielleicht auch jener etruskischer Abstammung, sollte zu schweren Zusammenstössen im späteren Bürgerkrieg zwischen den Truppen von Marius und Sulla führen. Ein großer Teil Etruriens, der sich auf die Seite von Marius geschlagen hatte, sollte Zerstörungen und Gewalttaten erleiden, die der Rache des Sulla entsprangen. Auch die Agrarlandschaft, vor allem die Nordetruriens, erfuhr infolge dieser Ereignisse definitive Veränderungen, d. h. der kleine Landbesitz verschwand völlig zugunsten der großen römischen Landgüter mit ihrer Sklavenhaltung.
Von diesem Moment an folgte auf die etruskische Sprache die lateinische, und in der zweiten Hälfte des 1. Jh. v. Chr. kam es auch zur letzten großen Schlacht vor den Mauern einer Stadt Nordetruriens, und zwar vor Perugia. Die etruskischen Ritualbücher, die leider nicht erhalten sind, deren Spuren aber in anderen Quellen überlebt haben, hatten vorausgesehen, dass die Geschichte dieses Volkes zehn Zeitalter von unterschiedlicher Dauer, „Jahrhunderte" genannt, andauern und der Übergang von einem Jahrhundert zum anderen sich im Zeichen göttlicher Wunder ausdrücken würde. Nach Meinung der Haruspizes (etrusk.-röm.Wahrsager) würde mit dem Augusteischen Zeitalter das Ende nahe sein, denn nach etruskischem *nomen* hatte das letzte Jahrhundert nunmehr begonnen.
Gegen Ende des 1. Jh. v. Chr. teilte in der Tat der Verwaltungsapparat des Augustus das alte etruskische Territorium der *Regio VII* zu: So erfüllten sich die tausend Jahre in der Geschichte Etruriens, deren Bräuche zum größten Teil von der römischen Kultur assimiliert werden sollten. Die Römer hatten seit der Königszeit die Insignien der Macht und die Seherkünste von den Etruskern als Modell übernommen. An Etruriens Größe wird sich in der Augusteischen Zeit auch eine lobpreisende und nostalgische Literaturgattung inspirieren, die von Literaten tyrrhenischer Abstammung wie Maecenas und Virgil genährt wurde. (G.P.)

DIE GROSSEN ETRUSKER-STÄDTE DES LATIUM

Zwischen der Tibermündung und dem Vorgebirge des Argentario entstanden auf großen Hochebenen mit Blick auf das Meer die größten Etrusker-Städte an der Küste: rege Handelszentren, die weite Gebiete im Binnenland kontrollieren konnten. Das südlichste, Cerveteri, band seinen Reichtum an den blühenden Seehandel und seinen Namen an die Produktion von Bucchero-Keramik; Tarquinia, die „mythische" Gründungsstadt, verband ihren Ruhm mit den berühmten Grabmalereien. Das weiter nördlich liegende Vulci war ein Zentrum für feine Keramikartikel, die auf fruchtbare Kontakte mit der griechischen Welt hinweisen.

Cerveteri

Oben, Bucchero-Vase in Form eines Kriegerkopfes aus der Banditaccia-Nekropole, Cerveteri, 7. Jh. v. Chr. Rom, Museo Nazionale Etrusco di Villa Giulia

Gegenüber und unten, Abschnitte der Banditaccia-Nekropole von Cerveteri

Seite 26-27: Gräberstraße beim Großen Tumulus II, Banditaccia-Nekropole

Cerveteri (*Ceisra* auf etruskisch) wurde der Überlieferung nach von den Pelasgern gegründet und lag auf einem weiten Tuffsteinplateau nicht weit vom Meer entfernt. Heute bedeckt der moderne Ort es nur zum Teil. Die älteste Phase geht auf die Villanova-Zeit zurück und hat nur bescheidene Schachtgräber, während die Zeit der großen wirtschaftlichen, kulturellen und künstlerischen Blüte in die orientalisierende Zeit (7. Jh. v. Chr.) fällt, als sich die Stadt auf einer Fläche von mehr als 150 ha erstreckte und zu einem der wichtigsten Zentren Etruriens wurde. Die günstige Entfaltung scheint, wie Quellen und archäologische Daten bezeugen, zum größten Teil mit dem Seehandel zusammenzuhängen, der vor allem über die Häfen *Alsium* und *Pyrgi* getätigt wurde. Durch ihn spielte sie im Seeverkehr des Tyrrhenium eine Hauptrolle, und um ihn zu verteidigen, kämpfte sie in der grausamen Seeschlacht im Sardischen Meer (540 v. Chr.) an der Seite der Karthager gegen die Griechen von Focea. Gleichzeitig jedoch knüpfte sie rege Beziehungen mit Griechenland, wie man an der Errichtung einer kleinen Weihstätte (*thesauros*) im Heiligtum des Apoll in Delphi sieht; dazu kam die Präsenz einer Gruppe von griechischen Kaufleuten und Handwerkern in der Stadt.

Cerveteri hatte im Unterschied zu anderen Städten Etruriens auch enge Kontakte zu Rom; beim Einfall der Gallier 390 v. Chr. wurde es von den Römern gewählt, um die Vestalinnen und Penaten aufzunehmen. Aufgrund dieser Allianz und der geleisteten Hilfe wurde es „*civitas sine suffragio*", aber in der zweiten Hälfte des 4. Jh. wurde infolge der Kriege zwischen Tarquinia und Rom das Verhältnis zwischen den beiden Städten immer feindseliger, sodass es 273 v. Chr. einen großen Teil seines Küstengebiets an Rom abtreten musste. Hier sollten die Kolonien Fregene, *Castrum Novum* und *Pyrgi* entstehen.

Die Erinnerung an diese bedeutende Vergangenheit wird heute von den Nekropolen be-

Inneres des Grabes der Schilde und der Stühle, Mitte 7. Jh. v. Chr.

zeugt, die sich um die Stadt herum ausbreiten: im Norden das große Gräberareal der Banditaccia, im Süden die Gräber von Monte Abatone und im Westen die von Sorbo, wo schon im 9.-8. Jh. v. Chr. bestattet wurde.
Die Banditaccia-Nekropole zeigt einen sehr interessanten Grundriss, der sie zu einer richtiggehenden Totenstadt macht mit einer Gräberstraße, an der monumentale Tumulus-Gräber liegen – manchmal mit Altären für Zeremonien zu Ehren der Toten – sowie bescheidenere Würfel-Gräber oder Gräber mit durchgehender Stirnseite.

Bezeichnend für die Banditaccia-Gräber ist, dass sie wichtige Hinweise über das Häuserinnere der Lebenden liefern und man sich so ein Bild von der verlorenen Wohnarchitektur der Etrusker machen kann. Die älteren Gräber imitieren das Innere der Hütten, während die größeren, prächtigen Gräber auf fürstliche Wohnsitze anspielen, deren Grundriss genaue Entsprechungen zu den freigelegten Räumen von Acquarossa findet.
Frauengräber können Grabsteine in Form eines Hauses haben, während Männergräber Säulen und manchmal auch den Namen des Verstorbenen vorweisen.

Auf eine Hütte der ersten Hälfte des 7. Jh. v. Chr. inspiriert sich das gleichnamige Grab mit zwei angrenzenden Räumen, Regendach und dünnem zentralen Balken, der eine realistische Darstellung der Überdachung aus Stroh bietet. Es liegt im Inneren des ältesten Tumulus der Nekropole, dem großen Tumulus II, wo sich auch das „Grab der Griechischen Vasen" befindet. Auch das „Grab der Schilde und der Stühle" im gleichnamigen Tumulus liefert wertvolle Aufschlüsse über den Innenaufbau der Häuser. Es hat einen weiten Vorraum mit Eingangs-*dromos*, große Schilde wurden oben in den Stein gemeißelt, darunter stehen einige Totenbette und zwei Stühle mit hoher gebogener Lehne und Fußstütze an der Rückwand. Von hier kommt man durch drei Türe zu weiteren Kammern mit Regendach und Totenbetten an den Wänden. Das „Kapitell-Grab" zeigt hingegen ein Ambiente mit achteckigen Säulen und darüber Kapitelle, die eine Kassettendecke tragen. Sehr interessant ist auch das „Grab der Fünf Stühle" mit zwei kleinen Kammern an der Seite des Eingangskorridors. In der einen befinden sich fünf Stühle an der Wand, dazu Fußschemel, auf denen einige Terrakotta-Figuren stehen mussten, die heute in Rom und London ausgestellt sind.

Einen anderen Aufbau zeigt das spätere „Alkoven-Grab" der Familie *Tarnas*, ein schönes Beispiel der Architektur Cerveteris des 4. Jh. v. Chr. Es besteht aus einem einzigen Raum mit großen gerillten Pfeilern; im hinteren Teil steht auf einem dreistufigen Podium ein großes Bett mit Fußstütze; vielleicht diente es für zwei Bestattungen für die Grabgründer. Auch auf die etruskische Architektur des 4. Jh. bezieht sich das „Grab der Reliefs", zu dem man über eine Treppe mit zwei Steinlöwen gelangt. Die große Grabkammer, die der Familie *Matuna* gehörte, hat ein Schrägdach mit Zentralbalken, der von Pfeilern abgestützt wird. Darum herum liegen breite Nischen mit Kissen, während Wände und Pfeiler reiche Stuckdekorationen tragen, die eine Vielfalt an Objekten darstellen, durch die man die Räume des Alltags und die Gegenstände im Haushalt rekonstruieren konnte.

Einige Gräber zeigen Reste von Wandmalerei-

Oben, Statue aus *nenfro* des Dämons *Charun* aus Ripe di Sant'Angelo bei Cerveteri. Cerveteri, Museo Nazionale Cerite

Inneres des Kapitell-Grabes, Ende 7. Jh. v. Chr.; rechts, Grab der Fünf Stühle, Banditaccia-Nekropole, Mitte des 7. Jh. v. Chr.

Korridor im Regolini-Galassi-Grab, Sorbo-Nekropole, 7. Jh. v. Chr.

Große Fibel, Goldreife, Bronzekessel mit Raubtier-Plastiken aus dem Regolini-Galassi-Grab, zweites Viertel des 7. Jh. v. Chr. Vatikan, Museo Gregoriano Etrusco

Gegenüber, Inneres des Tumulus der gemalten Tiere, Banditaccia-Nekropole

en wie der „Tumulus der gemalten Tiere", der vier Kammergruppen bedeckt und nach dem Grab mit Malereien benannt ist, darunter eine Löwenfigur im orientalisierenden Stil.

Auch die Nekropole bei Monte Abatone ist recht groß, aber nicht so bekannt wie die Banditaccia und hat diverse Tumuli: darunter die „Tomba Campana" (7. Jh. v. Chr.) mit eingeritztem Dach und Scheinsäulen an den Wänden. Sehr interessant ist das spätere Torlonia-Grab mit Fassade vom Felsentypus und großer Grabkammer mit breiten Seitennischen; am Ende steht auf zwei Stufen ein breites Totenbett, das die älteste Bestattung aufnehmen musste.

Das bekannteste Grab der Sorbo-Nekropole ist das Regolini-Galassi-Grab (nach den Namen der Entdecker) bestehend aus einem recht langen Korridor, auf den sich zwei Zellen mit Scheingewölbe öffnen, die drei Bestattungen aufnahmen. Die gefundenen Beigaben – heute im Museo Gregoriano Etrusco in Rom – zählen zu den reichsten des 7. Jh. und enthielten feine Objekte aus dem Orient sowie vor Ort hergestellte.

Andere wichtige Bestattungen kamen auch bei Le Ripe di Sant'Angelo ans Licht, von wo zwei Statuen aus *nenfro*, einer Art Tuffstein, mit der Figur des *Charun* stammen, dem etruskischen Todesdämon; sie sind im örtlichen Museum ausgestellt.

Pyrgi

Ansicht der Küste von Santa Severa (*Pyrgi*)

Gegenüber, Detail einer Tongruppe mit mythologischer Szene des thebanischen Zyklus aus dem Bezirk des Tempels A in *Pyrgi*, Mitte 5. Jh. v. Chr. Rom, Museo Nazionale Etrusco di Villa Giulia

Von den von Cerveteri gebauten Häfen an der tyrrhenischen Küste war *Pyrgi* bei Santa Severa der wichtigste. Er war mit der Stadt durch eine Straße mit großen Tumulus-Gräbern an den Seiten verbunden. Die etruskische Siedlung liegt unter den Resten der römischen Kolonie, während die Reste der Hafenbecken vor der Orsini-Burg entdeckt wurden. *Pyrgi* wird von den antiken Quellen aufgrund der Plünderung des Heiligtums erwähnt, die von Dionysios I. von Syrakus 384 v. Chr. ausging, was ihm die erhebliche Summe von tausend Talenten einbrachte. Nach Strabo soll die Schutzgottheit des Tempels Ilizia gewesen sein, während es für Pseudo-Aristoteles die Beschützerin der Schifffahrt, Leukothea, war. Der Sakralbezirk kam in geringer Entfernung vom Meer ans Licht; es wurden zwei Sakralbauten mit mächtigen Fundamenten aus großen quadratischen Blöcken freigelegt. Der Tempel B von Ende des 6. Jh. v. Chr. hat nur eine Zelle mit Vorhalle und Säulengang. Der Tempel A von Mitte des 5. Jh. v. Chr. mit tuscanischem Grundriss und Säulen an der Vorder- und drei Zellen auf der Rückseite hatte eine reiche Terrakotta-Dekoration mit Figuren aus dem Mythos von Theben, die im Museum der Villa Giulia in Rom ausgestellt ist. Vom Sakralbereich stammen auch die bekannten Inschriften auf Blattgold (zwei auf Etruskisch, eine auf Phönizisch); darin wird der König von Cerveteri, *Thefarie Velianas*, erwähnt, der das Heiligtum und eine Statue zu Ehren der Göttin Uni bauen ließ, die mit der phönizischen Göttin Astarte identifiziert wird. Der zweisprachige Text weist wohl auf die engen Beziehungen zwischen der Etrusker-Stadt und Karthago hin.

Goldblätter mit Inschriften auf Etruskisch und Phönizisch aus dem heiligen Bezirk C in *Pyrgi*, Ende 6. Jh. v. Chr. Rom, Museo Nazionale Etrusco di Villa Giulia

Achilles lockt Troilos in einen Hinterhalt, Grab der Stiere, 530 v. Chr.

Tarquinia

Der Legende nach soll Tarquinia, das etruskische *Tarchuna* oder *Tarchna*, von dem mythischen *Tarchos*, dem Sohn oder Bruder des *Tyrrhenos* gegründet sein. Das offenbare kulturelle und politische Primat der Stadt, das die Erzählung verbirgt, überlebt in den Quellen auch im Mythos des *Tages*, einer Figur mit dem Aussehen eines Jünglings und der Weisheit eines Alten, die in den Feldern bei Tarquinia erschienen sein soll, um die Wahrsagekunst durch das Lesen aus den Eingeweiden der Opfertiere zu lehren (die „Haruspicin").
Ansehnliche Zeugnisse aus den Ortsgebieten Calvario und Monterozzi bezeugen die Vitalität Tarquinias schon zur Villanova-Zeit. Hier lagen Hüttendörfer, die im Lauf des 8. Jh. v. Chr. verlassen wurden, als der erste Kern der Etrusker-Stadt auf dem weiten Tuffsteinplateau der Civitas entstehen sollte. Der Ort war auf drei Seiten von Steilwänden geschützt, lag in der Nähe des Marta-Flusses wenige Kilometer von der Küste entfernt und bot besonders günstige Möglichkeiten zur Entfaltung. Die zeitgleichen Nekropolen bezeugen das vom Adel Tarquinias erreichte Niveau durch die Freilegung der Grabbeigaben hoher Persönlichkeiten wie die des „Grubengrabes des Kriegers". Die Beigaben sind heute in den

Maskierte Figur, genannt *Laufender Phersu*, Auguren-Grab, 520 v. Chr.

Seite 36-37: links, Kampfszene mit der Figur eines Auguren; rechts, maskierte Figur (*Phersu*), Auguren-Grab, 520 v. Chr.

Museen von Berlin ausgestellt und enthielten eine vollständige Rüstung mit bedeutenden Objekten aus Keramik und Bronze. Jünger (Anfang 7. Jh. v. Chr.) ist das prächtige Kammergrab „Bocchoris" mit Frauenbestattung und reichem Hausrat, ausgestellt im Museum von Tarquinia.

In enger Beziehung mit der Phase der ökonomischen und kulturellen Blüte der Stadt kam schon in den ersten Jahrzehnten des 6. Jh. das Phänomen der Grabmalerei in einfachen ornamentalen Dekorationen an den Wänden einiger Gräber zum Vorschein. Sie sollte in der zweiten Hälfte des Jahrhunderts Teil der ständigen lokalen Maltradition werden, als die höheren Klassen ihren erreichten *Sozialstatus* durch die eleganten Verzierungen der eigenen Grabkammern herausstellen sollten. Hierbei legten auch griechische, in der Stadt wohnende Künstler Hand an.

Unter den ältesten und bekanntesten Beispielen ist das „Grab der Stiere" (530 v. Chr. ca.) der wichtigen Familie *Spurinna*. In einer der drei Kammern befindet sich die Szene, in der Achilles dem jungen Troilos auflauert. Nur eine Kammer hat hingegen das „Auguren-Grab" (520 v. Chr. ca.), an der Hinterwand befinden sich zwei männliche Figuren in Ritualhaltung an den Seiten einer Tür. Auf den anderen Wänden sind Szenen von Spielen, darunter das dramatische *phersu* mit einem Mann mit Kapuze, der sich mit einem Stock vor den Angriffen eines Hundes wehrt, der an der Leine gehalten und von einem Mann mit Bart aufgehetzt wird.

Figuren beim Abschied an den Seiten des Tores zum Jenseits, Auguren-Grab, 520 v. Chr.

Szene mit Kunstspringer, Grab der Jagd und der Fischerei, 510 v. Chr.

Anders ist die Atmosphäre, die das „Grab der Jagd und der Fischerei" (510 v. Chr. ca.) ausmacht, wo ein junger Kunstspringer, der im Begriff ist, sich von einer Klippe zu stürzen, in eine lebhafte Landschaft mit Vögeln und Fischen gemalt ist. Die Szene scheint jedenfalls mit komplexen Symbolen des Eintretens ins Jenseits beladen zu sein.
Auch die Abbildungen des „Jäger-Grabes" (510-500 v. Chr.) und des „Löwinnen-Grabes" (520 v. Chr.) spielen sich im Freien ab. Das erste wird als großes Zelt dargestellt, durch das man Tiere auf der Weide erblickt, im zweiten sieht man Festmahlgäste, die auf Wiesen liegen und tanzenden Männern und Frauen zuschauen. Feierlich ist die Dekoration des „Baronen-Grabes" (510-500 v. Chr.) mit Pflanzenmotiven im strengen Wechsel mit Figuren zu Fuß und zu Pferd. Unter den bekanntesten ausgemalten Gräbern ist sicher das „Grab der

Szene eines Geschicklichkeitsspiels mit Flötenspiel, Grab der Jongleure, zweite Hälfte des 6. Jh. v. Chr.

Gegenüber oben, Inneres des Baronen-Grabes, 510-500 v. Chr.; unten, Detail eines Bankettszene, Grab der Leoparden, 480-470 v. Chr.

Leoparden" (480-470 v. Chr.) – mit Katzenfiguren auf dem Giebel der Rückwand – mit feiernden Paaren, die auf *klinai* liegen und dem Spiel von Musikern mit Doppelflöte und Leier lauschen.
Gründe des Denkmalschutzes machten jedoch in einigen Fällen eine Unterbringung der empfindlichen Malereien ins Museum von Tarquinia notwendig, wo das „Triclinium-Grab" (470-460 v. Chr.), vielleicht das berühmteste von allen, das „Wagen-Grab" (490 v. Chr.), das „Olympiade-Grab" (520 v. Chr. ca.) und das „Schiff-Grab" rekonstruiert wurden. Letzteres stammt von Mitte des 5. Jh. v. Chr. und spielt im Namen auf die gefährliche Reise ins Jenseits in einem Schiff an.
Für die folgenden Jahrzehnte ist die Zahl der Gräber mit Wandbemalung noch beträchtlich, aber das Interesse für die Darstellungen des Alltags, die von Realismus tief durchdrungen sind, sollte sich zu Gunsten von düsteren Darstellungen voller Dämonen und Szenen mit Reisen ins Jenseits verlieren. Sie wiederholen sich immer wieder das ganze 4. und 3. Jh. v. Chr. hindurch – auch unter dem Eindruck einer ungewissen politischen Lage –, als die Gräber dann mehrere Tote in großen Sarkophagen aufnahmen, die von dem noch blühenden lokalen Handwerk gefertigt wurden. Aus dieser Zeit stammt die prächtige „Tomba dell'Orco" der Familie *Murina*, das Ergebnis der Vereinigung verschiedener Gräber schon in der Antike. Es ist aufgrund der zarten Darstellung des Mädchens *Velcha* in der älteren Kammer (350-325 v. Chr.) sehr bekannt. Nicht minder berühmt sind die mythischen Helden und Götter des Jenseits mit außergewöhnlicher farblicher Wirkung in der jüngeren Kammer. Nennenswert auch das „Grab der Schilde" (Ende 4. Jh. v. Chr.) der Familie *Velcha*, deren Adelsrang die eindrucksvollen Malereien in der zentralen Kammer mit der Szene eines Verstorbenen auf der Reise ins Jenseits bezeugen, sowie die „Tomba Giglioli" (3. Jh. v. Chr.) mit großen Schilden und Teilen von Rüstun-

Flötenspieler, der Bankettgäste unterhält, Grab der Leoparden, 480-470 v. Chr.

Detail des Gesichts der *Velia Velcha* in der „Tomba dell'Orco", drittes Viertel des 4. Jh. v. Chr.

gen, die in einer Art Fries auf die Wände gemalt sind.

Zu Beginn des 4. Jh. war Tarquinia im Gegensatz zu einem großen Teil Etruriens eine Stadt in voller Entfaltung. Sie kontrollierte ein weites Hinterland und behauptete sich politisch im „Etruskischen Bund", d. h. innerhalb der zwölf Stämme Etruriens, die sich im gemeinsamen Heiligtum von Orvieto versammelten. Das wirtschaftliche Wachstum verwandelte sich auch in einen Aufschwung der Bautätigkeit: Tarquinia sollte sich mit einer ca. 8 km langen Stadtmauer bewehren, die dem Verlauf des Hügels der Civitas folgte und eine Fläche von über 130 ha umfasste.

In dieser Zeit wird die politische Szene der Stadt und die Etruriens ganz allgemein von *Aule Spurinna* beherrscht, der einem lokalen Familienclan entstammt. Seine Unternehmungen, die in den *Elogia Tarquiniensia* (Epigraph mit feierlichen Inschriften der Kaiserzeit) erwähnt werden, konzentrierten sich darauf, einen Sklavenaufstand in Arezzo niederzuwerfen, den König von Cerveteri, *Orgolnius*, abzusetzen und sich der immer größeren Macht Roms entgegenzustellen. Die Militäroffensive gegen Rom (358 u. 351 v. Chr.) war jedoch nicht erfolgreich, obwohl in der zweiten Hälfte des Jahrhunderts zahlreiche Städte des tarquinischen Gebietes einen großen ökonomischen und kulturellen Aufschwung sowie eine Aufwertung der Landwirtschaft erfuhren. Das Ende des Jahrhunderts sah den Verlust der Hegemonie über den Etruskischen Bund und die ersten Jahrzehnte des 3. Jh. waren von neuen Zusammenstössen mit den Römern geprägt. Diese konnten 281 v. Chr. die große Etrusker-Stadt unter Verlust eines Teils der Küste erobern, wodurch ein langsamer Niedergang des lokalen Adels begann. Seine Mitglieder sollten später in Rom ein neues Glück finden, wo sie wichtige öffentliche Ämter bekleideten oder sich in den Dienst des Kaiserhofes als Träger der Geheimnisse der Wahrsagung stellten.

Graviscae (Porto Clementino)

Südlich der Flussmündung des Marta, beim römischen *Graviscae,* lag seit Anfang des 6. Jh. v. Chr. der antike Hafen von Tarquinia, dessen etruskischen Namen wir nicht kennen. Vom antiken Wohnort sind nur einige Teile bekannt, während wir durch die Ausgrabung des Emporion-Heiligtums aus archaischer Zeit mehr wissen. Den Widmungen auf Etruskisch und Griechisch zufolge war es wohl der *Turan*-Aphrodite geweiht. Verehrung erfuhren auch andere griechische Götter, die mit Demetra (die etruskische *Vea*) und Hera (die etruskische *Uni*) identifizierbar sind. Der Sakralbau wurde von Anfang an von griechischen Kaufleuten aus Samos und Milet und später auch von den Ägineten besucht, u.a. von dem berühmten Sostratos. Letzterer wird in einer Widmungsinschrift auf einem Steinanker (aus *Graviscae*, heute im Museum von Tarquinia) und auch von Herodot aufgrund seiner enormen Reichtümer erwähnt, die er durch seinen weitläufigen Handel angehäuft hatte.

Die griechische Präsenz ging im Jahrzehnt von 480-470 v. Chr. deutlich zurück, dies infolge der ständigen Gefechte auf dem Tyrrhenischen Meer, die zu einem unausweichlichen langsamen Verfall des Hafens führten; von da an wurde auch das Heiligtum fast nur noch von der lokalen Bevölkerung besucht. Mit dem Ende der Unabhängigkeit Tarquinias (281 v. Chr.) wurde *Graviscaes* Rolle zweitrangig, bis hundert Jahre später an derselben Stelle der etruskischen Hafenstadt eine römische Kolonie namens *Graviscae* gegründet wurde, die sehr viel kleiner als die vorherige Siedlung war. Von jener Zeit an erscheint es oft in den Quellen und wird auch von Cato erwähnt, der den Ortsnamen mit der schlechten Luft in diesem Gebiet (*gravem aerem*) erklärt, eine Folge der Versumpfung dieses Küstenstreifens.

Steinanker aus *Graviscae* mit Weihinschrift des Sostratos an Apoll den Ägineten, Ende 6 Jh. v. Chr. Tarquinia, Museo Archeologico Nazionale

Vulci

Burg von Vulci, Sitz des Museo Archeologico, und etruskisch-römische Brücke der Badia

Hüttenurne aus Bronzeblech aus Vulci, Mitte 8. Jh. v. Chr. Rom, Museo Nazionale Etrusco di Villa Giulia

Das antike Vulci, das man heute an der einsamen Burg Badia erkennt, lag in natürlich geschützter Position auf einem Plateau wenig mehr als 12 km von der Küste entfernt. Die wichtige etruskische Siedlung befand sich im Zentrum einer fruchtbaren Zone zwischen den Flusstälern von Fiora und Albegna; ein Gebiet, das schon in der vor-etruskischen Zeit dicht besiedelt war. Um das Plateau von Vulci herum sind zahlreiche Nekropolen aus der Eisenzeit bezeugt – mit Schacht-, Gruben- und Kastengräbern –, die auf eine Serie von einzelnen Dörfern hinzuweisen scheinen. Es kamen bikonische Urnen zum Vorschein, die von Schalen oder Tonhelmen bedeckt waren, sowie Hüttenurnen, die in einigen Fällen, wie das schöne Exemplar der Osteria-Nekropole (Rom, Museum Villa Giulia), aus getriebener Bronze gefertigt waren. Schon in jener Zeit erscheinen in den Grabbeigaben Objekte fremder Herkunft; ein Beweis für die weitreichenden Handelskontakte, wie die Figur eines aus Sardinien importierten Bronzekriegers (zweite Hälfte des 9. Jh. v. Chr.) bezeugt, der aus dem gleichnamigen Grab (Tomba del Bronzetto Nuragico) stammt. Am Ende des 8. Jh. v. Chr. erscheinen diverse Manufakte aus Griechenland, von denen das interessanteste Objekt der Euböische Krater aus Pescia Romana ist, heute im Museum von Grosseto.

Die Stadt Vulci entstand aus der Verschmelzung der Dörfer der Eisenzeit; in der orientalisierenden Zeit sind es hingegen wieder die Gräber, die beredte Zeugnisse von dem kulturellen Wachstum der Stadt und dem Reichtum des lokalen Adels liefern. Das „Grab des Bronzewagens" von 680-670 v. Chr. ist wegen seiner reichen Beigaben aus dem Bereich der Bankette, die mindestens drei Bestattungen begleiteten, und aufgrund des Wagens aus getriebener Bronze, nach dem es benannt ist, ein Zeugnis von außergewöhnlicher Bedeutung.

Die späteren Bestattungen belegen weiterhin die florierende Lage der Wirtschaft Vulcis noch für das ganze 7. Jh.; Beispiel dafür ist das äußerst reichhaltige Material aus dem Isis-Grab der Nekropole Polledrara: weibliche Statuetten aus Terrakotta, Feldflaschen, ägyptische Skarabäen und Straußeneier mit reicher Verzierung aus dem feinen lokalen Kunsthandwerk sowie zahlreiche Bronzeobjekte aus dem gleichen Komplex. In den letzten Jahrzehnten des Jahrhunderts blühte auch die Produktion von Keramik nach griechischem und besonders korinthischem Beispiel, zu dem auch eine feine Produktion aus *nenfro* kam, die für die Herstellung von Phantasiewesen typisch war wie die bekannte Statue eines Zentauren und eines Jünglings auf einem Meeresungeheuer, beide im Museum Villa Giulia. Sie stand an der Spitze eines Handwerks, das mehrere Jahrzehnte lang die Produktion vieler anderer Städte auch im inneren Nordeturien beeinflusst haben musste.

Die Grabarchitektur Vulcis zeichnet sich durch eine eher bescheidene Produktion aus, der für die orientalisierende Zeit große Tumuli gegenüber stehen. Sie weisen in einigen Fällen reiche Dekorationen auf wie im monumentalen „Cuccumella-Grab" der Nekropole Calvalupo.

Der weite Seehandel der Stadt wurde gesichert durch einige Häfen an der Küste und an der Mündung des Fiora, vor allem durch den Hafen von Regisvilla (bei Morelle). Hier kamen Reste eines Wohnorts ans Licht, der an Verkehrswegen entstanden war, die ihn mit Vulci verbanden. Es wurde ein großes Gebäude entdeckt, das in der zweiten Hälfte des 6. Jh. v. C. benutzt wurde, wo man zahlreiche Keramiken fand, die wiederum auf den intensiven Austausch mit Griechenland und anderen Zonen

Pontische Keramik aus Vulci, zweite Hälfte 6. Jh. v. Chr. Rom, Museo Nazionale Etrusco di Villa Giulia

Euböischer Krater des Cesnola-Malers aus Pescia Romana, 730-720 v. Chr. Grosseto, Museo Archeologico e d'Arte della Maremma

Weibliche Statue aus der „Tomba della Polledrara", Vulci, 570-560 v. Chr. London, British Museum

Kentaur aus der Nekropole Poggio Maremma, Vulci, Anfang 6. Jh. v. Chr. Rom, Museo Nazionale Etrusco di Villa Giulia

des Mittelmeers hinweisen. Im selben Ortsteil sind Reste aus spätetruskischer und römischer Zeit bekannt, darunter der Hafen und eine Villa.

Noch für das ganze 6. Jh. und die ersten Jahrzehnte danach zeigt sich Vulci als ein sehr aktiver Ort, der das Primat für den Import attischer Keramik hielt, aber gleichzeitig eine eigene imitierende Vasenproduktion entwickelte, die nicht nur die lokalen Kunden, sondern auch die anderen Etrusker-Städte zufrieden stellen konnte. Die Seeschlacht von *Cumae* (474 v. Chr.) mit der Niederlage der etruskischen Flotte bedeutete für Vulci wie für die anderen Städte Südetruriens an der Küste einen abrupten Stillstand der Handelstätigkeit und einen Rückgang des Seehandels. Die Stadt reagierte und richtete ihr Interesse auf die landwirtschaftliche Nutzung des fruchtbaren Bodens, was das Aufleben kleinerer Siedlungen belegt, die für das ganze 4. Jh. v. Chr. und die ersten Jahrzehnte des 3. Jh. v. Chr. zu einer erneuten Blüte beitragen sollten. Genau aus dieser Zeit (zweite Hälfte des 4. Jh. v. Chr.) stammt das „François-Grab" der Adelsfamilie *Saties* in der Nekropole Ponte Rotto. Es besteht aus einem langen Eingangs-*dromos*, der zu einem Raum mit Kreuzgewölbe führt, auf das sich sieben Kammern symmetrisch öffnen, die mit einem außergewöhnlichen Malzyklus verziert sind. Er wurde schon im Laufe des 19. Jh. abgenommen und befindet sich heute in einer Privatsammlung. Dargestellt werden Duelle von Helden aus Vulci mit Feinden aus Rom, Orvieto, *Falerii* und Sovana, die sich auf Legenden des 6. Jh. v. Chr. beziehen, von den Auftraggebern aber auf die zeitgenössischen Kämpfe der Etrusker-Stadt mit Rom aktualisiert wurden.

Vulci erscheint in den Quellen nur selten: es wird in den *Fasti Capitolari* erwähnt, aufgrund der zusammen mit Orvieto 280 v. Chr. erlittenen Niederlage durch Titus Coruncanius. Sie leitete mit der Enteignung weitläufiger Gebiete den langsamen Verfall der Stadt ein, der durch die Gründung der römischen Kolonie *Cosa* 273 v. Chr. noch verstärkt wurde.

Gegenüber, Jüngling, der auf einem Seeungeheuer reitet, aus der Nekropole Poggio Maremma, Vulci, Mitte des 6. Jh. v .Chr. Rom, Museo Nazionale Etrusco di Villa Giulia

Cosa (Ansedonia)

Ansicht der Reste des Capitolium auf der Akropolis von *Cosa*

Cosa wurde 273 v. Chr. nach dem Sieg über Vulci sieben Jahre zuvor von den Römern erbaut als Kontrollpunkt über die kurz zuvor eroberten Gebiete. Die Stadt liegt auf einem Vorgebirge in erhöhter Position direkt über dem Meer und belegte eine Fläche von 13 ha. Sie wurde von einem 1,5 km langen Mauerring in *opus poligonalis* (Mauerwerk aus unregelmäßigen Steinen) mit 19 Türmen und drei Toren verteidigt, die die jeweiligen Verbindungen mit Porto Ercole, der darunter liegenden Via Aurelia und dem Hafen der Stadt ermöglichten. Der Stadt war nach traditionellem Schema mit rechtwinkligen Verkehrsachsen nach den Himmelsrichtungen angelegt (*decumani* in Ost-West-Richtung; *cardines* in Nord-Süd-Richtung). Auf dem Forum lagen die öffentlichen Gebäude (*curia, comitia, basilica*), wo sich die kaufmännischen und politischen Tätigkeiten in Nachahmung derer von Rom abwickelten. Die Sakralbauten lagen im höheren Teil der Stadt, in der Akropolis (*arx*), die mit einem eigenen Mauerring und zwei Toren bewehrt war. Hier kann man auch eindrucksvolle Reste des *capitolium* (150 v. Chr.) sehen, das Zeus-Juno-Minerva geweiht war und auf einer früheren Kultstätte lag. Sie hatte eine prächtige Dekoration aus Terrakotta-Platten, die sich heute im lokalen Museum befinden.

Im Stadtgebiet kamen große Wohnhäuser ans Licht, z. B. das „Haus des Skeletts", sogenannt nach dem Auffinden eines Skeletts in einer darunter liegenden Zisterne des frühen 1. Jh. v. Chr. Die Stadt war direkt mit ihrem Hafen (*Portus Cosanus*) verbunden, von dem eindrucksvolle Anlagen und die sogenannte „Tagliata" erhalten blieben, ein künstlicher, fast 100 m langer Kanal, der teils unter freiem Himmel, teils im Tunnel verlief und die Lagune mit dem Meer verband.

Am Strand der Tagliata sind die Reste einer großen Villa mit einer Anlage für die Fischzucht zu sehen. Luxuriöse Residenzen dieser Art gibt es auch in anderen Zonen des antiken Territoriums von *Cosa* wie die „der Säulen" (nach der mächtigen Einzäunung mit großen runden Säulen) oder die Residenz von Settefinestre. (G.P.)

Reste von Hafenanlagen an der Küste von *Cosa*-Ansedonia

Gegenüber, Ausschnitt des künstlichen Kanals von *Cosa*, genannt die „Tagliata etrusca"

Die Herstellung der Bucchero-Keramik

Die Bucchero-Keramik war die typische Keramik in der Kultur der Etrusker, sodass sie heute noch ihr Symbolprodukt schlechthin ist. Ihr Erfolg überschritt in der Antike die Grenzen Italiens und verbreitete sich im ganzen Mittelmeerraum und sogar in Zentraleuropa. Mit seiner typisch schwarzen Farbe auf der äußeren Oberfläche wie auch im Inneren ist der glänzende, leichte Bucchero in Wirklichkeit der Erbe einer sehr langen urgeschichtlichen Tradition, auch wenn er in *Caere* erst im 7. Jh. v. Chr. auftauchte. Tatsächlich formten schon die Völker der Bronzezeit von Hand Gefäße aus grober Impasto-Masse, indem sie vor dem Brennen die Außenfläche mit Stäbchen abschmirgelten. Wenn diese Keramiken dann in rudimentären Öfen gebrannt wurden, nahmen sie eine schwärzlich-braune, durchsichtig glänzende, jedoch unregelmäßige Farbe an.
Gerade die Töpfer von Cerveteri waren es, die in der Absicht, die Herstellung von Metallvasen zu imitieren, eine Methode der besonderen Brennung entwickelten, um eine Keramik von gleichmäßig schwarzer Farbe zu erhalten. Das Objekt wurde auf der Drehscheibe aus Ton geformt, im noch rohen Zustand abgeschliffen und mit Einritzungen, Stempelaufdrucken oder Applikationen verziert, bevor man es an der Luft trocknen ließ. Es war das darauffolgende Brennen, das den Manufakten ihre charakteristische Farbe gab. Während man für die normalen Gegenstände aus rötlicher Terrakotta die Öfen offen ließ, sodass die Luftzufuhr eine schnelle, vollständige Oxidation der chemischen Komponenten des Gefäßes ermöglichte, so blieben für die Herstellung des Bucchero hingegen die Öfen geschlossen, sodass die Vasen durch das Fehlen von Sauerstoff langsam sozusagen „verkohlten". Sobald der Brennvorgang abgeschlossen war, wurde das noch heiße Stück weiter poliert.
Ist für den älteren Bucchero die extreme Dünne seiner Wände charakteristisch, so wurde seit dem 6. Jh. v. Chr. der sogenannte „schwere Bucchero" mit dicken Wänden eingeführt. Er war mit plastischen Ornamenten reich verziert, in Nachahmung der zeitgenössischen metallischen Gefäße, die reliefartige Dekoration trugen. Diese Variante wurde mit großem Erfolg von den Werkstätten in Chiusi hergestellt und ist in etwa zeitgleich mit dem „grauen Bucchero", einer Keramik, die eine aschgraue Farbe hatte und besonders im nördlichen Etrurien vorkam.
Im Lauf der Zeit ging die Produktion des Bucchero-Geschirrs jedoch mehr in Richtung Massenware und beschränkte sich nunmehr auf einige Märkte (5. Jh. v. Chr.). Damit verlor es jene Eleganz in Form und Schmuck, die es zu Anfang als Qualitätsprodukt für die höheren Schichten ausgezeichnet hatte.
Aus Bucchero wurden Vasen in zahlreicher Form hergestellt,

Oben, orientalisierende Pyxis mit Stierkopfplastiken. Vatikan, Museo Gregoriano Etrusco

Oben, Amphore mit Zylinderdekor aus Sarteano, Anfang 6. Jh. v. Chr. Sarteano, Museo Civico Archeologico

Links, Kelch aus *Falerii Veteres*, Mitte 7. Jh. v. Chr.; rechts, *oinochoe* aus Ischia di Castro, Ende 7. Jh. v. Chr. Rom, Museo Nazionale Etrusco di Villa Giulia

Oben, *kotyle* aus dem Grab II des Tumulus von Montetosto bei Cerveteri, drittes Viertel des 7. Jh. v. Chr. Rom, Museo Nazionale Etrusco di Villa Giulia

Oben, *oinochoe* aus „schwerem Bucchero", 6. Jh. v. Chr. Florenz, Museo Archeologico

Oben rechts, Schale aus dem Grab der gemalten Löwen, Banditaccia-Nekropole bei Cerveteri, erste Hälfte 6. Jh. v. Chr. Rom, Museo Nazionale Etrusco di Villa Giulia

hauptsächlich für Küche und Tafel: Schüsseln, Becher, große und kleine Teller wurden für den Verzehr der Speisen benutzt und warm gehalten, indem man sie in das Innere einer Art Kohlepfanne (*foculus*) legte, ein ebenfalls typisches Bucchero-Produkt aus Chiusi.
Auch im zeremoniellen Bereich des Festmahls fand der Bucchero zum Ausschank der Getränke eine breite Anwendung. Der Wein wurde in Tischamphoren an die Tafel gebracht, wo Sklaven ihn in sogenannten Kratern (Mischkrügen) mit Wasser vermischten. Dieses Wasser floss aus den Hydrien, bauchigen Gefäßen mit drei Henkeln: zwei für den Transport, einen für den Ausschank. Aus den Kratern, die eine große Öffnung und einen abgerundeten Bauch hatten, wurde das Getränk oft von den im Aufguss hinzugefügten aromatischen Pflanzen abgefiltert, welche die Konservierung garantieren und den Geschmack anreichern sollten. Diese Zubereitung wurde mit eigens dafür vorgesehenen Schöpfgeräten und Sieben durchgeführt und das Getränk in Krüge unterschiedlicher Art (*oinochoai*, *olpai*) eingeschenkt, die manchmal die Form eines Tieres (*askoi*) hatten. Zum Trinken benutzte man Kelche mit hohem Fuß und ohne Henkel; ältere Bucchero-Exemplare wurden manchmal von kleinen durchbohrten Figuren (Karyatiden) gestützt. Des Weiteren trank man auch aus *kyathoi* (Bechern mit niedrigem Fuß und nur einem erhöhten Henkel) oder *kantharoi* (ähnlich den vorhergehenden, aber mit zwei Henkeln). Nach griechischer Mode wurde auch die *kylix* eingeführt, ein niedriger breiter Becher mit dünnen horizontalen Henkeln und erhöhtem Fuß, der für das Spiel des *còttabo* unverzichtbar war: Dabei mussten die Festgäste eine auf einer dünnen Stütze balancierende Metallscheibe durch das Schleudern des Weines aus ihren Bechern zu Fall bringen.
Aus Bucchero wurden außerdem *alabastra* und *aryballoi* hergestellt, kleine Kännchen für Parfums und Essenzen, oder Pyxiden, kleine zylinderförmige Kästchen für Kosmetikprodukte und Preziosen, sowie auch Räuchergefässe für Parfums. (M.M.)

Kohlepfanne aus Chiusi, zweite Hälfte 6. Jh. v. Chr. Chiusi, Museo Archeologico Nazionale

***Kantharos* aus der Osteria-Nekropole in Vulci, zweite Hälfte 7. Jh. v. Chr. Rom, Museo Nazionale Etrusco di Villa Giulia**

Die Religion

Die Religion der Etrusker erfuhr auf Grund der verschiedenen Phasen ihrer Kultur eine ständige Entwicklung. In der frühen Eisenzeit existierten primitive Formen des Animismus-Kultes in Bezug auf abstrakte Prinzipien oder Naturelemente wie Quellen, Naturgewalten, Aspekte der Vegetation oder Totem-Tiere.
Für den Kult eines abstrakten Prinzips, das die Natur regelt, liefert uns der Gott *Velthumna* (Vertumnus für die Römer) ein Beispiel; er wurde seit der Urgeschichte bis zur Römerzeit in einer Form verehrt, die im Wesentlichen kein präzises Aussehen hatte. Er verkörperte jenes regenerative Prinzip der ewigen Wandlung der Natur, gemäss dem „nichts erschaffen wird und alles sich verändert". *Velthumna* behauptete sich durch die ganze etruskische Kultur hindurch und wurde noch in hellenistischer Zeit im Heiligtum von *Volsinii* verehrt, wo sich die zwölf wichtigsten Städte des etruskischen Bundes versammelten.
Von Kulten, die um das Wasser kreisen, sind in Etrurien unzählige Beispiele dokumentiert. Der Erfolg dieses volkstümlichen Aspektes der Religiosität der Etrusker reicht noch bis in unsere Zeit: dies bezeugen viele Kirchen, die in der Nähe von wunderheilenden, noch heute besuchten Quellen liegen.
Auch einige Tiere, zum Beispiel Hirsche, hatten eine Totemfunktion inne und waren wahrscheinlich Gegenstand von Ritual- oder Initiationstreibjagden, in Folge derer die erlegten Exemplare gemeinschaftlich verzehrt wurden. So wurden etwa Knochen- und Hirschgeweihreste bei San Giovenale gefunden, wo in einer Hütte in der Nähe der Wasserquelle regelmäßig heilige Bankette abgehalten wurden; auch der Urnendeckel aus der Nekropole Olmo Bello bei Bisenzio (Ende 8. Jh. v. Chr.) scheint einen kollektiven Ritus darzustellen, bei dem ein Tanz mit Waffen in der Anwesenheit eines Totemtieres veranstaltet wurde, das in die Mitte von zwei Reihen von Tänzern platziert wurde.
Dieser verworrenen magischen und animistischen Religion – zu der die traditionellen Ahnenkulte hinzukamen – gab der hellenistische Einfluss eine offensichtliche Neuordnung; ein Einfluss, der während des 7. Jh. ein „rationales" olympisches Pantheon von Göttern mit menschenähnlichem Aussehen einführte. Sehr oft jedoch behielten diese Götter, die in Etrurien mit griechischen und manchmal phönizischen Göttern gleichgesetzt wurden, weiterhin einige Aspekte der primitiven Gottheiten. Der wichtigste Gott des neuen Pantheon, *Tinia*, bot den Menschen das Konzept von Grenzen, um ihrer Welt eine Ordnung nach dem Bild der rationaleren Welt der Götter zu geben und auch, um Unsicherheiten und Kontraste zu eliminieren und objektiv alles Existierende festzulegen.
Tinia gab mit der Aufteilung des Kosmos bekannt, wie in der Himmelssphäre verschiedene *sedes deorum*, jeder Gottheit zugeteilte Abschnitte, existierten, die den *templum* bildeten, d.h. die Gesamtheit des Universums gemäss einem festen Modell. Seine auf den himmlischen Raum (*templum maius*) bezogene Beschaffenheit war jene, die Plinius in seinem Werk *Naturalis Historia* erwähnt, laut dem das ganze All von einem Kreuz gebildet wird, das aus dem *cardo* – der Linie, die Norden mit Süden verbindet – und aus dem *decumanus* besteht, der Linie, die Osten mit Westen verbindet. Jeder der vier so entstandenen Quadranten enthielt seinerseits vier Sektoren mit einer Summe von insgesamt sechzehn Abschnitten des *templum*, von dem jeder Abschnitt der Sitz einer speziellen Gottheit war. Das gleiche Schema wiederholte sich in Mikro- und Makrokosmos, die sich alle ähnelten und die einer im anderen enthalten und in jedem als heilig definierten Gebiet anwesend waren. Da die Priester an

**Fassung eines Rings aus Cerveteri mit Kultszene vor einem Brunnen, letztes Viertel des 6. Jh. v. Chr.
Rom, Museo Nazionale Etrusco di Villa Giulia**

**Detail eines Urnendeckels aus der Nekropole Olmo Bello bei Bisenzio, Ende 8. Jh. v. Chr.
Rom, Museo Nazionale Etrusco di Villa Giulia**

Oben, Bronzefigur der Minerva, 475-450 v. Chr. Modena, Galleria Estense; oben, Bronzefigur eines Haruspex mit Laute von Isola di Fano bei Fossombrone, 480 v. Chr. Florenz, Museo Archeologico

Urnendeckel des Priesters *Aule Lecu*, der eine Leber untersucht, Ende 2.-Anf. 1. Jh. v. Chr., Volterra, Museo Guarnacci

Unten, Modell einer Leber aus Bronze mit Hinweisen auf den Sitz der Gottheiten, aus Decima di Piacenza, 2. Jh. v. Chr. Piacenza, Museo Civico

jedem beliebigen Ort eine heilige Zone abzugrenzen wussten, und zwar mit einer Geste des *lituus* (des gebogenen heiligen Stabes, der schon das Attribut der Schäfer war und heute der Stab der Bischöfe ist) oder auch nur mit bloßen Fingern auf die Tiereingeweide zeigten, erfuhr jedes Gebiet oder jeder Raum eine heilige Abgrenzung (*limitatio*) und enthüllte sein verborgenes Antlitz als das eines *templum*. Jede Gottheit schickte also ihre Zeichen von ihrem eigenen Sitz aus dem Abschnitt, der von dem Priester identifiziert und definiert worden war: ein *templum* erstreckte sich über die Städte zur Interpretation der Blitze und des Vogelflugs; ein *templum* spannte sich über die Leber der Opfer, und viele andere *templa* konnten an jedem beliebigen Ort des wirklichen Raumes definiert werden und so – wie in einem Zauberspiegel – die Gelegenheit schaffen, daraus das göttliche Antlitz des Augenblicks zu lesen.

Mit der Einführung des Prinzips des "Teilens um zu erkennen" in einer Welt, wo sich Grundbesitz und geographische Entdeckungen verbreiteten, wurde das Wirken des Menschen auf seine Umwelt

von den Göttern symbolisch legitimiert, die so dem etruskischen Volk das Instrument der rationalen Kenntnis boten.

Die Definition dieses Schemas wie auch die Möglichkeit, es zu lesen und anzuwenden, waren Gegenstand einer weiteren Enthüllung von Seiten der Götter, wie Cicero in seinem Werk *De divinatione* erzählt. Eine mythische Gottheit mit Namen *Tages* hätte demnach die Prinzipien für eine heilige und weltliche Aufteilung des Raumes und des Bodens an eine Vielzahl von Personen übertragen, die sich bei seinem plötzlichen Erscheinen aus einer Erdspalte in der Nähe von Tarquinia versammelt hätten. Im Laufe der Zeit hätten sich die Kenntnisse vermehrt und sich in einer Doktrin verfestigt; die grundsätzlichen Prinzipien aber seien die von *Tages* angegebenen geblieben. Die Interpretation der verborgenen Bedeutung dessen, was im Licht der göttlichen Enthüllung im alltäglichen Leben geschah, war ein typisches Element der etruskischen Kultur und machte die Ideologie und die Sensibilität dieses Volkes zu einer tief schicksalhaft verstandenen, im Unterschied zu jeder anderen zeitgenössischen Volksgruppe. In einer so verstandenen Realität musste jede Geste des Menschen, noch bevor sie in die Tat umgesetzt wurde, im Hinblick auf die Götter abgewogen werden mit

Spiegel mit *Kalchas*, der eine Leber untersucht, 4. Jh. v. Chr. Vatikan, Museo Gregoriano Etrusco

dem Ziel, es ihnen gegenüber nicht, auch nicht unfreiwillig, an Respekt mangeln zu lassen und so zu riskieren, ihren Zorn auf sich zu ziehen.

Aus dieser Geisteshaltung heraus entstand in den späteren Phasen der etruskischen Kultur die weit verbreitete Angst vor dem Jenseits, wo der eigene menschliche Werdegang und die Fähigkeit, zu Lebzeiten den göttlichen Willen respektiert zu haben, Gegenstand eines strengen Gerichts wurden. Zu dieser typischen Eigenschaft kamen vom östlichen Mittelmeerraum her die Auswirkungen der Verbreitung des Dionysos-Kultes, der Mysterienreligionen und der Rituale für die Rettung der Seelen hinzu. Auch wenn die düstere Atmosphäre des Bestattungskultes der späteren Epochen von der Kunst in der hellenistischen Zeit ausführlich dokumentiert wird, so erscheint doch der Votivkult, den man in jener Zeit in den Tempeln zelebrierte, viel lebhafter und war Gegenstand eines immer populäreren Zulaufs; doch war laut einer Prophezeiung das Schicksal der etruskischen Kultur, die noch zehn Jahrhunderte lang andauern sollte, bereits im Begriff sich zu erfüllen. (M.M.)

Palazzo Vitelleschi, Sitz des Museo Archeologico Nazionale

Gegenüber, *rython* aus attischer Produktion, Charinos zugeschrieben, aus Tarquinia, Anfang 5. Jh. v. Chr.

Das Museum befindet sich seit dem Beginn des letzten Jahrhunderts in einem der interessantesten Gebäude des 15. Jh. des Latium, das Kardinal Vitelleschi hatte bauen lassen. Im Jahr 1924 fand die Einweihung mit den Fundstücken der Städtischen Sammlung und mit der reichhaltigen Sammlung Bruschi-Falgari statt. Mit den Jahren wurde es durch Materialien von örtlichen Ausgrabungen erweitert und stellt heute eines der wichtigsten Museen mit etruskischen Funden dar. Aus der ältesten Epoche des etruskischen Tarquinia sind zahlreiche Grabbeigaben der Villanova-Kultur (9.-8. Jh. v. Chr.) ausgestellt, die in

Erdlochgräbern oder steinernen Behältnissen gefunden wurden: Sie bezeugen die absolute Vorherrschaft des Einäscherungsritus. Die Ossarien haben eine Doppelkegelform und sind mit Schalen oder Helmen aus Bronze abgedeckt; seltener sind kleine Urnen in Form von Hütten, die ein wichtiges Zeugnis über das Aussehen der Behausungen in der Eisenzeit abgeben. Einige Grabbeigaben zeigen Modelle aus Impasto-Masse von Karren und Schiffen, die die Tätigkeiten des Verstorbenen hervorheben sollten. Auf den Beginn der orientalisierenden Zeit ist das berühmte Kammergrab von Bocchoris zurückführbar: Es ist so benannt nach dem Namen eines Pharao der 24. Dynastie, der in der Inschrift in ägyptischen Hieroglyphen auf einer *Fayence*-Vase erwähnt wird und zwischen 720 und 712 v. Chr. regierte. Etwa zeitgenössisch sind auch die prachtvollen Beigaben des „Grabes des Goldenen Brustschilds"; darunter befinden sich fein bemalte Straußeneier, Gegenstände aus Elfenbein und der Brustschild, der dem Grab seinen Namen gab. Er wurde in einer lokalen Werkstatt hergestellt, in der Kunsthandwerker orientalischer Herkunft arbeiteten. Sehr reich stellen sich auch die Grabbeigaben aus Bucchero-Keramik von Poggio Gallinaro dar, unter denen sich eine doppelschneidige Axt befindet, ein Zeichen der erlangten Macht des Verstorbenen. Das Museum zeigt auch die wichtigen, vor kurzem entdeckten Funde aus dem Votivdepot des Sakralbereiches, der in der Nähe der Civitas lag: Hier kamen Gegenstände von hohem religiösen Wert wie zum Beispiel eine Krummstab-Trompete, eine Axt und ein Bronzeschild ans Licht. Die von Tarquinia im Laufe des 7. und 6. Jh. v. Chr. erreichte Blüte wird ausführlich von der sehr reichhaltigen Keramiksammlung bezeugt: Zahlreich erscheinen das in Korinth hergestellte Geschirr, die Imitationen aus einigen örtlichen Werkstätten, des Weiteren jenes von Ostgriechenland importierte Geschirr und besondere Salbengefäße in verschiedener Form wie Tiere, Körperteile wie menschliche Beine oder behelmte Häupter. Diese Behälter mussten Salben von exotischer Herkunft enthalten haben. Bedeutend ist auch die Sammlung von Bucchero-Vasen und Keramiken mit schwarzen Figuren, die in Athen von den bedeutendsten Malern der Zeit hergestellt und von der lokalen Aristokratie im Laufe des 6. Jh. v. Chr. erworben wurden. Importe von

bemerkenswerter Qualität werden auch durch die Rotfigur-Keramik bezeugt: Darunter befinden sich ein Krater (eine Art Krug) des Berlin-Malers (500-490 v. Chr.) mit der Darstellung der Europa und dem Stier sowie eine große Amphore mit dem Kampf von Apoll und Herkules um den Dreifuß, geschaffen von Pinthias (520-510 v. Chr.), der voller Stolz seinen Namen auf das Werk angebracht hat. So taten es auch der Töpfer Euxitheos und der Maler Oltos, die auf einem Becher (510-500 v. Chr.) von monumentalen Ausmaßen erscheinen. Auf seiner Innenseite ist ein laufender Krieger dargestellt, auf der Außenseite hingegen eine aufwendige

Oben rechts, Wagen zur Duftstoffverbrennung aus der Monterozzi-Nekropole bei Tarquinia, erstes Viertel des 8. Jh. v. Chr.

Hüttenurne aus Impasto-Masse aus der Monterozzi-Nekropole bei Tarquinia, 8. Jh. v. Chr.

Situla aus lackierter Terrakotta, ägyptische Produktion, aus dem Bocchoris-Grab, letztes Viertel des 8. Jh. v. Chr.

Trompete, genannt *lituus*, aus dem heiligen Bezirk des Wohngebiets der Civitas di Tarquinia, zweite Hälfte 8. Jh. v. Chr.

Oben, attischer Krater, der dem Berlin-Maler zugeschrieben wird, aus Tarquinia, 500-490 v. Chr.; darunter schwarzfigurige Amphore, dem Micali-Maler zugeschrieben

Szene mit einer Götterversammlung und Dionysos auf dem Wagen mit seinem Gefolge. Die wertvolle Vase trägt am Fuß eine Widmung an die Dioskuren auf Etruskisch. Sehr beeindruckend ist auch die Vase in Form eines Frauenkopfes mit dem Namen des Töpfers Charinos (Anfang des 5. Jh. v. Chr.). Warhrhaft majestätisch erscheinen die *Geflügelten Pferde* aus Terrakotta von Anfang des 4. Jh. v. Chr., die das monumentale Heiligtum des „Altars der Königin" zierten, der auf der Hochebene der Civitas stand. Bedeutend ist auch die Sammlung von Steinsarkophagen, die in den Gräbern jener Familien von Tarquinia entdeckt wurden, die seit dem 4. Jh. v. Chr. größeren Wohlstand genossen. Unter den älteren Exemplaren befindet sich der sogenannte „Sarkophag des Priesters", des Stammvaters der Familie *Partunu*. Der Verstorbene ist in liegender Position auf dem Deckel dargestellt, der aus dem wertvollen Marmor der Kykladen-Insel Paros in Griechenland hergestellt wurde, während der eigentliche Sarg von einem lokalen Künstler mit einer Szene bemalt wurde, die die Tötung der trojanischen Gefangenen über dem Grab des Patroklos darstellen sollte. Einem anderen Mitglied desselben Geschlechts – im Alter von 82 Jahren verstorben, nachdem es in der Etruskerstadt das Amt eines Richters bekleidet hatte – ist der „Sarkophag des Magnaten" zuzuschreiben. Er wurde aus weißem Kalkstein in Tarquinia gehauen und mit reicher Verzierung in Tiergestalt am Ende des Kissens dekoriert. Der an vier Seiten verzierte Sarg zeigt die Schlachten gegen die Amazonen und Zentauren. Eine besonders wichtige Figur im Tarquinia der ersten Hälfte des 3. Jh. v. Chr. war auch *Laris Pulena*, der im „Sarkophag des Richters" beigesetzt wurde. Er wird in heroischer, halbnackter Pose dargestellt und hält eine Rolle mit einer langen etruskischen Inschrift in der Hand. In ihr wird an seine griechische Herkunft erinnert, an die besondere Verehrung der Gottheiten *Catha* und *Pacha*, an seine wichtigen, zu Lebzeiten bekleideten öffentlichen Ämter und an seine Abfassung einiger heiliger Texte. Auf dem Sarg ist eine Szene dargestellt, die sich auf die jenseitige Welt bezieht, die von etruskischen Todesdämonen bevölkert wird. Darstellungen der Reise ins Jenseits erscheinen auch auf einigen Sarkophagen der Familie *Camna*.
Der Besuch schließt ab mit der Rekonstruktion einiger Gräber mit Wandmalereien, die abgenommen und im Museum wieder aufgebaut wurden. (G.P.)

Oben, „Sarkophag des Priesters" aus dem Grab der *Partunu*, 360-350 v. Chr.; darunter, „Sarkophag des Magnaten" aus dem Grab der Partunu, drittes Viertel des 4. Jh. v. Chr.

Gegenüber, die geflügelten Pferde aus dem Heiligtum „Ara della Regina" von Tarquinia, Anfang 4. Jh. v. Chr.

***Kylix*, Oltos zugeschrieben, aus Tarquinia, 510-500 v. Chr.**

Das Etrusker-Museum Villa Giulia

Das Museum wurde 1889 gegründet und liegt in der eindrucksvollen Residenz, die Mitte des 16. Jh. von J. Vignola, G. Vasari und B. Ammannati für Papst Julius III. erbaut wurde. Zu Anfang war es dafür gedacht, die vorrömischen Altertümer der Region Latium aufzunehmen, wurde dann aber durch die etruskischen Funde bereichert, die das Ergebnis von Ausgrabungen oder Ankäufen waren; heute ist es eines der bedeutendsten Museen, die der etruskischen Kultur gewidmet sind.
Das Museum ist nach topografischem Kriterium geordnet und präsentiert außergewöhnliche Komplexe von Funden,

Oben, **große Amphore, dem Maler der Bärtigen Sphinx zugeschrieben, aus der Osteria-Nekropole von Vulci, Ende 7. Jh. v. Chr.**

Bronzeplatte mit dem Hinterhalt des Achilles auf Troilos, aus der Cavalupo-Nekropole von Vulci, zweite Hälfte des 6. Jh. v. Chr.

die aus den reichen Städten Südetruriens, Umbriens, dem Gebiet der Sabiner und dem *Latium Vetus* stammen. Objekte von herausragendem Wert stellen auch die Sammlungen des Antiquarium dar, die zum größten Teil aus dem Museo Kircheriano stammen, sowie die reichhaltigen Sammlungen Cima Pesciotti und Castellani.
Fünf Säle sind allein dem Ort Vulci gewidmet, dessen reiche Nekropolen interessante Funde hervorgebracht haben wie die doppelkegelförmigen Ossarien mit helmartigem Deckel oder die Hüttenurnen (9.-8. Jh. v. Chr.). Bemerkenswert sind auch die Grabbeigaben aus dem „Grab der Bronzenen Nuraghe-Figur" einer Frau hohen Ranges (zweite Hälfte des 9. Jh. v. Chr.): es enthält Bronzefiguren aus sardischer Herstellung, darunter eine kleine Figur mit hoher Kopfbedeckung und großem Schild, ein Zeugnis des frühen Austausches zwischen Vulci und Sardinien. Andere Materialen aus der Villanova-Zeit kommen von der Osteria-Nekropole, darunter eine Hüttenurne aus Bronzeblech der ersten Hälfte des 8. Jh. v. Chr. und die Materialien aus dem Grab des Bronzewagens (680-670 v. Chr.). Dieses Grab wurde mit mindestens drei Bestattungen, sehr reichhaltigen Grabbeigaben und Geschirr aus Bronze und Impasto-Masse intakt aufgefunden. Seinen Namen erhielt es nach dem darin entdeckten Wagen, der mit getriebenem Bronzeblech überzogen ist; darauf muss sich eine menschliche Figur befunden haben, die beim Antritt ihrer Reise ins Jenseits dargestellt war. Ebenso aus der Osteria-Nekropole stammt das Grab des Kriegers (ca. 520 v. Chr.), das eine komplette Bronzerüstung eines schwer bewaffneten Fußsoldaten enthält; hier ist ein Paar getriebener Scheiben erwähnenswert, auf denen Achill dargestellt ist, wie er Troilos an einer Tränke aus dem Hinterhalt angreift. Teil der Grabbeigaben sind auch die Keramiken aus griechischer Produktion und Geschirr aus Bronze, das die vom Kunsthandwerk in Vulci erreichte Finesse hervorhebt. Dies ist auch bei einem Sammelbecken gut erkennbar, dessen Rand mit Löwenfiguren verziert ist.

Kleine Bronzefigur aus sardischer Werkstatt aus der Cavalupo-Nekropole von Vulci, 9. Jh. v. Chr.

In den anderen, dem Ort Vulci gewidmeten Sälen ist zahlreiches etruskisch-korinthisches Geschirr ausgestellt, das in örtlichen Werkstätten produziert wurde, darunter einige Exemplare des Malers der Bärtigen Sphinx (letzte Jahrzehnte des 7. Jh. v. Chr.) und einige Skulpturen aus Tuffstein wie der *Zentaur* und der *Junge auf dem Seepferdchen* (6. Jh. v. Chr.).
Aus dem Gebiet von Vulci stammt auch eine Biga mit feinen Bronzeverzierungen, die 1967 entdeckt wurde und die einer ranghohen Person aus den letzten Jahrzehnten des 6. Jh. v. Chr. gehörte.
Die antike Stadt *Visentium* hat Grabbeigaben von großem Interesse ans Licht gebracht. Geschirr aus Impasto-Masse, Hüttenurnen und Keramiken mit geometrischer Dekoration aus lokalen Werkstätten bezeugen eine seit dem 9. Jh. v. Chr. sich entfaltende Blüte dieses Ortes, der am Westufer des Bolsena-Sees lag. Bedeutend sind ein kleiner Zeremoniewagen aus der zweiten Hälfte des 8. Jh. v. Chr., der mit mehreren Gruppen kleiner plastischer Figuren geschmückt ist, und eine auf etwa 730-700 v. Chr. datierbare Amphore aus Bronzeblech mit Deckel. Dieser Deckel ist mit sieben tanzenden Figuren und einem

Amphore aus Bronzeblech; unten, *bullae* aus Blattgold aus dem Grab II, Nekropole von Olmo Bello bei Bisenzio, zweite Hälfte des 8. Jh. v. Chr.

Hermes-Kopf aus dem Portonaccio-Heiligtum in *Veji*, Ende 6. Jh. v. Chr.

Terrakottagruppe mit Latona und dem kleinen Apoll aus dem Portonaccio-Heiligtum in *Veji*, Ende 6. Jh. v. Chr.

Oben rechts, Sarkophag aus Terrakotta mit Wildkatzen aus Procoio di Ceri, Ende 6. Jh. v. Chr.; unten, Urnendeckel mit einem Paar aus der Banditaccia-Nekropole von Cerveteri, zweite Hälfte des 6. Jh. v. Chr.

Ungeheuer in der Mitte verziert, das man als eine Gottheit der Unterwelt erkennen kann.

Die der Stadt *Veji* gewidmeten Säle enthalten die berühmten Statuen von der Dachspitze des Heiligtums von Portonaccio mit der Darstellung des Streits zwischen *Apoll und Herakles um den Besitz der heiligen kerynitischen Hirschkuh* mit goldenem Geweih. Der Mühe des Helden wohnen *Latona mit dem kleinen Apoll auf dem Arm und Hermes* bei; es sind Meisterwerke von Ende des 6. Jh. v. Chr., einer Epoche, in der *Veji* Sitz einer der wichtigsten und weitest entwickelten Werkstätten für die Herstellung von Terrakotta-Architektur war, der Werkstätte des Künstlers Vulca. Der große Meister, den man schon für den Schöpfer der berühmtesten Statuen gehalten hatte, wurde auch in das nahe Rom berufen, wo er den Tempel des Jupiter auf dem Kapitol schmücken sollte.

Die Rekonstruktion des Maroi-Grabes führt uns in die großen Sammlungen von Fundstücken ein, die aus Cerveteri stammen. Das ausgestellte Material hebt die große Bedeutung und den Reichtum dieser Etruskerstadt hervor, in der sich bedeutende Sakralbauten und weitläufige Grabfelder mit monumentalen Tumulus-Gräbern befanden.

Aus den Nekropolen von Cerveteri kommen einige der ältesten Fundstücke, die zwischen das 9. u. 8. Jh. v. Chr. datierbar sind; aber es ist der berühmte „Sarkophag der Eheleute" (6. Jh. v. Chr.), der die ganze Aufmerksamkeit auf sich zieht. Er stellt ein Ehepaar beim Festmahl in halb liegender Position auf einem *kline* dar: der Mann, der nach Art der großen Helden halbnackt ist, umarmt seine Gefährtin. Sie trägt einen langen Chiton, der von einem Mantel bedeckt wird, sowie den *tutulus*, die typische etruskische Kopfbedeckung, und spitze Schuhe.

Der Reichtum Cerveteris wird auch durch die Grabbeigaben des „Grabes der Feuerböcke" und des „Schiff-Grabes" bezeugt; letzteres hat wichtige Exemplare

Unten, „Sarkophag der Eheleute" aus der Banditaccia-Nekropole von Cerveteri, zweite Hälfte des 6. Jh. v. Chr.; folgende Seiten, ein Detail

Volutenkrater mit der Aurora aus der Kolonnetten-Nekropole von *Falerii Veteres*, erste Hälfte des 4. Jh. v. Chr.

Unten, Chigi-Vase aus *Veji*, zweite Hälfte des 7. Jh. v. Chr.

griechischer Keramik ans Licht gebracht, darunter einen korinthischen Krater (eine Art Becher) mit Kriegern zu Pferd und mit Wagen. Aus anderen Gräbern stammen Bucchero-Geschirr, Keramiken aus Lakonien mit einer Darstellung des Mythos von Achilles und Troilos sowie einige *Hydrien* (Wasserkrüge mit drei Henkeln) mit Szenen des Kampfes zwischen Herkules und dem Zentauren Nessos und der Blendung des Polyphem. Sie wurden auf Bestellung kunstliebender Auftraggeber hergestellt, und zwar von Kunsthandwerkern nordionischer Herkunft, die sich in der zweiten Hälfte des 6. Jh. v. Chr. in Cerveteri niedergelassen hatten.
Die Fundstücke aus dem Heiligtum von *Pyrgi*, dem antiken Hafen von Cerveteri, sind im Venus-Saal ausgestellt: Zusammen mit dem Hochrelief, das die Rückseite des Tempels A (460-450 v. Chr.) mit der Darstellung des Mythos der Sieben Helden gegen Theben schmückte, und den zahlreichen architektonischen Dekorationen des Parallel-Tempels B (ca. 500 v. Chr.) sind verschiedene Goldblätter ausgestellt: sie tragen auf Etruskisch und Phönizisch die Widmung des Königs von Cerveteri, *Thefarie Velianas*, an die im Heiligtum verehrte Göttin Uni-Astarte.

Der „Pflüger von Arezzo", Ende 5. Jh. v. Chr.; unten, Goldfibel mit Chimäre aus Cerveteri, zweite Hälfte des 6. Jh. v. Chr.

Die reichhaltige Sammlung von Wandgemälden aus Tarquinia wird im Museum mit der Rekonstruktion des „Grabes des Sterbebetts" (ca. 460 v. Chr.) veranschaulicht. Es besteht aus einer einzigen Grabkammer, die von einer Wandmalerei auf der hinteren Wand verziert wird: dargestellt ist ein großes dekoriertes Bett, auf dem zwei Kopfbedeckungen liegen; die anderen Szenen wollen an den Toten mit der Darstellung von Festmahlgästen und athletischen Spielen in Begleitung von Musikern erinnern.
Unser Gang durch das Museum geht weiter mit den Meisterwerken des Antiquarium: es enthält Objekte unterschiedlicher Herkunft, die zu antiken Sammlungen gehörten. Unter den Gegenständen aus Bronze ist die sehr bekannte *Cista Ficoroni* (4. Jh. v. Chr.) hervorzuheben, ein Werk des Novios Plautios: sie muss Toilettenartikel einer reichen Matrone aus Palestrina enthalten haben und ist mit einer Episode aus dem Sagenzyklus der Argonauten geschmückt. Erwähnenswert auch die Gruppe des „Pflügers von Arezzo" (so benannt nach dem Fundort), die zwei Ochsen mit Pflug und Bauer darstellt. Unter den Fundstücken aus Keramik ist das bedeutendste die *Chigi-Vase*: sie wurde in *Veji* entdeckt und ist auf mehreren Ebenen in lebhafter Polychromie mit dem Urteil des Paris, Jagdszenen und Gruppen von Kriegern verziert, die sich mit Lanzen und großen Schilden gegenüberstehen.
Im halbkreisförmigen Hof der Villa hat hingegen die wertvolle chronologisch geordnete Sammlung Castellani ihren Platz gefunden. Es ist unmöglich zu beschreiben, welch große Mengen an Bucchero- und anderen Keramiken hier ausgestellt sind. Einige davon sind Werke von hohem Kunstsinn und wurden von berühmten Töpfern wie Lydos, Exekias, Nearchos und Nikostenes in Athen hergestellt. Der Ruhm der Mitglieder der Familie Castellani als fähige Goldschmiede wird von Exemplaren des 19. Jh. aus ihrer Werkstatt ausführlich dokumentiert; dazu kommt eine außergewöhnliche Sammlung antiker Goldschmiedekunst, die zwischen die orientalisierende Zeit und das frühe Mittelalter fällt.
Die jüngste Unterbringung der Sammlungen der Bewohner von *Falerii* und Capena in mehrere Säle bietet eine wertvolle Hilfe für ein besseres Verständnis dieser antiken Kultur, die sich im mittleren Tibertal entwickelte. Die wichtigsten Orte, Narce, Capena und *Falerii Veteres*, haben Grabbeigaben mit Fundstücken von hohem Interesse hervorgebracht; im Besonderen müssen die Dekorationen der fünf innerhalb und außerhalb der Stadt liegenden

Thron aus Bronzeblech aus dem Barberini-Grab von *Praeneste*, erste Hälfte des 7. Jh. v. Chr.

Heiligtümer von *Falerii* erwähnt werden, die eines der reichsten Zeugnisse aus vorrömischer Zeit darstellen. Von dem im Ortsteil Lo Scasato entdeckten Heiligtum stammt zum Beispiel die berühmte Büste des *Apoll*, die zum großen Hochrelief des Frontgiebels Ende 4. - Anfang 3. Jh. v. Chr. gehörte.

Eine, wenn auch nur flüchtige Erkundung des Museums kann aber nicht auf die Betrachtung der Funde aus Palestrina verzichten, der antiken römischen Stadt *Praeneste*. Die Gräber, die Mitte des 19. Jh. ausgegraben wurden, wie zum Beispiel das Barberini- und das Bernardini-Grab, zeigen Beigaben von hervorragender Qualität für die orientalisierende Zeit, die im Gebiet Latium ihresgleichen suchen und die nur mit den Funden aus dem Regolini-Galassi-Grab in Cerveteri vergleichbar sind. (G.P.)

Bronzespiegel aus *Praeneste*, ehemals in der Sammlung Barberini, Ende 4. Jh. - Anfang 3. Jh. v. Chr.

Die „Cista Ficoroni" aus der Nekropole von Palestrina, zweite Hälfte des 4. Jh. v. Chr.

Torso des Apoll aus dem Heiligtum „Lo Scasato" von Civita Castellana, zweite Hälfte des 4. Jh. v. Chr.

Detail der Schale aus vorgoldetem Silber orientalischer Herkunft aus dem Bernardini-Grab von *Praeneste*, erste Hälfte des 7. Jh. v. Chr.

DAS OBERE TIBERTAL, VEJI UND DER BOLSENA-SEE

Das Land der Falisker, Capena und *Lucus Feroniae*

Ansicht des Vico-Sees in den Monti Cimini

Der Lauf des Tibers spielte schon seit der Urgeschichte eine bedeutende Rolle, er war ein verbindendes und gleichzeitig trennendes Element. In der Tat stellte seine Überquerung ein Problem dar, und so entwickelten sich an seinen Ufern oft unterschiedliche ethnische oder politische Realitäten. Er war aufgrund seiner großen Ausdehnung aber auch ein Kommunikationsfaktor zwischen Binnenland und Mündungsgebiet, das von verschiedenen Volksstämmen bewohnt wurde.

Das rechte Tiberufer und das Gebiet, das vom Bracciano-See und den Sabiner Bergen bis zum Vico-See und den Monti Cimini ging, war in der Eisenzeit von den Faliskern besiedelt, einem Stamm der Italiker, der zwischen Etruskern, Sabinern und den Völkern des Adriaraumes eine Art „Kissen" bildete. Ihre Eigenart war schon den Menschen der Antike bekannt: Strabo definierte die Falisker als einen „besonderen, andersartigen Stamm, der eine ganz eigene Sprache spricht" und dies, obwohl der Einfluss der mächtigen Etrusker-Städte auf die Falisker-Städte *Falerii*, Narce und Capena seit dem 8. Jh. v. Chr. so groß war, dass Capena von den lateinischen Quellen als eine Kolonie *Vejis* definiert wurde. Das Gebiet war in der Bronzezeit von kleinen ländlichen Siedlungen bewohnt, die rund um Narce lagen, jedoch keine große wirtschaftliche oder kulturelle Rolle spielten. Diese typische Streubesiedlung ging bis etwa Mitte des 8. Jh. v. Chr. weiter, als sich die drei größten Städte langsam herausbildeten. Sie standen nicht nur unter dem Einfluss von *Veji*, sondern hatten auch enge Kontakte mit anderen Italikern.

Die ältesten Spuren in Capena bezeugen, dass diese zu Anfang die vorherrschende Stadt der Falisker war, die von kleineren Satellitenorten umgeben war. Aus den örtlichen Nekropolen kamen Kelche in Form von Blütenkränzen und runde Brustpanzer, die auch bei Sabinern, Picenern, Marrucinern, Marsern und Vestinern üblich waren. Genauso typisch sind das braune Geschirr mit Ritzdekoration und große Kessel für Bankette aus rötlicher Impasto-Masse. Sie standen auf einem hohen, durch-

***Kantharos* aus Impasto-Masse aus der Nekropole von San Martino a Capena, zweite Hälfte des 7. Jh. v. Chr. Rom, Museo Nazionale Etrusco di Villa Giulia**

Gegenüber, Detail eines Hermes-Kopfes aus dem Portonaccio-Heiligtum in *Veji*, Ende 6. Jh. v. Chr. Rom, Museo Nazionale Etrusco di Villa Giulia

Von oben, Lararium mit Mosaiken, Mauern in *opus reticolatum* und Innenhof der Villa der *Volusii* in *Lucus Feroniae*

bohrten Fuß und zeigen deutliche Einflüsse von orientalischen Importen. Die Grabbeigaben des 8. und 7. Jh. v. Chr. zeigen eine wachsende Blüte im ganzen Gebiet. Gleichzeitig fand ein Übergang von Schachtgräbern für Kremationen hin zu Grubengräbern für Beerdigungen statt. Darauf folgten die Kammergräber, die bald die häufigsten werden sollten.
Die Rolle als Verbindungsglied, die dem Gebiet der Falisker zukam, wird von den stilistischen Einflüssen auf jenem Material bezeugt, das über *Veji* von Kampanien und vom südlichen Latium gelangte. Einflüsse sind auch auf solchem Geschirr erkennbar, das plastische Figuren trug und aus *Veji* und Vulci stammte. War das Vorkommen von Bucchero in Capena anfangs noch spärlich, so kamen doch auch Bronzeobjekte der orientalisierenden Zeit vor, die mit Funden aus *Praeneste* und *Caere* vergleichbar sind. Auch die Schrift könnte – aufgrund grafischer Eigenheiten auf Inschriften – aus *Caere* stammen.
Die schnelle Zunahme der Importe aus Korinth, Etruskisch-Latium und Kampanien zeigt, wie das Straßennetz der Region immer mehr für den Handel genutzt wurde, sowohl in Ost-West-Richtung als auch längs des Tibertals. In diesen Zusammenhang fügt sich auch das capenatische Heiligtum der Göttin Feronia, das schon im 6. Jh. v. Chr. erblühte und am Kreuzpunkt der wichtigsten Verkehrsachsen lag. Das Heiligtum dieser italischen Göttin, die an verschiedenen Orten des Latium als Beschützerin der Fruchtbarkeit, der Ernten und der Gesundheit verehrt wurde, stand im Zentrum von Strömen aus Kaufleuten und Pilgern, die sich für jene Feste vor Ort begaben. Im Jahre 211 v. Chr. wurde es von Hannibal geplündert, später aber wieder aufgebaut. Heute sind auf dem Gelände des *Forum Romanum* noch die Reste einer Mauer und eines Altars erhalten. Hier lag ursprünglich das Kollegium der Priester, genannt *Hirpi* (Wölfe), die im nahen heiligen Wald besondere Zeremonien zelebrierten, darunter die Pyrobatie, d. h. den Gang über glühende Kohlen. Die zahlreichen Weihgaben waren nicht nur das Ergebnis erhaltener Gnade zur Genesung, sie erflehten auch die Fruchtbarkeit von Tier und Feld und die Heilkraft des Wassers. Zudem machte die Beschützerrolle der Feronia für die Sklaven aus dem Sanktuarium einen Schauplatz für Zeremonien der Befreiung aus der Sklaverei. Das Heiligtum wurde in römischer Zeit vergrößert, im Mittelalter jedoch verlassen, ist heute für Besucher aber zugänglich.
In der Nähe liegen Reste einer römischen Villa, die den *Volusii Saturnini* (1. Jh. v. Chr.) gehörte. Das lokale Museum stellt die Ergebnisse der Ausgrabungen in der antiken Stadt und in den verstreut liegenden Gräbern von Capena aus.

Falerii (Civita Castellana)

Gehäuse aus Tuffstein mit Aschenurne aus *Falerii Veteres*, 8. Jh. v. Chr. Rom, Museo Nazionale Etrusco di Villa Giulia

Am Ende des 6. Jh. v. Chr. gingen einige Falisker-Orte unter, gleichzeitig wuchsen andere zu Städten heran. Das im Norden liegende Narce verschwand zugunsten von *Falerii*, dem heutigen Civita Castellana, das eine Vormachtstellung über das Gebiet ausübte. Die Existenz einer Nekropole der Frühgeschichte bei Montarano scheint jedoch das Alter von *Falerii* zu bezeugen, auch wenn es zu jenem Zeitpunkt auf dem Hügel von Vignale lag, der schon im 8. und 7. Jh. besiedelt war. Die Entwicklung zu Anfang des 5. Jh. v. Chr. bezeugt eine umfangreiche urbane Erneuerung, die die Kultbauten im Siedlungsgebiet und in den Vororten hervorhebt. Neben dem Tempel von Vignale (5. Jh. v. Chr.) nahm das Stadtgefüge nach und nach auch den Sakralbezirk von Lo Scasato östlich der Hochebene auf. Er wurde 1886-87 ans Licht gebracht und umfasst ein großes quadratisches Becken von 13 m Länge und 8 m Tiefe. Es war in den Stein eingehauen und hatte zwei Treppenläufe. Der eigentliche Tempel stand auf einem Sockel aus Tuffstein und hatte eine nach Westen ausgerichtete Stirnseite von 17 m. Auf dem Gelände fand man zahlreiche Verkleidungen aus Terrakotta wie z. B. Giebelverzierungen mit Palmen-Ornamenten, Reliefplatten und Fragmente von Giebelstatuen, darunter ein sitzender Mann, ein Torso eines jungen Mannes und Teile von Frauen und Männern in drapierter Bekleidung. Die Stilanalyse lässt vermuten, dass vor dem großen Tempel hier eine kleinere Votivstätte von Ende 4./Anfang 3. Jh. v. Chr. stand, die mit der Zerstörung der Stadt 241 v. Chr. ebenfalls ausgelöscht wurde. An ihrer Stelle sollte der neue Tempel entstehen, dessen

Tontopf auf Stütze aus der Nekropole Le Macchie von Civita Castellana, zweite Hälfte des 7. Jh. v. Chr. Civita Castellana, Museo Archeologico dell'Agro Falisco

Schale mit Pferdezähmer aus der Nekropole Petrina in Narce, zweite Hälfte des 7. Jh. v. Chr. Rom, Museo Nazionale Etrusco di Villa Giulia

Kessel auf durchbrochener Fußstütze aus der Nekropole Pizzo Piede in Narce, erste Hälfte des 7. Jh. v. Chr. Rom, Museo Nazionale Etrusco di Villa Giulia

Männlicher Kopf aus Terrakotta aus dem Tempel „Lo Scasato" von *Falerii Veteres*, erste Hälfte des 4. Jh. v. Chr. Rom, Museo Nazionale Etrusco di Villa Giulia

Gegenüber, kleiner Merkurkopf aus Terrakotta aus dem „Tempio Maggiore" von Vignale in *Falerii Veteres*, erste Hälfte des 3. Jh. v. Chr. Rom, Museo Nazionale Etrusco di Villa Giulia

Terrakotten in der Tat auf die zweite Hälfte des 3. Jh. v. Chr. datieren. Das Votivmaterial, das auch das Modell einer Schafsleber mit Angaben zur Wahrsagerei aus Eingeweiden enthielt, wurde mit der letzten Zerstörung (Mitte des 1. Jh. v. Chr.) nicht mehr aufgestellt.

Ein Teil der Funde aus diesem Tempel ist heute im Museo dell'Agro Falisco in Civita Castellana ausgestellt, während die übrigen Stücke im römischen Museum der Villa Giulia besichtigt werden können, so wie auch jene von den Heiligtümern bei Celle und Sassi Caduti. Der Kultbau von Celle war der Göttin Juno Curitis geweiht, von dem uns Dionysos von Halikarnassos erzählt: Er beschreibt, dass er dem von Argos sehr ähnlich war und auch die gleichen Opferriten hatte, und stellt so eine Verbindung zur Herkunft der Falisker aus Argos her. Das Sanktuarium von Sassi Caduti von Anfang des 5. Jh. v. Chr. war hingegen mit Kriegern als Giebelverzierung und Satyrn als Stirnziegel geschmückt, die Menaden entführten. Es ist das Ergebnis etruskischer Handwerker.

Die Verbindung *Faleriis* mit der etruskischen

Stadtmauern von *Falerii Novi*; unten, Detail des Jupiter-Tors

Welt wird nicht nur in archäologischen, sondern auch in literarischen Zeugnissen evident. Ihnen können wir entnehmen, dass 437 v. Chr. *Falerii* der Stadt *Veji* seine Hilfe zur Verteidigung von *Fidenae* anbot, um sich dann mit Tarquinia gegen Rom zu verbünden. Verschiedene Scharmützel mit dem römischen Heer waren schon vorausgegangen, bis es 293 v. Chr. zur Unterwerfung der Falisker durch Rom kam. Später, im Jahr 241 v. Chr., versuchten sie eine Rebellion, bei der Rom jedoch 15.000 Falisker massakrierte, ihre Stadt zerstörte und den Wiederaufbau an einer anderen, 6 km entfernten Stelle veranlasste. Der neue Ort, der bedeutungsvoll *Falerii Novi* genannt wurde, wurde mit einer mehr als 2 km langen Stadtmauer und 50 quadratischen Türmen zur Verteidigung des Ortes bewehrt. Sie können heute besichtigt werden wie auch das Amphitheater, das außerhalb der Mauern bei Fabrica di Roma liegt.

Sutri und Nepi

Sutri erhob sich auf einem Tuffsteinfelsen und wurde von den Bächen Promonte und Rotoli begrenzt. Es lag im Zentrum eines Gebiets, das schon in der Urgeschichte und der frühen Eisenzeit besiedelt war. Hier wurden Kammergräber aus dem 6. Jh. v. Chr. gefunden, der Wohnort selbst ist weit weniger bekannt. Von ihm sind Spuren der Verteidigungsmauer aus Tuffsteinblöcken erhalten, die vielleicht aus dem darauf folgenden Jahrhundert stammt. Der Ort fungierte als Kontrollpunkt über eine Art Korridor, der zwischen den Monti Cimini im Norden und den Sabiner Bergen im Süden hindurchführte, und war von dichten Wäldern umgeben. Er bot den Küstenstädten, hauptsächlich *Caere*, einen kommerziellen Ausgangspunkt zum Gebiet der Falisker hin und war ein Knotenpunkt auf dem Weg über Nepi nach *Veji*. Direkt nach *Vejis* Fall im Jahr 396 v. Chr. kam Sutri unter römischen Einfluss und wurde ein strategischer Kontrollpunkt zum Nachteil der Falisker und Tarquinias. Mit letzterem hatte es wiederholte, blutige Konflikte bis 311 v. Chr., als Rom Tarquinia definitiv schlug und Sutri an sich band. Die Entvölkerung des Gebiets, die durch den andauernden Kriegszustand entstanden war, wurde 210 v. Chr. mit der Gründung einer Siedlung von Kampaniern ausgeglichen. Ihnen wurden Teile des Gebietes zugewiesen, die man mit der Abholzung

Ansicht des Amphitheaters von Sutri

Eingang des in den Tuffstein geschlagenen Hypogäums auf dem Grabungsfeld von Sutri

Kirche Santa Maria del Parto in Sutri, ursprünglich dem Gott Mithra geweihtes Felsenheiligtum

Vorderseite der Felsnekropole von Sutri

der Ciminischen und Sabinischen Wälder gewonnen hatte. Die Öffnung der Via Cassia und die Schaffung einer weiteren Kolonie, *Colonia Coniuncta Iulia Sutrina*, nach den Bürgerkriegen im 1. Jh. v. Chr. machte daraus eine der blühendsten Städte. Die Funde stammen alle aus römischer Zeit, wie z. B. die Abschnitte der Mauer auf der Südwest- und Nordostseite und das dem Mithras-Kult gewidmete Felsenheiligtum, das im Mittelalter in die Kirche der Madonna del Parto umgewandelt wurde. Des Weiteren ein kleiner Thermalbau dicht am antiken Forum und das direkt in den Tuffstein gehauene Amphitheater mit einer Kapazität von 3000-4000 Zuschauern. Vom vorrömischen Sutri stammen die Felsengräber der etruskischen Phase, deren Fundstücke im örtlichen Museo del Patrimonium ausgestellt sind. Durch das nahe Nepi, dessen Nekropolen bis auf das 7. Jh. v. Chr. datieren, liefen in der archaischen Zeit große Handelsströme. Spuren davon kann man heute noch auf dem attischem Geschirr der Grabbeigaben erkennen sowie im Wegeverlauf, der Nepi mit Sutri und *Veji* verband. Nepi war bei seinem Fall mit *Veji* verbündet und nahm an der wechselhaften politischen Situation des Gebietes teil, um das sich Etrurien und Rom stritten. Es wurde schließlich von den Römern absorbiert, die eine neue Kolonie gründeten (383 oder 373 v. Chr.). Die Wirtschaft von Nepi durchlief wie die von Sutri eine dunkle Zeit; davon zeugt auch der Umstand, dass der Ort sich weigerte, seinen Tribut für den Krieg gegen Hannibal (209 v. Chr.) an Rom zu zahlen, und dafür bestraft wurde. Erst mit der Öffnung der Via Cassia fand die Siedlung wie auch das restliche Gebiet einen gewissen Wohlstand wieder.

Veji (Veio)

Das antike *Veji*, das mit dem Falisker-Gebiet in enger Verbindung stand, lag am rechten Tiberufer auf einem weiten Hochplateau, das von den Bächen Cremera und Piordo umspült wird. Der Reichtum der Stadt basierte vor allem auf der Kontrolle über das untere Tibertal und auf der Nutzung der Salinen an der Tibermündung. Die kurze Distanz zu Rom (17 km) war jedoch schon zur Zeit des Romulus Ursache für ständige Kämpfe um die Kontrolle des Flusses.
Die Gegend war schon seit der Bronzezeit besiedelt, aber erst in der Eisenzeit (9. Jh. v. Chr.) wurde die Ebene von *Veji* Sitz einer Siedlung, die aus Hütten bestand. Sie waren in mehreren Gruppen aufgeteilt und wechselten mit freiliegenden Gebieten für die Schafzucht ab. Durch die Verschmelzung dieser Siedlungen entstand eine Stadt, die bald die gesamte Ebene mit einer Oberfläche von 190 ha bedeckte. Von der ältesten Phase sind weitläufige Nekropolen mit Schachtgräbern bekannt. In der darauf folgenden Zeit (8. Jh. v. Chr.) gab es Grubengräber, die längs der wichtigsten Verkehrsachsen lagen, die *Veji* mit den umliegenden Satelliten-Orten verbanden. In der orientalisierenden Zeit behaupteten sich allmählich Grubengräber mit Nischen, in die man die Grabbeigaben hineinlegte. Es tauchte das Kammergrab auf, das in einem Fall mit Enten ausgemalt war. Sie gaben dem bei Riserva del Bagno liegenden Grab seinen Namen (2. Viertel des 7. Jh. v. Chr.). Aus einer jüngeren Zeit stammt ein anderes seltenes, ausgemaltes Grab, das in der Nekropole Monte Michele entdeckt wurde (Campana-Grab nach dem Namen seines Entdeckers; Ende 7. Jh. v. Chr.). Die Malereien, die Figuren von reellen und phantastischen Tieren und Reitern zeigen, sind heute leider schwer zu interpretieren. In derselben Gegend wurde in den letzten Jahren ein „Fürstengrab“ mit reichhaltigen Grabbeigaben freigelegt. Zusammen mit anderen Zeugnissen wie die Tumuli von Vacchereccia und Monte Aguzzo, wo die berühmte *Chigi-Vase* von Korinth entdeckt wurde (Museum Villa Giulia in Rom), bezeugen sie die große Blüte dieses Ortes in der orientalisierenden Zeit.

Apoll aus dem Portonaccio-Heiligtum in *Veji*, Ende 6. Jh. v. Chr. Rom, Museo Nazionale Etrusco di Villa Giulia

Ansichten der Überreste des Portonaccio-Heiligtums

Im Laufe des 6. Jh. v. Chr. nahm *Veji* wahren Stadtcharakter an. Es wurde mit Mauern aus Tuffsteinblöcken bewehrt und hatte zahlreiche Sanktuarien. Sie wurden mit architektonischen Platten verziert, die aus den berühmten Werkstätten vor Ort kamen. Im Ortsteil Campetti lag ein Kultbau zu Ehren einer Gottheit der Unterwelt mit dem gleichen Namen der Stadt, *Vei*, die der römischen Göttin *Ceres* entsprach; bei der Piazza d'Armi erhob sich das große, der Schutzgöttin der Stadt, *Juno Regina*, gewidmete Heiligtum, dessen Überreste freigelegt werden konnten. Das bekannteste Sanktuarium war jedoch jenes, das sich bei Portonaccio steil über dem Mola-Graben erhob. Es war Minerva geweiht und existierte schon im 7. Jh. v. Chr. Nach verschiedenen baulichen und ornamentalen Phasen erfuhr es Ende des 6. Jh. v. Chr. eine große Blüte, an deren Ende es mit herrlichen Götterstatuen ausgeschmückt wurde. Sie entstanden durch die Hand des aus *Veji* gebürtigen Künstlers Vulca. Ein Teil der Tonstatuen ging mit dem Verfall des Ortes leider verloren. Heute sind die noch erhaltenen Statuen im Museum Villa Giulia in Rom ausgestellt.

Im Laufe des 5. Jh. v. Chr. war die Stadt in viele Zusammenstösse mit Rom um die Kontrolle über *Fidenae* verstrickt. Die Siedlung lag in strategischer Position am linken Tiberufer und hatte eine Kontrollfunktion über die Handelsströme ins nördliche Tibertal. Im Jahr 479 v. Chr. ereignete sich beim Cremera-Bach eine

Terrakottastatuette des Äneas, der seinen Vater Anchises trägt, aus dem heiligen Bezirk von Campetti bei *Veji*, erste Hälfte des 5. Jh. v. Chr. Rom, Museo Nazionale Etrusco di Villa Giulia

Inneres des Enten-Grabes, zweites Viertel des 7. Jh. v. Chr.

blutige Episode, als das Heer von *Veji* das Heer der Römer vernichtete, das sich aus Mitgliedern der Familie der *Fabii* zusammensetzte. In der zweiten Hälfte des Jahrhunderts kam ebenfalls bei Kämpfen der Etrusker-König *Larth Tolumnius* ums Leben, der von Cornelius Cossus besiegt und getötet wurde. Im römischen Tempel weihte er Jupiter den Leichnam des etruskischen Monarchen. Noch zu Zeiten des Augustus war die Rüstung mit der Widmungsinschrift erhalten. Durch die Einnahme und Zerstörung von *Fidenae* 426 v. Chr. konnten die Römer zum definitiven Schlag gegen *Veji* ausholen, das sich nur mit den Falisker-Städten *Falerii* und Capena alliiert hatte und von den anderen etruskischen Stämmen wegen seiner Monarchie im Stich gelassen worden war. Es wurde lange von Rom belagert und nach einem 10 Jahre dauernden, harten Kampf von dem Diktator Furius Camillus bezwungen, der die Statue der *Juno Regina* in Rom beschlagnahmte. Er brachte sie später auf den Aventin und öffnete sich so den Weg für die Eroberung des südlichen Etrurien. Von da an verlor *Veji* an Bedeutung, wurde aber nicht verlassen; im Gegenteil, einige seiner Heiligtümer waren weiterhin gut besucht wie das von Portonaccio. Es blieb bis zum 2. Jh. v. Chr. in Funktion, dann wurde der Altar der Minerva definitiv abgebaut und entweiht. In der Augusteischen Zeit wurde die Stadt ein *municipium*, bedeckte aber nur einen kleinen Teil des immensen Areals, auf dem sich die etruskische Stadt einst ausgebreitet hatte.

Visentium (Bisenzio)

Aschenkanope mit menschlichem Gesicht auf einem Thron, Ende 8. Jh. v. Chr.; Tontopf mit aufgemaltem Schiff, zweite Hälfte 8. Jh. v. Chr. aus der Nekropole von Olmo Bello bei Bisenzio. Rom, Museo Nazionale Etrusco di Villa Giulia

Auch das Gebiet um den Bolsena-See stand im Zentrum kulturellen Austausches und war Verkehrsknotenpunkt. Auch wenn die Westseite des Sees völlig unter dem Einfluss von Vulci stand, so war doch das Gebiet nördlich davon Teil von *Volsinii*, der mächtigen Etrusker-Stadt, die heute mit Orvieto identifiziert wird. Dieses Gebiet war schon in der frühen Eisenzeit zerstreut besiedelt, aber verschiedene Siedlungsgruppen existierten auch in den flacheren Zonen, die heute unter dem See liegen. Die wichtigsten Zeugnisse von *Visentium* ab Mitte des 8. und 7. Jh. v. Chr. kommen aus den Nekropolen südlich des Berges, im Westen und im Norden. Die hier entdeckten Funde gehören zu den bedeutendsten Stücken in den Sammlungen des Museums Villa Giulia in Rom. Für die lokalen kulturellen Aspekte, die aus den Grabbeigaben der Villanova-Zeit auftauchen, ist es bezeichnend, dass bikonische Urnen eher selten vorkommen, Hüttenurnen dagegen häufiger; dazu kommt ein großer Reichtum an plastischen Verzierungen. Einige besonders bedeutende Stücke sind schon für die präetruskische Epoche bekannt wie die Hüttenurne von Olmo Bello, aber erst vom 8. bis 7. Jh. v. Chr. zeigt *Visentium* einen plötzlichen Reichtum, vor allem, was Objekte aus Bronze betrifft. Typisch für die lokale Produktion ist das Vorkommen kleiner, dekorativer Figuren aus vollem Guss, die auf Urnen, Wagen und Amphoren aufgesetzt wurden und deren Körper mit Treibarbeiten verziert waren.

Kandelaber aus Bronze mit kleinem Hahn, Ende 6. Jh. v. Chr.; Urne aus Bronzeblech mit ritueller Tanzszene, Ende 8. Jh. v. Chr.; Weihrauchwagen, zweite Hälfte des 8. Jh. v. Chr. aus der Nekropole von Olmo Bello bei Bisenzio. Rom, Museo Nazionale Etrusco di Villa Giulia

Wenn auch für diese Art der Dekoration die orientalischen Objekte als Vorbild dienten, so war die Wahl der dargestellten Thematiken und die Vorliebe für übervolle Gesamtszenen hingegen völlig autonom und lokal: Man zog der Raffinesse der Details die szenische Wirkung und die erzählerische Absicht vor. Unter den bedeutendsten Exemplaren muss man jenen Wagen erwähnen, der Weihrauch verbrannte und einen kultischen Status hatte. Er wurde im Grab II von Olmo Bello gefunden und stammt aus der zweite Hälfte des 8. Jh. v. Chr. Auf den Querstangen, die die Räder mit dem Gestell des Behälters verbinden, drängen sich Figuren, die Krieger, Frauen mit Amphoren auf dem Kopf, einen Pflüger mit zwei Ochsen und einen Jäger mit einem Tier an der Leine darstellen; Szenen aus dem alltäglichen Leben und typische Tätigkeiten von Personen mit sozialem Rang.

Genauso bedeutend ist die Amphore aus Bronzeblech (Ende 8. Jh. v. Chr.) aus dem Grab 22 von Olmo Bello, wo Schulter und Deckel der Vase die Bühne für zwei kreisförmige Szenen bilden, vielleicht Momente einer religiösen Zeremonie, die mit der Jagd oder dem Krieg zusammenhängen. Man erkennt verschiedene bewaffnete Männer, einen Mann, der einen Ochsen antreibt, weiter vermutlich einen Gefangenen mit gefesselten Armen und in der Mitte des Deckels ein Tier mit einer Kette um den Hals, wahrscheinlich ein Bär, der die Funktion eines Totemtieres haben könnte.

Der Reichtum von *Visentium* spiegelt sich in den Schmiedearbeiten aus Gold und den Ornamenten aus Bernstein, zum Beispiel den *bullae* und den Spangen, die ebenfalls aus dem Grab II von Olmo Bello stammen. Er zeigt sich auch in der Übernahme von Figur-modellen des spätgeometrischen Typs, die durch ihre Eigenart beweisen, dass sie über Vulci und Tarquinia hierher importiert wurden. Im Laufe des 7. Jh. v. Chr. kam es zu einem Stilverfall bei Objekten aus Metall und bei Geschirr: Die ständige Wiederholung von überkommener Schemata lief langsam aus. Auf das 6. Jh. v. Chr. gehen einige Kammergräber zurück sowie Kastengräber aus Tuffstein, aus denen Schwarzfigurkeramik, Bucchero-Geschirr und Objekte aus Bronze kamen, die sich heute im Museum Villa Giulia befinden. Was die Zeugnisse des späten 5. Jh. v. Chr. betrifft, so wird hier eine tiefe Krise des Gebietes evident, das erst seit dem 3. Jh. v. Chr. wieder besiedelt wurde, und zwar mit der Errichtung eines römischen *municipium* und der Einführung des römischen Kultes der *Minerva Nortina*.

Das Umland von *Volsinii*

Geschirr der frühen Eisenzeit aus der Pfahlbausiedlung Gran Carro am Bolsena-See. Bolsena, Museo Civico Rocca Monaldeschi

Die Spitze von Gran Carro, die sich heute am Bolsena-See befindet, war ursprünglich nur ein Segment des Geländes, das von einem Küstenort der frühen Eisenzeit besiedelt war. Die Unterwasserforschungen haben hier Überreste von zahlreichen Pfahlwerken entdeckt, von denen die vertikalen Pfähle noch im Schlick erhalten sind. In der Tat stieg der Wasserstand des Sees im Laufe der Jahrhunderte an. Forschungen haben ergeben, dass mit dem Beginn der Eisenzeit das Wasser im Vergleich zur vorhergehenden Bronzezeit um 4 m angestiegen war; im 7. und 6. Jh. v. Chr. stieg das Wasser um weitere 5 m, zu denen heute noch 2 m hinzukommen. Es waren die Unterwasserfunde dieses Vulkan-Sees, die schon für Mitte des zweiten Jahrtausends zahlreich waren und es möglich machten, den Anstieg des Wassers genau zu bestimmen. Unter den verschiedenen Funden der Villanova-Zeit ist der von Gran Carro der bedeutendste. Der Ort war ursprünglich im Osten durch einen Felsvorsprung geschützt sowie im Norden durch eine Anhöhe und eine großen Anlage, die stumpfkegelig und mehr als 3 m hoch war. Sie wurde aus bloßen Steinen ohne Mörtel errichtet und hatte eine elliptische Basis von mehr als 50 m x 70 m. Auf ihr erhob sich ein Platz von ca. 35 m x 55 m. Die Anlage lag nahe der Stelle, wo heißes Quellwasser und Gas aus der Erde traten, und geht aufgrund dort gefundener Keramikfragmenten vielleicht schon auf die Bronzezeit zurück. Es ist gut möglich, dass sie eine Verteidigungsfunktion innegehabt hatte. In ihrer Nähe fand man Hunderte von Pfählen von ca. 20-30 cm Durchmesser, die zu einer Pfahlbausiedlung der frühen Eisenzeit gehörten. Sie erstreckte sich auf ein Gebiet von mehr als 6000 qm. Die hüttenartigen Behausungen waren rechteckig und vielleicht auf parallelen Streifen im Abstand von etwa 3 m erbaut. Eine befahrbare Strasse, von der Spuren abschnittsweise aus dem Wasser auftauchen, verband das Dorf mit anderen Orten am Ufer. Außer Spinngewichten, Hämmern, Meißeln, Spangen und Pferdegebissen fand man auch bikonische Vasen für Wasser oder Lebensmittel, Schöpftassen mit hohem Henkel, Tontöpfe, Krüge, Schalen und kleine, stumpfkegelige Öfen aus Impasto-Keramik. Einzigartig ist die Präsenz von bauchigen Vasen mit Schnäbeln, die mit dem Inneren kommunizierten und vielleicht als Öllampen mit mehreren Dochten verwendet wurden. Ganz in der Nähe wurde auf dem Grund eine 10 m lange Piroge gefunden, die aus einem einzigen Baumstamm geschnitzt war. Das Verlassen des Ortes scheint mit dem Anstieg des Wassers zusammenzuhängen, über den wir schon gesprochen haben. Er drängte die Bevölkerung tiefer in das Hinterland.

Volsinii (Orvieto)

Ansicht von Orvieto

„Venus", Skulptur aus griechischem Marmor aus dem Heiligtum der Cannicella-Nekropole, 530-520 v. Chr. Orvieto, Museo Claudio Faina

Volsinii, das heutige Orvieto, liegt nordöstlich des Sees auf einem steilen Tuffsteinfelsen, der ca. 40 m tief auf die darunter liegende Ebene schaut, die vom Paglia-Bach durchzogen wird. Aus der Villanova-Zeit stammen einige Funde aus dem Wohnort, aus den Orten, an denen später die Nekropolen Cannicella und Crocifisso del Tufo lagen, und aus einigen Grubengräbern. Auch wenn die Funde aus Keramik und Metall nicht sehr zahlreich sind, zeigen sie keinen besonderen Reichtum der älteren Siedlung. Im Unterschied dazu wird die Entwicklung im Laufe des 7. Jh. v. Chr. sehr deutlich. Dies verdankt sie den landwirtschaftlichen Ressourcen des Gebiets und der günstigen Lage der Siedlung am Zusammenfluss von Paglia und Tiber. Beide waren schiffbar und standen ihrerseits mit anderen Wasserstrassen in Verbindung. Auf diese Weise konnte *Volsinii* mit den Gebieten von Chiusi und Vulci und dem der Falisker leicht Kontakt aufnehmen.

Aus der orientalisierenden Zeit Orvietos stammt der älteste Teil der Cannicella-Nekropole auf der Südseite, wo Kammergräber mit Schrägdach auf Terrassierungen liegen. Aus den Grabbeigaben kamen wertvolle Objekte aus Bucchero zum Vorschein. Sie sind ein Beispiel für die lokale Produktion: Sie zeichnet sich durch eine schlichte Dekoration aus, die aber durch Figurenbänder verziert wurde. Man erhielt diese Bänder, indem man kleine, drehbare Zylinder benutzte, die auf die noch frischen Vasen aufgedrückt wurden.

Das Besondere an dieser Nekropole ist, dass in ihrem niedrigerem Teil seit Ende des 6. Jh. v. Chr. ein Heiligtum lag, das dem Bestattungskult und der Fruchtbarkeit diente. Es war durch eine robuste, terrassierte Mauer abgegrenzt und bestand aus verschiedenen Elementen. Richtung Süden hatte es einen gepflasterten, nicht überdachten Fußboden mit Leitungen, die zu einem zentralen Becken für rituelle Reinigungen führten. Daneben lag eine ähnliche Stelle mit einem Becken und einem Brunnen. Daran grenzte der einzige überdachte Raum an, wie die am Ort gefundenen architektonischen Terrakotten zeigen. Im Raum befand sich ein in die Erde eingegrabener Tonkrug, der vielleicht zur symbolischen Reinigung diente, und in der Mitte des Raumes eine Rinne. Unter dem gefundenen Material ist die als „Venus von Cannicella" bekannt gewordene Statue aus griechischem Marmor, die heute im Museum Faina ausgestellt ist. Die Figur ist nackt und wurde vielleicht zwischen 530 und 520 v. Chr. auf Naxos geschaffen, was man aus dem verwendeten Material schließen kann. Sie wurde schon in der Antike an Unterschenkel und Brust restauriert, aber auch den etruskischen Kultbräuchen angepasst, indem man Löcher hineinbohrte für die Anbringung von charakterisierenden Objekten. Man verehrte sie als Göttin der Fruchtbarkeit und erkannte *Mater Matuta* in ihr, eine etruskische Gottheit, die uns nur über lateinischen Quellen bekannt ist, oder – einigen Inschriften zufolge –

Zwei Ansichten der Nekropole Crocefisso del Tufo

Vei. Das Sanktuarium wurde im Laufe des 4. Jh. v. Chr. noch vergrößert, und so konnte die nahe gelegene Nekropole ihre Bedeutung beibehalten in einer Zeit, in der andere Gräberfelder in Orvieto verfielen.
Das andere große Gräbergebiet, die Nekropole Crocefisso del Tufo nordwestlich der Stadt, wurde im Laufe des 6. Jh. v. Chr. nach einem planmäßigen, städteartigen Entwurf erbaut. Es handelt sich um eine Gruppe von Gräbern, die bausteinartig auf einem rechtwinkligen Grundriss in Blöcken angelegt wurden. Sie waren durch Wege unterteilt, die sich rechtwinklig kreuzten. Jedes einzelne Kammergrab, das im Wesentlichen den anderen gleicht, wurde aus Rohlingen aus Tuffstein erbaut, die zwei Oberflächen, eine

Grundmauern des Belvedere - Tempels, 5. Jh. v. Chr.

Terrakottafigur des Herakles aus dem Belvedere-Tempel, Ende 5. Jh. - Anfang 4. Jh. v. Chr. Orvieto, Museo Archeologico Nazionale

externe und eine interne, bildeten. Der Hohlraum dazwischen wurde mit Erde und Steinen ausgefüllt. Ein Portal mit Architrav führte zu einem Vorraum, über den man zu einer rechteckigen Zelle gelangte. Sie war im System des falschen Bogens, d. h. eines Kraggewölbes, überdacht und formte eine Art kleines, spitzbogiges Hauptschiff. Eine schmale Bank an der hinteren Wand und längs einer Seitenwand ermöglichte die Niederlegung der Leichname und der Grabbeigaben.

Die Zuteilung der Gräber an die Familien – vor allem an die der Mittelschicht – und die Anbringung des Namens des Verstorbenen über dem Portal war offensichtlich Sache der Institutionen. Das Studium der Inschriften und Namen hat ergeben, dass die Gräber auch nach Frauen benannt wurden und dass das antike *Volsinii* nicht nur von Etruskern, sondern auch von Italikern und Kelten bewohnt wurde. Die Grabbeigaben bezeugen den Wohlstand der örtlichen Familien im 6.-5. Jh. v. Chr. Dies zeigt sich auch am importierten attischen Geschirr und am hohen künstlerischen Niveau der lokalen Werkstätten, sowohl an dem der Töpfer als auch dem der Metallarbeiter.

Das antike Stadtgebiet fällt mit dem heutigen zusammen, und auch wenn dieser Umstand die Forschungen nicht gerade begünstigt hat, so hat er zumindest den Zugang von Südwesten, der heutigen Porta Maggiore, erhalten. Es kamen keine Wohnviertel ans Licht, vielmehr zahlreiche Kultgebäude, davon ist der Tempel Belvedere das bekannteste und das am ehesten erkennbare. Er wurde im 19. Jh. entdeckt und war im hinteren Teil eines quadratischen Sakralbezirks angelegt, dessen Umfassungsmauern an der Stirnseite zusammenkamen. Er erhob sich auf einem Podium, das teils aus dem Felsen gehauen, teils erbaut war und eine Rampe als Zugang hatte. Die Vorhalle hatte zwei Reihen mit je vier Säulen mit einem Durchmesser von 1 m. Dahinter lagen die drei Zellen. Der Grundriss zeichnet in seinem Ganzen genau jene Proportionen nach, die Vitruv in seiner *De Architectura* angibt und die charakteristisch sind für einen

Zwei Stirnziegel aus dem Belvedere-Tempel, Ende 5. Jh. - Anfang 4. Jh. v. Chr. Orvieto, Museo Archeologico Nazionale

Wand mit Biga im Grab der *Hescanas* bei Porano, Ende 4. Jh. - Anfang 3. Jh. v. Chr.

Tempel im tuscanischen Stil, jenem Stil, der für die Etrusker typisch ist. Das älteste Material der architektonischen Verkleidung datiert auf Anfang 5. Jh. v. Chr., während der größte Teil der Giebelstatuen aus dem 5.-4. Jh. v. Chr. stammt und vom Giebel an der Rückseite kommt. Das hohe Niveau der Skulpturen, die vom Stil her sehr von Phidias beeinflusst sind, hat die Präsenz griechischer Künstler in *Volsinii* vermuten lassen. Außer Resten von Giebelverzierungen (mit Sphingen und Gorgonen) sowie Stirnziegeln wurden wenige Fragmente des vorderen Frontgiebels mit Kriegern gefunden. Die Votivstätte enthielt auch einige Widmungsinschriften, von denen eine uns auf *Tinia Calusna* hinweist, den Blitze schleudernden Jupiter, der hier verehrt wurde.
Im Stadtgebiet kamen verschiedene architektonische Terrakotten ans Licht, die zu Kultbauten oder Werkstätten von Bildhauern gehörten. Es war jedoch nicht möglich, den Tempel der Göttin *Nortia* ausfindig zu machen, auf die sich Livius bezieht. Er erzählt, dass man traditionsgemäß jedes Jahr im Tempel einen Nagel in die Wand schlug, um das Vergehen der Zeit anzuzeigen. Noch bekannter in der literarischen Überlieferung war das Heiligtum des *Fanum Voltumnae*, das dem Voltumna, dem archaischen Etrusker-Gott, gewidmet war. In ihm personifizierte sich das Prinzip der Veränderung in Natur und Leben. Das vor der Stadt liegende Heiligtum war Schauplatz von Festen und Schauspielen, bei denen auch die Vertreter der 12 etruskischen Volksstämme, bzw. der mächtigsten Städte, zusammenkamen, um eine politische Planung zu versuchen, ähnlich wie bei den Städtebündnissen in Griechenland. Dieses Heiligtum wurde nie mit Sicherheit gefunden. Es könnte auf dem „Campo della Fiera" gestanden haben, wo verschiedene Gebäudereste ans Licht kamen.
In der Zeit der ersten Konflikte mit Rom erfuhr Orvieto eine Verschiebung in seiner Ökonomie. Sie zeichnete sich vor allem durch die Produktion von bemaltem Geschirr und versilberter Keramik aus, ging dann aber in Richtung Land-

wirtschaft, was durch einen Rückgang bei Bestattungen in den Stadtnekropolen bezeugt wird. Unter den entdeckten Kammergräbern kann man heute das Grab der *Hescanas* besichtigen. Es entstand zwischen dem 4.-3. Jh. v. Chr., war mit polychromen Jenseits-Szenen ausgemalt und für eine lange Nutzung gedacht. Es gab auch andere Gräbergruppen, wo die Kammergräber in den Tuffsein gehauen waren. Hier liegen die bekannten Golini-Gräber. Das erste Grab (Golini 1) wurde um Mitte des 4. Jh. v. Chr. erbaut. Über einen nach unten führenden Korridor gelangt man zu einer viereckigen Kammer mit kurzer zentraler Trennwand. Diese war mit Szenen von hoher Qualität ausgemalt. Sie sind heute im Archäologischen Museum von Orvieto ausgestellt und zeigen Vorbereitungen für ein Bankett. Rechts am Eingang war der Auftraggeber des Grabes dargestellt, der eskortiert von einem geflügelten Dämon an Bord einer Biga ins Jenseits gelangt. Etwas jünger (2. Hälfte des 4. Jh. v. Chr.) ist das Golini Grab 2, auch nur mit einer Kammer, die mit Jenseits-Szenen bemalt ist. Ungefähr zeitgleich ist das nahe „Grab des Kriegers". Die reichen Grabbeigaben enthielten ein mehrteiliges Bankettservice (zwei Situlen, einen Krug, einen verzierten, niedrigen Becher) sowie eine vollständige Rüstung aus Bronze.
Während die nahen ländlichen Orte blühten und das Einflussgebiet sich vielleicht bis nach Chiusi hin ausweitete – was auch die Art des ausgemalten Grabes bezeugt, das vor kurzem

Detail der Wanddekoration des Grabes Golini I, zweite Hälfte des 4. Jh. v. Chr. Orvieto, Museo Archeologico Nazionale

bei Sarteano ans Licht kam – wurde *Volsinii* aufgrund seiner Lage zur Kontrolle der Verkehrswege in die ersten Kämpfe mit Rom verwickelt. Es kam schon im Jahr 392 v. Chr. zu Zusammenstössen, dann 308 v. Chr. (Niederlage am Vadimone-See) und in den Jahren 294, 285 und 280 v. Chr. Dieser Konfliktzustand und die zahlenmäßige Zunahme von Vertretern der Unterklassen, die auch nicht-etruskischen Volksstämmen angehörten, rief den Quellen zufolge eine schwierige innenpolitische Situation hervor. Der soziale Druck der Sklaven und die Unzufriedenheit der Unterklassen wuchs auf unhaltbare Weise. Dies wird auch durch die Präsenz von Namen von Köchen in den Fresken der Golini-Gräber archäologisch bezeugt. Nach mehreren Aufständen sah sich die Stadtregierung gezwungen, den Sklaven die Freiheit zuzugestehen und auch die Möglichkeit, öffentliche Ämter zu bekleiden. Trotzdem drängte die Bedrohung seiner Vormachtstellung den alten Adel zu heimlichen Kontakten mit den Römern, die man um ein direktes Einschreiten bat. Es kam zur Kampagne des Fulvius Flacchus, bei der die Stadt 264 v. Chr. eingenommen und zerstört wurde. Die Bevölkerung, bzw. den Quellen zufolge „die Einwohner von *Volsinii* und die Sklaven, die ihren Herren treu geblieben waren“, wurden von ihrem ursprünglichen Wohnsitz entfernt und an einen weniger geschützten Ort in der Nähe des Sees gebracht, das *Volsinii Novi* genannt wurde, das heutige Bolsena.

Bolsena

Überreste von Gebäuden aus etruskisch-römischer Zeit

Archäologische Forschungen haben bewiesen, dass Bolsena erst seit dem 3. Jh. v. Chr. besiedelt wurde. Zu den ältesten Bauten gehören die Mauern im *opus quadratum*, die sich auf fast 4,5 km erstreckten. Sie tragen noch heute auf der Oberfläche am Castello Buchstaben in etruskischem Alphabet. Man kann jener frühen Zeit auch einige Kammergräber bei Poggio Pesce und die außerhalb der Stadt liegenden Heiligtümer bei Pozzarello und Poggio Casetta zuschreiben. Letztere können heute besichtigt werden. Der kleine Tempel von Poggio Casetta mit seinem einzigen, rechteckigem Raum wurde irrtümlich auf die archaische Zeit datiert. In der Tat zeigt er typische Eigenschaften der stadtinternen und externen Votivplätze des 6.-5. Jh. v. Chr., ähnlich wie die von Fiesole. Sein archaisch anmutender Stil wurde von einigen Forschern nicht nur auf den bescheidenen Lebensstandard bezogen,

den *Volsinii Novi* in seinen ersten Jahrzehnten hatte, sondern auch auf den Versuch, die geschichtliche Vergangenheit ideologisch wiederzugewinnen, die durch den erzwungenen Umzug einen tiefen Einschnitt erlitten hatte. Nach etwa einem Jahrhundert der Eingewöhnung in einer zu Anfang nicht gerade blühenden Wirtschaft (die Stadt konnte keine Hilfsgüter für den Zweiten Punischen Krieg an Rom liefern) erfuhr Bolsena seit dem 2. Jh. v. Chr. eine starke Belebung, als man die Via Cassia eröffnete, die die Stadt durchquerte. Dies führte zu einer beträchtlichen Veränderung im Stadtbild, das durch neue *cardines* und *decumani* in Wohnblöcke aufgeteilt wurde. Die Stadt behielt jedoch eine Siedlungsdichte in den Hügeln, wie die Häuser mit Atrium bei Poggio Moscini bezeugen, die genau auf jene Phase datieren. Auf die Zeit der Republik gehen zahlreiche Werkstätten auf dem Ausgrabungsgebiet zurück; mit dem ersten nachchristlichen Jahrhundert entstanden Aquädukte, Thermen mit teils überdachtem Wandelgang (*calidarium* und *cisterna*) und das gepflasterte Forum, von dem aus man die Basilika betrat. Durch die Invasion der Westgoten und Langobarden wurden diese Gebäude im 6. Jh. n. Chr. zerstört und aufgegeben. Sie sind heute für Besucher zugänglich. (M.M.)

Tönerner Thron mit Panthern aus Bolsena, 2. Jh. v. Chr. Bolsena, Museo Civico Rocca Monaldeschi

Mauerreste mit eingeritzten etruskischen Buchstaben

Die Kultbauten

Im Laufe der Zeit erfuhren die Kultbauten der Etrusker eine konstante Entwicklung, die nicht nur mit technisch-statischen, sondern auch mit religiös-symbolischen Gründen zusammenhing. Diese machten aus den „Behältern" für Bildnisse und heilige Riten nach und nach eine Art Emblem der höheren Himmelsordnung.
In der frühen Eisenzeit wurde der Kult im Freien und auch in Hütten oder in eigens dafür errichteten Stätten praktiziert. Er war zudem Schauplatz für religiöse Bankette und vielleicht auch Sitz der Gemeinschaftsgüter des Dorfes; der lateinische Begriff *templum* bezeichnete unter anderem die Hütte des Auguren, der den Himmel zur Erkennung der göttlichen Zeichen beobachtete.
Mit der orientalisierenden Zeit verlegten die *principes,* die über die Gemeinschaften herrschten und die religiöse Macht innehatten, den Kultsitz an einen Ort, der innerhalb ihrer Paläste lag; davon könnte der *temenos* ein Überbleibsel sein, der heilige quadratische Bezirk, der in den späteren etruskischen Heiligtümern ein konstantes Element werden sollte.
Die fortschreitende Krise der monarchischen Ordnung, die um das 5. Jh. v. Chr. entstanden war, verursachte die Ablösung der Religion von der politischen Macht sowie ihre Verwaltung durch die Priester, die einen neuen öffentlichen Sitz wählten: den Tempel. Im Allgemeinen wurde er mit dem freiwilligen Beitrag – wenn nicht sogar als Stiftung – der Adligen errichtet und war in seinem Aussehen von den vorhergehenden Sakralbauten beeinflußt, die an die feststehenden Gebote und konsolidierten Rituale gebunden waren. Die Kultorte mit einfacherem Grundriss waren rechteckige Gebäude mit Ädikula und einem einzelnen geschlossenen Raum oder zwei Säulen an der Stirnseite, wie einige Votivmodelle zeigen. Um diese Kultstätten herum gab es meistens vorne und seitlich eine Umzäunung, um denen den Zutritt zu verwehren, die sich nicht für das Zuschauen oder die Teilnahme an den Riten gereinigt hatten. Diese Areale waren in den einfacheren Fällen mit Palisaden oder Vorhängen – auch sie lateinisch *templa* genannt – abgegrenzt oder auf stabilere Weise von einer Mauer (*temenos*) umgeben.
Der typisch archaische klassische Tempel (etruskisch *tmia* laut den Folien von Pyrgi) hatte jedoch deutlich größere Ausmaße und einen Säulengang, der die vordere Hälfte ausmachte; im hinteren Teil grenzten drei kleine Zellen an oder, was häufiger vorkam, ein zentraler Raum (*cella*), dem zwei enge Kammern zur Seite lagen, die nach vorn offen waren (*alae*). Von einem solchen Gebäude und seinem Aufbau hat uns der römische Architekt Vitruv in seiner *De Architectura* (IV, 7) eine minuziöse, wenn auch recht späte Beschreibung (letztes Viertel des 1. Jh. v. Chr.) hinterlassen. Als wahr hat sich seine Behauptung durch archäologische Funde bewiesen, wonach das Verhältnis zwischen Fassade und Seite vorzugsweise 5 zu 6 sein sollte.
Die Seitenmauern des etruskischen Tempels erstreckten sich manchmal bis zur Stirnseite und umgriffen somit die Säulen (immer in paarigen Reihen), die in diesem Fall *in antis* genannt wurden, d. h. zwischen den Anten. Über dem Säulengang der Fassade verlief der Architrav aus Holz, der mit bunten Platten aus Terrakotta überzogen war; hier ragten Längsbalken hervor, deren Kopfenden mit verzierten Tontafeln verkleidet waren. Andere Tafeln schützten das Ende des Hauptbalkens am Dach (*columen*), auf dem die *cantherii* lagen, die die zwei Schrägdächer bildeten. Das so entstandene Dreieck wurde bei älteren Gebäuden von einer Wand aus Holzbrettern abgeschlossen; ein kleines vorderes Schrägdach im Inneren erleichterte den Abfluss des Regenwassers. Erst in späterer Zeit wurde nach griechischem Vorbild die Verwendung dreieckiger Frontgiebel eingeführt mit komplexen Skulpturengruppen aus Terrakotta. Vorher

Modell eines kleinen etruskischen Tempels aus dem Votivdepot des Nord-Tors von Vulci, Mitte 1. Jh. v. Chr. Rom, Museo Nazionale Etrusco di Villa Giulia

Stirnziegel in Form einer Mänade aus dem Tempel von Sassi Caduti in *Falerii Veteres*, Anfang 5. Jh. v. Chr. Rom, Museo Nazionale Etrusco di Villa Giulia

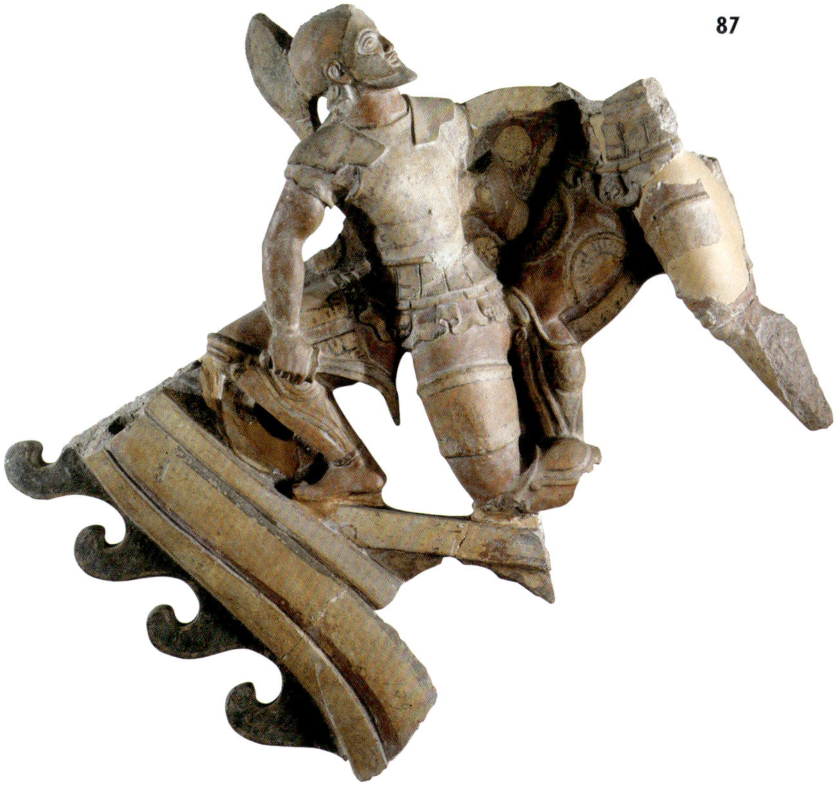

Giebelverzierung aus dem Tempel von Sassi Caduti in *Falerii Veteres*, Anfang 5. Jh. v. Chr. Rom, Museo Nazionale Etrusco di Villa Giulia

waren gelegentlich einige Statuen längs des Hauptbalkens aufgestellt worden. Im Allgemeinen jedoch bedeckten sehr bunte Verzierungen aus Terrakotta die hölzernen Teile der Verkleidung, um diese vor Witterung und Parassiten zu schützen; spezielle Ziegel mit Köpfen oder Figuren – Antefixe (Stirnziegel) genannt – waren an den Rändern des Daches installiert.
In der Nähe des Tempels befanden sich oft ein mit Wasser gefülltes Becken für sakrale Waschungen und heilende Tauchbäder, einer oder mehrere Altäre sowie einige Gebäude, die als Unterkunft für Pilger dienten. Es hatten sich mit der Zeit riesige, konstante Pilgerströme gebildet, die an den bekanntesten Kultplätzen zu der Entstehung von Märkten führten; unter den Gläubigen waren auch Persönlichkeiten aus Großgriechenland (Magnagrecia) und Karthago, die von den speziellen Kulten angezogen wurden. Diese dienten dem Aufbau diplomatischer und kaufmännischer Beziehungen.
Über den Ursprung des etruskischen Tempels als architektonisches Modell wurden verschiedene Thesen aufgestellt, die vielleicht alle einen Teil Wahrheit enthalten. Viele Elemente der älteren Hütten der Eisenzeit blieben zweifellos, wenn auch in umgewandelter Form, bestehen: das besondere kleine Dach im Inneren des dreieckigen Frontgiebels war nichts anderes als eine „monumentalisierte" Form des kleinen Bogengangs der Hütte, die sich unterhalb des Loches für den Rauchabzug befand. Die ausgeprägte Frontalität des Gebäudes und die Präsenz von Säulen nur auf der Vorderseite beziehen sich noch auf die Hütten aus Stroh und Schlamm, genauso wie sich die Statuen und ornamentalen Voluten der Heiligtumer auf die Balken mit geschnitzten Spitzen beziehen.
Was den Grundriss betrifft, so meinen einige Fachleute, dass die großen Tempel eine Art Nachkommen der kleineren, schon beschriebenen Kultstätten gewesen sein mussten, wo der kleine Kultraum zur internen Zelle wurde und das gesamte *temenos* sich in einen richtiggehenden Tempel mit offenem Säulengang verwandelte. Zu dieser These gesellt sich eine andere, derzufolge die Proportionen der Kultstätten mit nur einem Raum so weit verbreitert wurden, bis sie eine kleine Zelle aufnehmen konnten, die an der Rückwand lag, eine Art *sancta sanctorum* zur Aufbewahrung der Kultstatue. Der Tempel in *Veji* an der Piazza d'Armi würde aufgrund einer möglichen Rekonstruktion der Überreste ein Zeugnis letzterer These darstellen, auch wenn der Grundriss des Gebäudes als nicht ganz gesichert gilt. Die Koexistenz von kleinen Kultstätten und großen Tempeln noch nach dem 6. Jh. v. Chr. zeigt jedenfalls, dass die verschiedenen Arten der Gebäude auch an unterschiedliche Kultfunktionen gebunden sein mussten, so wie es auch die lateinischen Quellen berichten. (M.M.)

Unten links, Stirnziegel aus dem Heiligtum der Cannicella-Nekropole, Ende 6. - Anfang 5. Jh. v. Chr. Orvieto, Museo Archeologico Nazionale; in der Mitte und rechts, Stirnziegel aus dem Portonaccio-Heiligtum in *Veji*, Ende 6. Jh. v. Chr. Rom, Museo Nazionale Etrusco di Villa Giulia

Das Archäologische Nationalmuseum von Orvieto

Das Archäologische Museum ist in dem eindrucksvollen Palast des Papstes Martin IV. untergebracht und umfasst Materialien, die sich schon in der Sammlung der Dombauhütte befanden, sowie Objekte, die bei kürzlich gemachten Grabungen in einigen Heiligtümern der Stadt und in umliegenden Nekropolen gefunden wurden. Zusammen mit dem Museum Faina bietet es ein recht erschöpfendes Bild der antiken etruskischen Siedlung Orvietos.

Von besonderem Interesse scheinen die zahlreichen Grabbeigaben zu sein, die bei den nahegelegenen Nekropolen gefunden wurden; dazu kommt auch Material von kürzlich gemachten Ausgrabungen im Ortsteil Castellonchio, zu denen zahlreiche Bronzefiguren und Goldschmiedestücke aus hellenistischer Zeit zählen. Im Museum sind auch die Malereien der Gräber Golini 1 und Golini 2 (nach dem Namen ihres Entdeckers) ausgestellt; sie wurden aus Gründen der Erhaltung den Grabwänden „entrissen" und im Museum wieder zusammengesetzt, um das originale unterirdische Ambiente zu rekonstruieren. Die zwei Grabstätten, die in die zweite Hälfte des 4. Jh. v. Chr. datiert werden können, wurden im Jahr 1863 in einem der Orte nahe der Felswand entdeckt.

Das Grab Golini 1 hat einen viereckigem Grundriss und ist durch eine Zwischenwand in zwei Räume unterteilt; die Wände waren mit Verputz verkleidet, auf dem sich Wandmalereien befanden. Die Fresken stellen ein Bankett zu Ehren des Verstorbenen in Anwesenheit der Unterweltgötter Hades und Persephone dar. Gezeigt wird die reiche Speisekammer der etruskischen Familie mit verschiedenen geschlachteten Tieren; sie sind an Haken aufgehängt und warten auf ihre Zubereitung. Einige Diener sind mit dem Anrichten der Speisen beschäftigt und werden von der Musik eines Doppelflötenspielers begleitet. Das Grab Golini 2 ist leider in schlechtem Zustand; es zeigt eine weitere Abbildung eines Banketts, das von einer Prozession aus Flötenspielern, Hornbläsern und Lyraspielern begleitet wird, während auf der Eingangswand die Reise des Verstorbenen ins Jenseits dargestellt ist. Im Saal gegenüber der Rekonstruktion der zwei Gräber sind zahlreiche Materialien (Fundstücke aus Bronze und etruskische Keramiken aus dem 4. Jh. v. Chr.) ausgestellt, die in der Nekropole entdeckt wurden. Aus derselben Zeit stammt auch eine schöne

Einer der Säle im Erdgeschoss

Rekonstruktion des Grabes Golini I von Settecamini

Vollständige Rüstung aus dem Grab des Kriegers von Settecamini, zweite Hälfte des 4. Jh. v. Chr.

***Kylix* mit erotischer Szene aus dem Grab 26 der Nekropole Crocefisso del Tufo**

***Rython* mit dem Gesicht eines Silens aus dem Grab 37 des Fondo Bracardi in Orvieto**

Spiegel mit geflügelter Figur aus der Nekropole von Porano

***Kernos* mit weiblichen Gesichtern aus der Nekropole von Settecamini**

Rüstung aus Bronze aus dem Grab des Kriegers, komplett mit Helm, anatomischem Harnisch, Beinschutzschienen und Schild. Ansehnlich ist auch die Sammlung von architektonischen Terrakotten, die die heiligen Stätten des etruskischen Orvieto schmückten; darunter sind die Reste des Frontgiebels des Belvedere-Tempels nennenswert (Ende des 5. Jh. - Anfang des 4. Jh. v. Chr.). Aus der gleichen Zeit stammt der schön gearbeitete Tonkopf des *Tinia*-Zeus aus dem heiligen Gebäude in der Via San Leonardo, während die Reste des dekorativen Beiwerks am Heiligtum von Cannicella älter sind (Anfang 5. Jh. v. Chr.); darunter ist eine zentrale Giebelfigur, die als Opferung der Polyxena interpretiert wird, von großem Interesse. (G.P.)

Das Archäologische Museum „Claudio Faina"

Im Jahr 1954 schenkte Graf Claudio Faina der Stadt Orvieto seine archäologische Sammlung zusammen mit seinem gegenüber dem Dom liegenden Palast, in dem sie ausgestellt war. Die wichtige Ausstellung ist nach Objektkategorien gegliedert. Einige Ecken wurden mit Stilmöbeln eingerichtet zu dem Zweck, das antiquarische Ambiente des 19. Jh. zu kreieren, das 1864 zu der Entstehung der Sammlung geführt hatte, im Besonderen das Arbeitszimmer des Grafen Mauro, dem Begründer der reichhaltigen Numismatik-Abteilung.

Der erste Kern der Sammlung soll aus einer Gruppe von Vasen bestanden haben, die den Faina von Prinzessin Valentini Bonaparte überlassen wurde, der Tochter Luciano Bonapartes, des Entdeckers der Nekropolen von Vulci. Zu Beginn wuchs die Sammlung durch Materialien unterschiedlicher Herkunft an, die auf dem Antiquitätenmarkt erworben und dann von Graf Eugenio mit den Fundstücken bereichert wurden, die aus den örtlichen Ausgrabungen stammen.

Besondere Bedeutung im

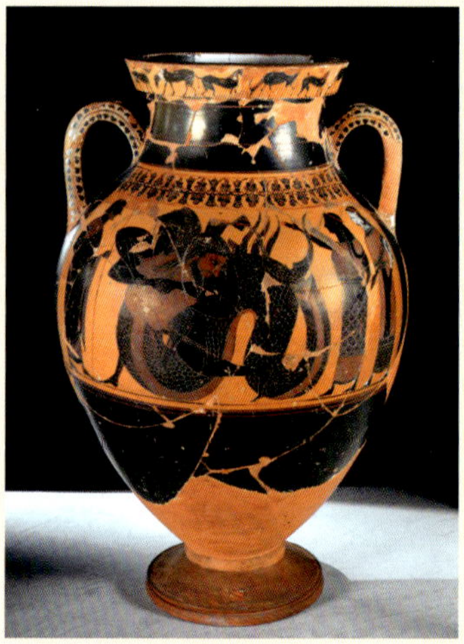

Amphore, dem Berlin-Maler zugeschrieben, mit Herakles und dem Meeresungeheuer aus der Nekropole Crocefisso del Tufo, zweite Hälfte des 6. Jh. v. Chr.

Detail der Amphore, dem Chiusi-Maler zugeschrieben, mit Achilles und Ajax beim Würfelspiel aus der Nekropole Crocefisso del Tufo, zweite Hälfte des 6. Jh. v. Chr.

Amphore mit Panther, erstes Viertel des 6. Jh. v. Chr.

Amphore der „*Vanth*-Gruppe", Ende 4. Jh. v. Chr.

Ausstellungsverlauf hat die attische Keramik mit ihren schwarzen Figuren – sie ist mit drei großen Amphoren des Exekias vertreten, einer der bedeutendsten Töpfer und Maler der zweiten Hälfte des 6. Jh. v. Chr. –, die Keramik mit roten Figuren sowie die Sammlung etruskischer Figurenkeramik. Darunter ist das Geschirr der *Vanth*-Gruppe erwähnenswert, so genannt nach dem Namen der etruskischen Gottheit, die die Verstorbenen ins Jenseits begleitete und die auf zwei Exemplaren des Museums abgebildet ist. Bedeutend sind auch die Vasen des Micali-Malers.
Die Sammlung von Bucchero-Keramik umfasst ein reiches Repertoire an Stücken, die alle auf die Werkstätten

Kohlepfanne aus Bronze mit Seepferdchen, Anfang 5. Jh. v. Chr.

Kopfseite eines Sarkophags aus Torre San Severo mit Odysseus und Circe, Ende 4. Jh. v. Chr.

Gorgone aus dem Belvedere-Tempel, Ende 5. Jh. v. Chr.

Kopf eines Kriegers aus *nenfro* aus der Nekropole Crocefisso del Tufo, 525 v. Chr.

von Chiusi und Orvieto zurückgehen sind, so wie auch die schöne Sammlung von Bronzefiguren, von denen viele noch die schweren Restaurierungen aus dem 19. Jh. aufweisen. Den Museumsbesuch vervollständigt die reichhaltige Numismatiksammlung von über dreitausend Münzen, die das Hauptinteresse der Grafen Faina darstellte.

Im Erdgeschoss des Palazzo befindet sich die an das Museum angeschlossene Städtische Sammlung, die in drei Ausstellungsräumen untergebracht ist. Sie umfasst eine Gruppe von ornamentaler Terrakotta, die beim Heiligtum des Belvedere und im Sakralbereich der Via San Leonardo ausgegraben wurde, des Weiteren die sogenannte „Venus von Cannicella", eine nackte Gottheit, die einer griechisch-orientalischen Werkstätte entstammt, und ein monumentaler Sarkophag aus dem ausgehenden 4. Jh. v. Chr. An den Längsseiten – sie weisen Spuren der ursprünglichen Polychromie auf – sind die Opferung der trojanischen Gefangenen zu Ehren des Patroklos und die Opferung der Polyxena über dem Grab des Achilles dargestellt. An den kurzen Seiten ist zweimal Odysseus abgebildet, einmal in Begleitung des Sehers Teiresias, ein anderes Mal in Begleitung der Zauberin Circe. (G.P.)

Gegenüber, Kopf eines Alten aus Terrakotta aus dem Belvedere-Tempel, Ende 5. Jh. v. Chr.

Hellenistischer Sarkophag mit liegender männlicher Figur

DAS ETRURIEN DER FELSNEKROPOLEN

Südlich des Bolsena-Sees, in einer weiten Landschaft, die noch mit der dichten Mittelmeer-Macchia bewachsen ist, wie die antiken Etrusker sie kannten, sind bis heute prächtige steinerne Zeugnisse dieser Kultur erhalten geblieben. Ganze „Totenstädte" wurden in den Tuffstein gehauen und in tiefe, eindrucksvolle Schluchten gezwängt.

Ansicht der Felsnekropole von Castel d'Asso

Gegenüber, Ansicht von Tuscania mit einigen Sarkophagdeckeln ausgestellt auf der Piazza Basile

Reste einer etruskischen Siedlung

San Giovenale

Das etruskische San Giovenale ist vielleicht mit der befestigten Siedlung *Contenebra* identisch, die von Livius als Teil des von den Römern eroberten tarquinischen Territoriums (389 a.C.) erwähnt wird. Sie lag auf einem Hochplateau in strategischer Position als Kontrollpunkt über das obere Mignone-Tal. In geringer Entfernung einer Burgruine aus dem 13. Jh. fand man Reste eines kleinen Dorfes aus der Bronzezeit mit Hütten von ovalem Grundriss. Darauf muss sich in der Eisenzeit eine Siedlung mit größeren Hütten überlagert haben, auf das dann im 7. Jh. v. Chr. der etruskische Ort folgte. Von ihm entdeckte man einige Behausungen mit rechteckigem Grundriss, die aus zwei Räumen mit Grundmauern aus Tuffstein und Oberbau aus ungebrannten Backsteinen bestanden. Ähnliche Häuser kamen auch in einer Zone östlich der mittelalterlichen Burg ans Licht. Von der späteren Siedlung sind Abschnitte der Umfassungsmauer erhalten, die im 4. Jh. den oberen Teil des Ortes verteidigt haben musste.

Die Nekropolen liegen um den Hügel von San Giovenale herum und haben Schacht-, Kasten-, Tumulus- und Felsengräber ans Licht gebracht. Das gefundene Material belegt für die ältere Phase eine kulturelle Abhängigkeit zuerst von Cerveteri, später von Tarquinia.

Blera

Tumulusgrab; rechts, Gräber in Halbwürfelform

Der von Plinius, Strabo und Ptolemäus erwähnte antike Ort belegte einen Teil des schmalen Tuffsteinfelsens, der von hohen steilen Wänden auf natürliche Art verteidigt wurde. Vom Ort blieben wenige Reste erhalten, vor allem einige Abschnitte der mächtigen Mauern, während die weitläufigen Nekropolen recht ausgedehnt sind und sich an den Tälern des Ricanale und Biedano hinziehen. Eindrucksvoll ist eine Gruppe von Felsengräbern am Hang von Pian del Vescovo.
Auf die ältere Phase (7. Jh. v. Chr.) gehen einige Grabmonumente mit Tumulus zurück, die aus kulturellen Erfahrungen von Cerveteri hervorgingen, aber es sind die zahlreichen Würfel- und Halbwürfelgräber des 6.-5. Jh. v. Chr., die den größten optischen Eindruck machen. Sie zeigen eine behauene Fassade, die in einigen Fällen ein doppeltes Schrägdach und eine Eingangstür zu den Grabkammern betont. Diese sind mit Bänken an den Wänden oder Totenbetten mit gedrechselten Pfosten in Form eines *klinai* ausgestattet. Im Ortsteil Pian Gagliardo entdeckte man ein Grab mit Resten von einfachen Ornamentalmalereien, die eine große Grabkammer mit zentraler Säule verzierten.
Nordwestlich und südöstlich des heutigen Blera sind noch Reste zweier antiker Teufelsbrücken (mit drei Bögen) und der Festung (mit einfachem Bogen) sichtbar, die in *opus qudratum* (rechteckigen Quadern) zwischen Ende des 2. und Anfang des 1. Jh. v. Chr. erbaut wurden. Die zwei Bauten gehen auf die Via Clodia zurück, die vielleicht Ende des 3. Jh. v. Chr. angelegt wurde, um Rom über das westliche Etrurien mit Saturnia zu verbinden. Dabei verwendete man zum Teil frühere Straßen aus etruskischer Zeit. In römischer Zeit war Blera Sitz eines *municipium*, das der *tribus Arnensis* zugeteilt worden war.

Norchia

Der etruskische Ort lag auf dem mittleren Abschnitt einer Straße, die Blera mit Tuscania verband und auf der später die Via Clodia entlang führte. Nördlich der antiken Siedlung, jenseits eines Stadttors aus dem Mittelalter und jenseits der dreibogigen Brücke über den Biedano-Bach kann man etwa einen halben Kilometer lang einen Abschnitt dieser eindrucksvollen Strecke (Cava Buia) sehen. Sie ist eingezwängt zwischen Steilwände, die mehr als 10 m hoch sind und römische und mittelalterliche Inschriften tragen,

Gräber in Form eines Tympanons in der Felsnekropole aus dem 4.-3. Jh. v. Chr.

Ausschnitt der Felsnekropole

von denen eine auf eine Erneuerung der Straße im Lauf des 1. Jh. v. Chr. hinweisen könnte. Norchia lag auch an einer wichtigen Verbindung von Tarquinia mit Orvieto mit einer Kontrollfunktion für jene bedeutende Küstenstadt. Von der antiken Stadt erhielten sich bescheidene Zeugnisse, vor allem die unter der Burg aus dem 13. Jh. liegenden Stollen und einige Abschnitte der Umfassungsmauer. Norchias Vitalität wird vor allem seit Beginn des 4. Jh. v. Chr. deutlich, was eine blühende Bildhauerwerkstatt bezeugt, die sich mit der Herstellung von Sarkophagen beschäftigte. Diese wurden nicht nur für Persönlichkeiten des lokalen Adels, sondern auch für reiche Auftraggeber aus Tuscania und San Giuliano angefertigt.

Teil eines Tympanons mit eingehauenen Szenen von Kriegern von der Nekropole aus hellenistischer Zeit von Norchia. Florenz, Museo Archeologico

Von großem architektonischem Interesse sind die Monumentalgräber, die an den Hängen der Flusstäler von Biedano, Acqualta und Pile liegen und in weitläufigen Nekropolen um den etruskischen Wohnort herum angelegt sind. Die Gräber sind auf zwei oder drei übereinander liegenden Stufen längs der Talwände angelegt; einige davon enthielten Mitglieder aufstrebender Familien aus Norchia wie die *Churcle* oder die *Smurinas*. Interessant ist das „Grab der Drei Köpfe", das nach den Skulpturen benannt ist, die den Architrav der Scheintür schmücken, sowie das Lattanzi-Grab, das den *Churcle* gehörte. Es befindet sich leider in schlechtem Zustand und ist zum Teil überwuchert. Es trägt Spuren einer Dekoration mit Phantasiewesen und Blumenelementen. Monumental sind auch die zwei Gräber mit nebeneinander liegenden Fassaden im Acqualta-Tal. Wie die zeitgleichen Heiligtümer haben auch sie eine Kolonnade mit Architrav und dorischem Fries; darüber ruht ein Frontgiebel mit mythologischen Szenen und Gorgonen-Häuptern an den Enden.

Castel d'Asso

Fassadengrab mit Scheintür

Aufgrund einer bekannten Rede Ciceros wurde die Siedlung Castel d'Asso mit dem römischen *Axia* identifiziert, eine der Festungen des Territoriums von Tarquinia. Von dem Etrusker-Ort, der auf einem Hochplateau mit steilen Wänden lag, die durch die Erosion der Bäche Freddano und Risecco entstanden waren, blieben nur sehr wenige archäologische Zeugnisse (Stollen und Schächte) erhalten, u. a. Fragmente von architektonischen Platten aus archaischer Zeit mit einer Darstellung von Herakles mit dem kretischen Stier, die auf einen Sakralbau hinweisen. Wie andere Orte auf diesem Territorium erfuhr auch Castel d'Asso seit Beginn des 4. Jh. eine beachtliche Blüte; dies aufgrund seiner günstigen Lage längs der Straßen, die von der Küste aus ins Binnenland führten. Aus jener Zeit stammen die Bestattungen mit prächtigen architektonischen Fassaden, die längs des Freddano-Baches liegen. Sie wurden in zwei unterschiedliche Arten unterteilt: Scheinwürfel-Gräber (4.-3. Jh. v. Chr.) und Gräber mit Unterfassade (3.-2. Jh. v. Chr.). Erstere haben an der Fassade eine Scheintür nach dorischer Art, die anderen eine untere Fassade, die mit einem Regendach – in offensichtlicher Imitation der Häuser der Lebenden – bedeckt war; nur in einem Fall kommt ein Säulengang vor. Einige Gräber zeigen auf der Vorderseite tief eingeritzte Inschriften mit den Namen der Verstorbenen oder mit Nummernzeichen. Von besonderem Interesse sind das „Große Grab" (Tomba Grande) mit breiter Vorderseite und drei Eingangstüren sowie das „Orioli-Grab" mit großer Grabkammer, die bis zu siebzig Tote aufnehmen konnte.

Tuscania

Ansicht des Gebiets von Tuscania mit dem Komplex von San Pietro rechts im Bild

Tuscania war von jeher ein Kreuzweg verschiedener Straßen, die ihm eine strategische Rolle zukommen ließen; es verdankt seinen Wohlstand auch der günstigen Lage auf einem Hügel am Zusammenfluss von Maschiolo und Marta. Eine wichtige Straße verband es mit Tarquinia, eine andere mit dem Bolsena-See und von hier aus auch mit Inneretrurien und dem Tiber-Gebiet. Verbindungen waren auch mit Norchia, Statonia, Musarna und Vulci leicht möglich, und der Bau der Via Clodia verhalf Tuscania zwischen dem 3. und 2. Jh. v. Chr. zu großer Blüte.

Der etruskische Wohnort lag auf einem Hügel, der schon in der Frühgeschichte bewohnt war. Heute erhebt sich dort der mächtige mittelalterliche Komplex von San Pietro, wie einige Mauer-

***Oinochoe* aus Tuscania, Ende 4. Jh. v. Chr. Tuscania, Museo Archeologico Nazionale**

Zwei Sarkophage aus *nenfro,* hergestellt in Tuscania, mit einer auf dem Deckel liegenden Figur. Tuscania, Museo Archeologico Nazionale, und Florenz, Museo Archeologico

werke im Gebiet der Kirche und zahlreiche Stollen bezeugen, die mit Brunnen und Zisternen in Verbindung stehen. Aus der älteren Phase der Siedlung müssen einige architektonische Dekorationen aus Ton (Mitte des 6. Jh. v. Chr.) stammen – in der Ikonografie den Exemplaren aus Acquarossa ähnlich – sowie Verkleidungsplatten mit Abschiedsszenen auf dem Wagen oder mit Reitern, die offensichtlich die herrschende Fürstenklasse von Tuscania hervorheben sollten.

Die Gräber dieser Zeit bezeugen die Zugehörigkeit der Stadt zum Einflussgebiet Tarquinias, was auch die Beigaben bestätigen. Sehr interessant und sehenswert ist das monumentale Würfelgrab in der Peschiera-Nekropole, das ein wichtiges Zeugnis des etruskischen Wohnungsbaus darstellt. Das in einen Felsengrat gehauene Grab hat ein Regendach, kurze Seiten in Form eines Frontons mit Spuren von Balken und eine zentrale Tür. Diese führt zu drei Räumen, von denen zwei eine Decke mit eingeritzten Balken vorweisen. Die großen Nekropolen, die um Tuscania liegen (Peschiera, Pian di Mola, Ara del Tufo, Castelluzza), bezeugen eine starke Krise im 5. Jh. v. Chr., dann eine starke kulturelle Erholung im darauf folgenden Jahrhundert. Die Gräber der örtlichen Adelsfamilien (*Vipinana, Statlane, Curunas*) mit nur einer Kammer zeigen über mehrere Generationen hinweg einen kontinuierlichen Brauch der Bestattungen in Sarkophagen aus *nenfro*, während die Grabbeigaben auf enge Kontakte mit Tarquinia und dem Gebiet der Falisker hinweisen. Später (3.-2. Jh. v. Chr.) behaupteten sich große Gräber mit Bänken für viele Bestattungen sowie Sarkophage aus Terrakotta.

In römischer Zeit wurde Tuscania der *tribus Stellatinis* zugeteilt; dank seiner strategischen Position behielt es seine wirtschaftliche Blüte aber bei. Dies bezeugen luxuriöse, mit Mosaiken verzierte Gebäude, die am Fuße des Hügels von San Pietro entstanden, und beachtliche Reste in *opus reticulatum* (Mauern im Rautenmuster), Abschnitte des Straßenpflasters und Ruinen der Thermalbauten, den sogenannten „Bädern der Königin".

Acquarossa

Das antike Acquarossa lag auf einem Tuffsteinplateau und wurde von tiefen Tälern begrenzt. Vom Ort, der sich hier zwischen dem 7. und 6. Jh. v. Chr. entwickelte, fand man zahlreiche Bauten, die wertvolle Daten über die noch wenig bekannte etruskische Architektur lieferten.
Die rechteckigen Häuser mit zwei oder drei Räumen belegten den größten Teil des Plateaus im Wechsel mit Acker- und Weideland. Manchmal hatten sie eine Vorhalle oder einen Säulengang aus Holz. Die Fundamente waren aus Tuffsteinblöcken, die Wände aus rohen Backsteinen oder aus einem Gitterwerk aus vertikalen Pfählen, die ein querverlaufendes Gerüst aus Zweigen und lehmbedecktem Schilfrohr trugen. Der komplexe Dachstuhl bestand aus Holzbalken, die mit flachen oder gewölbten Ziegeln bedeckt waren. Manchmal waren sie mit lebhaften Dekorationen geschmückt, die sich auch auf den Platten wiederholten, mit denen die Außenwände verkleidet waren. Zum Überleben solcher Art von Anlagen war der Wasserhaushalt fundamental. Das Regenwasser wurde aufgefangen und in Kanälen gesammelt. Besondere technische Vorkehrungen betrafen auch den Rauchabzug am Herdfeuer, und zwar über eine runde Öffnung in der Mitte eines Ziegels, der mit einer drehbaren, scheibenförmigen Klappe regulier-

Stirnziegel mit weiblichem Gesicht aus der Zone F von Acquarossa, zweite Hälfte des 6. Jh. v. Chr. Viterbo, Museo Civico

Dekorative Platten mit Bankett (Detail gegenüber) und dionysischer Szene aus der Zone F von Acquarossa, zweite Hälfte des 6. Jh. v. Chr. Viterbo, Museo Civico

bar war. Im Inneren der Häuser waren einige Räume für häusliche Arbeiten bestimmt wie das Weben am Webstuhl oder für die Lagerung von Vorräten. Auf dem Grabungsgebiet kam neben öffentlichen Gebäuden und Straßen auch eine große Anlage ans Licht, die als Residenz des Adels von Acquarossa identifiziert wurde. Sie war mit prächtigen architektonischen Dekorationen verziert, darunter auch Platten, die die Heldentaten des Herakles gegen den nemeischen Löwen und den kretischen Stier darstellen, sowie Bankettszenen mit liegenden Figuren, die Musikern lauschen. In der Mitte des Gebäudes lag ein nicht überdachter Hof. Um ihn herum ging ein Bogengang mit Holzsäulen, der zu verschiedenen Räumen führte, die nur zum Teil Wohnzwecken dienten. Die Zerstörung Acquarossas, das seine Wirtschaft auf Ackerbau und Tierzucht gründete, geschah gegen Ende des 6. Jh. v. Chr. aus noch nicht völlig geklärten Gründen. Von jenem Moment an wurde das Gebiet nicht mehr bewohnt. (G.P.)

Die Grabarchitektur

Die etruskische Kultur übte im Unterschied zu anderen zeitgenössischen Kulturen nicht nur *einen* Bestattungsritus aus; während ihres ganzen Bestehens kamen gleichzeitig die Einäscherung wie auch die Erdbestattung vor. Dies zeigt zweifellos eine persönliche und eine durch den Sozialstatus bedingte Haftung an unterschiedlichen religiösen Riten, auch wenn Erdbestattete und Eingeäscherte oft zusammen in denselben großen Familiengräbern ruhten.
In der Villanova-Zeit war die Einäscherung jedenfalls der vorherrschende Bestattungsritus. Nach der Verbrennung auf dem Scheiterhaufen sammelte man Knochen und Asche zusammen und tat sie in ein Gefäß, das von einer Schale oder einer Art Helm abgedeckt wurde; danach wurde es auf dem Grund eines zylindrischen, ins Erdreich gegrabenen oder direkt in den Stein gehauenen Schachts platziert. Dem Gefäß oder der Aschenurne wurden auch einige, dem Verstorbenen gehörende Gegenstände beigelegt wie zum Beispiel Speerspitzen, Schwerter und Becher für die Männer oder kleine Spindeln und Geschirr für die Frauen. Der Schacht wurde mit einer Steinplatte verschlossen, die manchmal an der Oberfläche konvex geformt war, vielleicht um einen magischen Schutzschild darzustellen.
Zeitgleich mit den Schachtgräbern waren die Grubengräber für die Erdbestattungen, die im Laufe der Jahre immer zahlreicher wurden; sie bestanden aus einer rechteckigen Grube, in die zusammen mit dem Leichnam des Verstorbenen auch persönliche Gegenstände als Grabbeigaben deponiert wurden.
Die wirtschaftliche und soziale Entwicklung des 8.-7. Jh. v. Chr. brachte eine Organisation der Bevölkerung in große Mehrfamilieneinheiten (*gentes*) mit sich, die einen gemeinsamen Vorfahren hatten. Diese Bindung wurde auch bei den Bestattungen verewigt; zuerst, indem man die einzelnen Gräber von Verwandten durch kleine Kanäle miteinander verband, dann durch den Brauch, die Angehörigen derselben *gens* im Inneren von genau zugeteilten, reservierten Zonen zu begraben. In den Gebieten von Vetulonia und Marsiliana nahmen sie das Aussehen von Steinkreisen an. Diese Kreise beherbergten Gruben mit den Verstorbenen, die manchmal von einer weiteren rechteckigen Grube flankiert wurden. Diese enthielt reiche Grabbeigaben wie Waffen, Bankettgeschirr und Schmuckstücke. Über dem Kreis musste sich wahrscheinlich ein Erdhügel befunden haben, der heute aufgrund der landwirtschaftlichen Bestellung nicht mehr sichtbar ist.
Von den oben beschriebenen Gräbern stammen die unterirdischen, von einem Hügel bedeckten Kammergräber ab. Die Grube bzw. der Schacht wurde nämlich auf die Dauer zu eng und zu schlicht für die Lagerung der reichen Grabbeigaben der orientalisierenden Zeit; außerdem wurde es für den Gebrauch als „Familienkapelle" notwendig, dass der Grabraum leicht wieder benutzbar war. Zu dem Wunsch einer eindrucksvolleren Monumentalität des Äußeren gesellte sich für den Innenraum der Wille, das Haus des Toten ähnlich wie das des Lebenden zu gestalten. Von dem Verstorbenen stellte man manchmal auch Bildnisse her, wie die Kanopen aus der Umgebung von Chiusi bezeugen, sowie einige Statuetten aus der Umgebung von *Caere*, und selten gibt es auch Spuren von richtiggehenden „Puppen". So entstanden jene großen Gräber (7. und 6. Jh. v. Chr.), die in einem niedrigen Steinzylinder, dem Tambour, lagen, über dem sich ein Kegel aus aufgeschütteter Erde zum Schutz der Strukturen erhob. Ein Eingang und ein bergabführender Gang (*dromos*) führte zu den unterirdischen Kammern.
Je nach Gesteinsart der verschiedenen Zonen Etruriens waren einige dieser Gräber vollständig in den Felsen gehauen oder in anderen Fällen teilweise oder vollständig konstruiert.
In den in den Tuffstein gehauenen Kammergräbern des 6. Jh. v. Chr. haben die antiken Handwerker manchmal den komplexen Grundriss der Patrizierhäuser nachgebaut, wobei sie mehrere Räume mit verzierten Portalen, Sitzen und Betten um ein zentrales Atrium herum legten.
Außerhalb der Gräber wurde manchmal ein Bereich geschaffen, der für die zeitlich begrenzte Ausstellung des Leichnams und der Grabbeigaben diente. Hier fanden aller Wahrscheinlichkeit nach auch die regelmäßigen Opferungen zu Ehren des Verstorbenen statt.
In Tarquinia hatte die Verwendung von

Krugbestattung die Aschenurne enthätt, aus der Guerruccia-Nekropole von Volterra, 8. Jh. v. Chr. Volterra, Museo Etrusco Guarnacci

Unten rechts, Eingangskorridor zum Grab Diavolino II in Vetulonia, letztes Viertel des 7. Jh. v. Chr.

Detail des Abschlusses in Form eines Scheingewölbes am Montagnola-Grab, Quinto Fiorentino, Ende 7. Jh. v. Chr.

Inneres des Grabes der Reliefs in der Banditaccia-Nekropole von Cerveteri, zweite Hälfte des 4. Jh. v. Chr.

Ausschnitt der Felsnekropole Sopraripa bei Sovana

Fresko-Malereien auf den Innenwänden der Gräber der Wohlhabenden großen Erfolg. Sehr fähige Maler und bescheidenere Nachahmer trugen auf einer dünnen Schicht von Kalkmilch Szenen von Banketten, Spielen und Tierhatzen auf und überlieferten so über Jahrhunderte hinweg die Aspekte des Lebens und Bräuche ihrer Auftraggeber.

Eine andere Art von Gräbern, die im südlichen Etrurien verbreitet war, und zwar in Gebieten, die besonders reiche Tuffsteinvorkommen hatten, war das sogenannte „Würfel-Grab". Diese Gräber inspirierten sich sowohl an Häusern wie auch an Altären und bestanden aus einem würfelförmigen Körper, der von der dahinter liegenden Felswand abgetrennt wurde. Er war zudem mit einer gehauenen, oft falschen Tür ausgestattet, auf der Reliefbänder entlang liefen, die an jene der Altäre erinnern. Wenn die Grabkammer nicht im Inneren des Gebäudes lag, wurde sie darunter angelegt, und zwar vollständig unter der Erde, und war auf einem langen, bergabführenden Korridor erreichbar. So entstanden Komplexe, die auf mehreren, versetzt liegenden Reihen angeordnet waren und eine große szenische Wirkung hatten. Sie erforderten gezwungenermaßen die Koordinierung durch die städtischen Behörden, die sich auch um die Zuteilung der Gräber an die verschiedenen Familien kümmerten.

Unter den besonderen Gräbern des antiken Etrurien gab es auch einige sehr seltene Gräber von monumentalem Aussehen, die mit architektonischen Vorrichtungen für den Ablauf von Riten im Freien ausgestattet waren. Hier wurde wahrscheinlich an verstorbene, besonders wichtige Personen, die im Laufe der Zeit sogar zu Helden wurden, mit Spielen und Aufführungen erinnert, in denen man ihre Taten erzählte: das Cuccumella-Grab von Vulci enthält im Innern seines riesigen Hügels einen stufenartigen Raum, der ein richtiggehendes Theater für szenische Aufführungen ist. Die verworrenen Stollen, die in diesem Grabbau verlaufen, erinnern uns an ein anderes Monumentalgrab, jenes des Königs Porsenna von Chiusi: Es wurde nie mit Sicherheit ausfindig gemacht und ist uns nur durch eine komplexe Beschreibung von Plinius dem Älteren erhalten. Mit seiner quaderförmigen Basis, die von Pyramiden gekrönt wird, ähnelte es den Altären, die auf einigen Aschenurnen von Volterra zu sehen sind. (M.M.)

DIE TÄLER DES FIORA UND DES ALBEGNA

Die fruchtbaren Flusstäler des Fiora und Albegna sind Schauplätze antiker Zivilisation in Landschaften von überraschender Schönheit und waren seit der Zeit der Etrusker wichtige Kreuzpunkte für die Kommunikationswege der Küste mit dem etruskischen Binnenland. Der Albegna, der für den größten Teil der Talsohle schiffbar war, ermöglichte den Transport und die Verbreitung der Manufakte aus den aktiven Werkstätten Vulcis oder dem Mittelmeerraum; das Tal des Fiora verband auf seinem wichtigen Verkehrsweg die nördlichen Gebiete mit den südlichen und das Tibertal mit den Küstenstädten. Dies erklärt, warum seine Städte große kulturelle Ähnlichkeiten mit Vulci sowie bedeutende Einflüsse aus dem Gebiet von *Falerii*-Capena aufweisen.

Sovana

Ansicht des mittelalterlichen Ortes

Gegenüber, ein Ausschnitt der Via Cava von San Sebastiano bei Sovana

Seite 106-107: „Tomba Ildebranda", erste Hälfte des 3. Jh. v. Chr.

Der zauberhafte mittelalterliche *borgo* Sovana liegt an der Stelle der antiken Stadt auf einem weiten Tuffsteinplateau am linken Ufer des Fiora, das schon in der Bronzezeit besiedelt war. Seine Entwicklung seit der orientalisierenden Zeit verdankt es der strategischen Position über die wichtigen Verkehrswege, die Vulci mit Orvieto und dem inneren Mitteletrurien verbanden, von denen sich lange Strecken von außergewöhnlichem Eindruck erhalten haben, die sogenannten *cavoni* mit hohen, in den Felsen gehauenen Wänden, die eine Höhe bis zu 25 m erreichen.
Reste der antiken Stadt (6. Jh. v. Chr.) kamen im Bereich des Doms ans Licht, während die Stadtmauer aus Quadersteinen aus dem folgenden Jahrhundert stammen muss. Eine neue große Blüte Sovanas, die auf eine intensive

landwirtschaftliche Nutzung des Territoriums rückführbar ist, entfaltete sich Ende des 4. Jh. v. Chr., als sich der Ort in jenen Bereichen des Plateaus ausbreitete, die vorher nicht besiedelt waren. Gleichzeitig entwickelte sich ein recht eigenständiges lokales Handwerk, wie zahlreiche Votivobjekte aus Terrakotta bezeugen, die man in einem Sakralbezirk bei der Via (*tagliata*) del Cavone fand.

Ein Spiegel des von Sovana in hellenistischer Zeit erreichten Wohlstands sind die mächtigen Felsnekropolen, die kranzförmig darum liegen. Am Ende der Via del Cavone – die auf den Wänden etruskische Inschriften trägt – liegt das „Ädikulagrab des Typhon" (4. Jh. v. Chr.), das so genannt wurde aufgrund einer falschen Interpretation der weiblichen Figur im Mittelteil des Tympanon, die man für den Kopf des Meerungeheuers hielt. Weiter entfernt erhebt sich die monumentale „Tomba Ildebranda", die nach dem berühmten Bürger des mittelalterlichen Sovana, Hildebrand, benannt ist, der als Gregor VII. Papst wurde. Das grandiose Grabmonument aus der ersten Hälfte des 3. Jh. wurde in Nachahmung eines Tempels erbaut mit einem hohen Podium, sechs Säulen an der Vorderseite und drei Säulen an den kurzen Seiten, die eine Kassettendecke und reiche bildhauerische Dekorationen mit Phantasiewesen als Schmuck des Tympanons tragen. Wenn man diesen Weg mit seinem besonderen Zauber entlanggeht, trifft man auf verschiedene, in den Tuffstein gehauene Gräber, u.a. auf das Pola-Grab (Mitte des 3. Jh. v. Chr.). Auch dieses war mit einem grandiosen Säulengang geschmückt, der leider nur zum Teil erhalten ist. Ein anderes Grab von Interesse liegt im Ortsgebiet Sopraripa bei der Via Cava von San Sebastiano; es handelt sich um ein Ädikulagrab, „Sirenen-Grab" genannt (zweite Hälfte des 3. Jh. v. Chr.): im Frontgiebel sieht man eine Skylla, die mythologische Figur, die halb Frau, halb Fisch ist. In der Nische darunter ist die Figur des Verstorbenen im Liegen eingemeißelt.

Innenraum der „Tomba Ildebranda"

Bronzegeschirr aus der „Tomba Ildebranda", erste Hälfte des 3. Jh. v. Chr. Florenz, Museo Archeologico

Vorderseite des Sirenen-Grabes aus der Nekropole Sopraripa, zweite Hälfte des 3. Jh. v. Chr.

Poggio Buco

Ansicht einiger Gräber des 7.-6. Jh. v. Chr.

Terrakottabecken mit Figuren und Reitern aus Valle Rodeta bei Pitigliano, zweite Hälfte des 7. Jh. v. Chr. Florenz, Museo Archeologico

In strategischer Position am rechten Ufer des Fiora lag eine bedeutende etruskische Siedlung mit Kontrollfunktion über eine Straße, die das Gebiet von Vulci mit Orvieto und Chiusi verband.
Lange glaubte man, in diesem Ort die von den Quellen erwähnte Stadt *Statonia* zu erkennen, und zwar aufgrund der Entdeckung von Eichelgeschossen (eine Art Geschosse, meistens aus Blei) mit der Inschrift *Staties*; es muss sich jedoch um den Namen des Herstellers handeln.
Vom antiken Ort auf dem Hügel „Colle delle Sparne“ ist ein Sakralbezirk bekannt, an dem Tonplatten ans Licht kamen, die mit Tierfiguren, Abschiedsszenen auf dem Wagen und Figuren von Kriegern geschmückt waren; zudem wurden auch einige Behausungen und eine Pflasterstraße entdeckt. Aus später Zeit (2.-1. Jh. v. Chr.) stammt ein Votivdepot – eine Sammlung von Material vorwiegend zu Sakralzwecken bestimmt – mit anatomischen Weihgaben, Tierfiguren aus Terrakotta und zahlreichen römischen Münzen.
Die Nekropolen von Poggio Buco erstrecken sich kranzförmig um den etruskischen Wohnort herum und brachten Grubengräber ans Licht sowie für die orientalisierende Zeit große Kammergräber mit mehreren Bestattungen und reichen Grabbeigaben mit etruskisch-korinthischer Keramik und Bucchero-Geschirr aus Vulci.

Castro

Weiter südlich, nur 20 km von Vulci entfernt, lag auf dem Plateau zwischen den Bächen Olpeta und Monache, beides Zuflüsse des Fiora, eine weitere wichtige Etrusker-Stadt, genau an jener Stelle, wo später das mittelalterliche Castro entstehen sollte. Später (1649) wurde es von den Truppen von Papst Innozenz X. im Kampf gegen die mächtige Familie Farnese zerstört; von ihm sind heute nur noch wenige, von der Vegetation überwucherte Reste erhalten.
Der antike Ort wurde mit *Statonia* identifiziert, das von den Quellen wegen des Vorkommens einer festen Bausteinart in diesem Gebiet erwähnt wird. Zur Bekräftigung dieser Hypothese tragen auch Plinius und Seneca bei, die einen See im Umland erwähnen, der wahrscheinlich mit dem von Mezzano identisch ist.
Ziemlich reichhaltig sind einige bis jetzt entdeckte Gräber, darunter Schacht-, Gruben-, Kasten- und Kammergräber. Eines davon, das „Wagen-Grab“, enthielt eine seltene zweirädrige Biga mit Dekoration aus Bronzeblech, ausgestellt im Museum der Villa Giulia in Rom; die „Tomba dei Bronzi“ mit reichen „fürstlichen“ Beigaben zeigt eine prächtige Ausschmückung mit Skulpturen von Löwen, Sphingen und Widdern aus Vulci aus der ersten Hälfte des 6. Jh. v. Chr.

Saturnia

Kammergrab in der Puntone-Nekropole

Die Porta Romana mit einem Ausschnitt der Via Clodia

Dionysos von Halikarnassos erwähnt das etruskische *Urina* als eine der ältesten Städte Italiens, die von dem mythischen Volk der Pelasger gegründet wurde. Untersuchungen ergaben Spuren einer Besiedlung am Ort der späteren Stadt, die aus der ausgehenden Bronzezeit stammt (10. Jh. v. Chr.), auch wenn erst seit dem 8. Jh. v. Chr. die archäologischen Funde bedeutender werden.

Saturnia verdankte seine Entwicklung zum größten Teil der günstigen Position am Zusammenfluss von Stellata und Albegna sowie der Kontrolle des wichtigen Verkehrswegs, der das gleichnamige Tal benutzte. Er verband das Gebiet von Vulci mit dem von Orvieto, mit dem des Amiata und mit Chiusi.

Beim alten Wohnort kamen Reste eines Saales aus Tuffstein ans Licht, der an einer Seite von Holzsäulen begrenzt wurde. Vielleicht lag er in der Nähe eines Sakralbaus, worauf einige Fragmente von architektonischen Platten aus der zweiten Hälfte des 4. Jh. v. Chr. hinweisen könnten. Sie zeigen eine Abhängigkeit von Modellen aus Orvieto. Beträchtlicher sind die Zeugnisse aus den großen umliegenden Nekropolen. Schachtgräber sind im Ortsgebiet Sede di Carlo bekannt, während bei Pian di Palma und Puntone am rechten Ufer des Albegna Gruben-, Kammer- und Trennwand-Gräber vorkommen, die ab dem zweiten Viertel des 7. Jh. v. Chr. bis Mitte des 5. Jh. v. Chr. verwendet wurden.

Die Eroberung Vulcis durch die Römer 280 v. Chr. musste auch über die Siedlung Saturnia schwere Zerstörungen bringen, das in den folgenden Jahrzehnten Sitz einer Präfektur wurde gemäss einem Organisationsmodell, das Rom schon in den eroberten Regionen angewandt hatte. Ein neuer Impuls für die Stadt kam durch die Öffnung der Via Clodia, die sie mit Rom verband. Im Jahr 183 v. Chr. wurde dort von einigen Triumvirn eine Kolonie gegründet; später erlitt auch Saturnia wie andere Etrusker-Orte Verwüstungen infolge des Bürgerkriegs zwischen Marius und Sulla, der Etrurien gegen 80 v. Chr. erschütterte.

Ghiaccio Forte

Der Ort Ghiaccio Forte auf einem Hochplateau nördlich des Albegna wurde erst 1972 entdeckt. Die Siedlung entstand im 4. Jh. v. Chr. an einer Stelle, die schon in der Archaik bewohnt war, und erstreckt sich auf einer Oberfläche von 4 ha. Sie zeigt Reste einer Stadtmauer, die aus Steinsplittern und im Oberbau aus rohen Backsteinen bestand. Sie musste auf einer Länge von fast 1 km eine Höhe von mind. 6 m erreichen. Zum Ort gelangte man durch drei monumentale Tore mit einer Vorhalle aus Travertin, *nenfro* und großen Kieselsteinen, in deren Entsprechung man Reste von Straßenpflaster und Abflusskanälen für das Regenwasser fand.

An der Westseite des Hügels musste ein Sakralbereich liegen, der schon in spätarchaischer Zeit besucht wurde, wie ein Votivdepot mit anatomischen Weihgaben aus Terrakotta und Bronzestatuetten von Spendern und Tieren beweist. Sie mussten den religiösen Bedürfnissen einer vom Landbau lebenden Bevölkerung mit bescheidenem Lebensstandard gedient haben. In der Siedlung lag auch ein recht großes Haus, das als Wohnsitz der Familie *Statie* identifiziert wurde. Von hier stammen zahlreiche Eichelgeschosse mit dem Aufdruck dieser Sippe, die an verschiedenen Orten in den Flusstälern von Albegna und Fiora gefunden wurden; eine Familie, die eine führende Rolle spielen musste bei der Verteidigung dieses Teils des Territoriums von Vulci gegen das Vordringen der Römer. In Ghiaccio Forte wurde auch die Präsenz von keltischen Kriegern festgestellt, wie ein Schwert bezeugt, das beim Südosttor gefunden wurde.

Die Zerstörung des Ortes in den ersten Jahrzehnten des 3. Jh. v. Chr. ist auf die römischen Kriegsmanöver zurückzuführen, die mit der Eroberung von Vulci zusammenhingen.

Magliano

Die hügelige Landschaft wird durch die Flussläufe Albegna und Osa begrenzt und gehörte in römischer Zeit zur Kolonie *Heba*, die von Ptolemäus erwähnt wird. Hier kamen zahlreiche Gräber ans Licht, die zu einzelnen Hütten gehörten wie die von Poggio alle Sorche oder zu kleinen Dörfern, die offenbar von Vulci kontrolliert wurden.

Einigen Persönlichkeiten des Landadels gehörten die zwei Trennwand-Gräber mit Wandmalereien; das eine im Ortsgebiet Le Ficaie (heute verloren gegangen), das zweite, sehr viel jüngere im Ortsgebiet Cancellone. Es ist in außergewöhnlich gutem Zustand und zeigt an den Wänden einige Phantasiewesen von orientalisierender Art von Ende des 7. Jh. v. Chr. Von einem späteren Friedhofsbereich bei Santa Maria in Borraccia scheint eine Scheibe aus Blei (5-4. Jh. v. Chr.) zu stammen. Sie trägt spiralförmige Inschriften, wo auf beiden Seiten Widmungen an Götter der Unterwelt und des Himmels eingeritzt sind.

Bleischeibe mit Inschrift aus Santa Maria in Borraccia bei Magliano, 5.-4. Jh. v. Chr. Florenz, Museo Archeologico

Marsiliana d'Albegna

Votivköpfe aus Terrakotta aus dem Gebiet von Marsiliana. Grosseto, Museo Archeologico e d'Arte della Maremma

Täfelchen aus Elfenbein mit auf dem Rand eingeritztem Alphabet aus dem Circolo degli Avori, Marsiliana, 675-650 v. Chr. Florenz, Museo Archeologico

Marsiliana d'Albegna könnte hypothetisch mit *Caletra* identifiziert werden, auf dessen Territorium nach Livius und Plinius dem Älteren die römische Kolonie *Saturnia* gegründet wurde. Das Ortsgebiet ist ca. 13 km vom Meer entfernt, und seine Blüte in der orientalisierenden Zeit (7. Jh. v. Chr.) könnte mit der relativen Schiffbarkeit des letzten Abschnitts des Albegna erklärt werden, der den vom Meer her kommenden Warenverkehr begünstigt hätte.
Spärliche Indizien über die Lage des antiken Wohnorts kamen im Ortsteil Uliveto di Bandinella in geringer Entfernung der Burg Corsini

di Marsiliana ans Licht, während man in den Nekropolen bedeutendes Material entdeckte. Die bekannteste Nekropole ist die im Ortsgebiet Banditella, wo zahlreiche Gräber (etwa hundert) ausgegraben wurden, zum größten Teil Grubengräber; alle mit Ost-West-Orientierung, in einigen Fällen umgeben von Steinkreisen nach einem gut dokumentierten Grabmodell von Vetulonia. Besonders reich war die Ausstattung des „Elfenbein-Kreises" (675-650 v. Chr.), der unter anderem ein Schreib-Set enthielt bestehend aus der bekannten Tafel aus Elfenbein mit eingeritztem Alphabet am oberen Rand, zwei Griffeln und zwei Schabern, die den Rang des Besitzers hervorhoben. Ein hohes Prestige genoss auch der Verstorbene des „Fibel-Kreises", wo bei einem Grubengrab mit reicher Ausstattung ein gepflasterter Bereich ans Licht kam, in dem Objekte zur Garung von Fleisch, Gefäße für den Weingenuss und Waffen deponiert waren, welche die soziale Rolle des Verstorbenen herausstellen sollten. Besonders prächtige Bestattungen sind auch aus der Perazzetta-Nekropole bekannt, wo Wagen als Beigaben im Inneren der Gräber bezeugt sind. Der Kontrast zwischen dem Reichtum der Gräber des 7. Jh. v. Chr. und der Einfachheit jener der folgenden Epoche lässt einen progressiven Verfall der Siedlung vermuten, der in der zweiten Hälfte des 6. Jh. v. Chr. zu ihrer Aufgabe führen wird.

Doganella

Dieser sehr wichtige Etrusker-Ort ist identifizierbar mit *Kalousion*, das von Polybios im Zusammenhang der Schlacht der Römer mit den Galliern bei Talamone (225 v. Chr.) erwähnt wird. Er lag am rechten Ufer des Patrignone in der Nähe von Doganella. Die antike Siedlung besaß eine lange Stadtmauer, die 1842 völlig zerstört wurde, als man mit dem Bau einer Verbindungsstraße von Magliano zu den Salinen von Bocca d'Albegna begann. Im Stadtgebiet fand man einige, zwischen das 6. und 4. Jh. v. Chr. datierbare Gebäude; der Ort wurde später zwischen Ende des 4. und Anfang des 3. Jh. v. Chr. brutal zerstört und dann nicht wieder besiedelt.

Talamone

Ergänzende Rekonstruktion des Tempelfrontons von Talamonaccio, 150-130 v. Chr. Orbetello, Museo Civico

Seite 114-115: Details des Frontons von Talamonaccio mit Adrastos auf dem Wagen (links) und Amphiaraos, der mit dem Wagen in die Unterwelt stürzt (rechts). Orbetello, Museo Civico

Zwei Ansichten der Reste des Tempels von Talamonaccio

Der Hügel von Talamonaccio liegt direkt über dem Meer in dominierender Position über die Mündung des Osa-Baches und die Bucht von Bengodi. An seinen Ufern musste die Hafensiedlung liegen, die als Kontrollpunkt über die Routen im Tyrrhenischen Meer eine große Rolle spielte. In dem schon im Äneolithikum besiedelten Ortsgebiet fand man Material aus der ausgehenden Bronzezeit und der Eisenzeit, aber seine ständige Besiedlung scheint seit dem 4. Jh. v. Chr. bezeugt. Ältere Zeugnisse (6. Jh. v. Chr.) sind in dem angrenzenden Hügel von Bengodi bekannt, von wo Reste von Terrakotta-Architektur und Keramik stammen. Die Siedlung von Talamonaccio besaß eine doppelte Stadtmauer, die im 19. Jh. zerstört wurde, als das bekannte Heiligtum von Ende des 4. Jh. v. Chr. Beschädigungen erlitt, von dem Teile der Fundamente und der Basis heute noch zu sehen sind. Ihr Wohlstand wurde gesichert von einer fähigen landwirtschaftlichen Bestellung des Binnenlandes und einem blühenden Handel, von dem Materialien aus den Nekropolen am Fuße des Plateaus zeugen, auf dem man wertvolle Objekte aus Bronze aus dem 4. Jh. v. Chr. fand.
Die literarische Überlieferung erwähnt Talamone wegen des 225 v. Chr. vom römischen Heer der Konsuln Lucius Emilius Papus und Gaius Attilius Regulus erzielten Sieges über die Gallier. Mit der Schlacht wurden einige, im Ortsteil Camporegio entdeckte Bestattungen von Menschen und Pferden in Verbindung gebracht. Später wird die Stadt wegen der Landung des Tiberius Sempronius Gracchus bei seiner Rückkehr aus Numatia erwähnt und nochmals 87 v. Chr. bei der Rückkehr des Marius aus Afrika. Fünf Jahre später sollten Siedlung und Umland von Sulla geplündert werden.
Das berühmteste Monument ist zweifellos der Frontgiebel aus Terrakotta aus dem 2. Jh. v. Chr. (ausgestellt in Orbetello), der das Sanktuarium auf dem Hügel von Talamonaccio schmückte. Er stellt den Mythos der Sieben gegen Theben dar und in der Mitte den Bruderkampf von Eteokles und Polyneikes vor den Augen des Ödipus; vielleicht eine Anspielung auf die starken sozialen Spannungen, die durch die Eroberung der Römer ausgelöst wurden. (G.P.)

Straßen und Transportmittel

Die Völker Mittelitaliens wiesen schon seit der Kupfer- und Bronzezeit eine erhöhte Mobilität zu Lande auf: dies wird von der Verbreitung bestimmter Arten von Gütern auch über weite Gebiete hinweg und fern ab den Küsten bezeugt. Trotz des Umstands, dass sich diese Wanderungen nur zu Fuß und mit Lasttieren abspielten, wurden Aberhunderte von Kilometern sowohl zu Tauschzwecken wie auch zur sogenannten „Transhumanz" zurückgelegt.
Die Transhumanz, die für die mittlere Bronzezeit typisch war, war an den ständigen Bedarf von immer neuem Weideland für die Schafherden gebunden. Von den kühlen Sommerweiden im Hochland, wo es auch in der trockenen Jahreszeit genügend Vegetation gab, stiegen die Schäfer im Herbst in die Küstenebenen hinab und benutzten dabei die Pfade auf den Bergkämmen als Schutz vor den schlammigen Talsohlen. An den Endpunkten oder Zwischenetappen dieser Wanderungen entstanden oft Siedlungen, die durch ihre Doppelrolle von Kreuzweg und Austauschpunkt begünstigt wurden und somit eine frühzeitige Entwicklung erfuhren. Einige Ortschaften blieben auch noch zu Beginn der Eisenzeit bestehen, trotz des drastischen Rückgangs der Schafzucht zu Gunsten der mehr ortsgebundenen Schweine- und Rinderzucht und der daraus resultierenden abnehmenden Transhumanz.
Die Entwicklung des Bergbaus und der steigenden handwerklichen Produktion begünstigte zudem Verarbeitungen, die an ganz bestimmte Gebiete und feste Infrastrukturen gebunden waren und einen Bedarf an Fortbewegung schufen, der mehr an den Transport von Rohstoffen und Manufakten gebunden war. Es begann sich somit ein neues Verbindungsnetz zwischen dem Hinterland und der Küste sowie zwischen Norden und Süden abzuzeichnen, das den Niedergang einiger Ortschaften einerseits und die Entstehung neuer Siedlungen andererseits zur Folge hatte.
In den folgenden Jahrhunderten nahmen die Straßen eine immer größere Bedeutung an, und die Instandhaltung der Trassen, die vorher der periodischen Durchfahrt der Reisenden anvertraut war, wurde eine notwendige Aufgabe der Gemeinden, die in einigen Fällen zu einer planmäßigen Anlage von Verkehrswegen übergingen; zum Teil wurden sie mit Steinpflaster belegt oder direkt in den Stein gehauen. Im Gebiet von Viterbo zum Beispiel sind einige alte Ortschaften noch von einem Netzwerk von Straßen (*tagliate*) umgeben, die tief in den Tuffstein eingehauen wurden und normalerweise unter freiem Himmel verlaufen, manchmal aber auch abschnittsweise durch Tunnel führen.
Obwohl sie heute wie einfache, im Boden verlaufende offene Rinnen aussehen, war ihr Aussehen in der Antike völlig anders, und in einigen Fällen waren sie mit einem hölzernem Boden ausgelegt, der auf Dielen befestigt war, während seitlich eine Rinne zum Auffangen des Regenwassers entlang lief. Auf Grund ihrer engen Fahrbahn mussten einige dieser Trassen Einbahnstraßen gewesen sein, was vermuten lässt, dass die öffentlichen Institutionen sich um die Planung des Verlaufs von Zufahrt und Ausfahrt und um die Instandhaltung der Straßen kümmerte. Von großem Interesse ist die kürzlich gemachte Entdeckung eines Abschnitts Steinpflaster, das zu der Straße aus der älteren Etruskerzeit in der Nähe von Capannori (bei Lucca) gehört; sie verband das Tyrrhenische mit dem Adriatischen Meer, und das in einer Zeitspanne von nur drei Tagen!
Längs dieser und anderer Strecken

Der „Cavone di Sovana", eine etruskische, in den Tuffstein eingeschnittene Straße

Rekonstruktion des mit Bronzeblech verkleideten *carpentum* aus Corciano, Perugia, zweite Hälfte des 6. Jh. v. Chr. Perugia, Museo Archeologico

Verkleidungsplatte mit Wagen und Kriegern aus Colombella bei *Praeneste*, erste Hälfte des 6. Jh. v. Chr. Rom, Museo Nazionale Etrusco di Villa Giulia

bewegten sich Armeen, Bauern, Pilger und Kaufleute, oft in Karawanen, von deren Aussehen uns der „Sperandio-Sarkophag" von Perugia erzählt; er zeigt vielleicht die Rückkehr von einer Militäraktion. Die Männer begleiten zu Fuß die mit Hausrat beladenen Lastesel, während anderes Gerät von Sklaven auf der Schulter getragen wird; diese Sklaven sind einer hinter dem anderen am Hals aneinander gefesselt, um eine Flucht zu verhindern. Die Anwesenheit verschiedener bewaffneter Männer könnte auch auf die Existenz des Räuberwesens zu Lande anspielen, das genau wie die Seeräuberei auf dem Meer weit verbreitet war.

Für die Fortbewegung wurden auch Karren benutzt, meist solche mit zwei Rädern; die ältesten waren in der Villanova-Zeit und von der orientalischen bis zur archaischen Periode weit verbreitet und bestanden aus leichten Exemplaren, die hauptsächlich für Kriegszwecke bestimmt waren. Sie stellten einen großen Luxusartikel dar, zuerst für die *principes*, dann für die adlige Elite, wobei sie einen hohen wirtschaftlichen und symbolischen Wert beibehielten. Im Unterschied zu diesen eleganten Fahrzeugen mit ihrem kleinen hölzernen Gehäuse mit verzierter Bronzefolie waren die von den Bauern verwendeten Karren größer, aber deutlich spartanischer; Gehäuse und Stäbe waren aus einfachen gebogenen Stangen, die am Gestell befestigt waren, wie ein Votiv-Modell aus Bolsena dokumentiert. Die Räder waren ausgefüllt, und an der Deichsel wurden mit großer Wahrscheinlichkeit zwei Rinder ins Joch eingespannt, die sich auf Grund ihrer Zugkraft zum langsamen Transport schwerer Ladung am besten eigneten. Zweirädrig war auch die Kalesche, eine Art Karren mit Rädern mit Speichen, der in Etrurien seit dem 8.-7. Jh. v. Chr. bis zu Beginn des 5. Jh. v. Chr. weit verbreitet war. Hier konnte man auf einem kleinen Kasten sitzend reisen und die Füße auf ein hängendes Fußbrett stellen; die Längsstäbe des Gestells liefen oben an einem charakteristischen dreizackigen Endstück aus Bronze zusammen. Die Kalesche scheint auch von Frauen gebraucht worden zu sein, in deren Gräber sie manchmal beigelegt wurde. So geschah es auch mit dem *carpentum*, dem Gefährt, mit dem der Überlieferung nach *Tarquinius Priscus* mit seiner etruskischen Ehefrau *Tanaquilla* nach Rom gekommen war. Dieser typische zweirädrige Wagen mit rechteckigem Gehäuse aus Stäben hatte einen kleinen Kasten für den Wagenführer und einen Passagier; oben wurden Sitz und Gepäckplatz von einer Plane bedeckt, die von gebogenen Rippen hochgehalten wurde und mit überkreuz laufenden Schnüren festgezurrt war. In hellenistischer Zeit wurde dieser Wagen oft auf Graburnen wie auf denen von Volterra als jenes Vehikel dargestellt, mit dem man seine letzte Reise ins Jenseits antrat. (M.M.)

„Sperandio-Sarkophag", Detail des Reliefs mit Karowane, die aus dem Krieg heimkehrt, Anfang 5. Jh. v. Chr. Perugia, Museo Archeologico

Unten: Etruskische Urne mit bedecktem *carpentum* aus Volterra, 2. Jh. v. Chr. Volterra, Museo Etrusco Guarnacci

DIE GROSSEN STÄDTE AN DER TOSKANISCHEN KÜSTE

Der Küstenstreifen, der sich nördlich des Argentario bis zum Vorgebirge von Piombino erstreckt und heute noch landschaftlich reizvoll ist, war im Altertum ein schwer zugängliches Gebiet mit Sumpfgebieten und Tümpeln. Er war jedoch, wie lokale Funde belegen, seit der Altsteinzeit bewohnt und dank der leichten Landemöglichkeiten in den zahlreichen Lagunen auch für äußere Einflüsse offen. Darin fanden Schiffe Zuflucht, die exotische Waren und das Eisen von Elba nach Etrurien transportierten, wo es in den Schmelzöfen von Baratti verarbeitet wurde.

Populonia

Gegenüber, die Nekropole Le Grotte mit dem Golf von Baratti

Das Grab der zylindrischen Pyxiden in der Nekropole San Cerbone; unten das Flabelli-Grab in der Nekropole Porcareccia

Populonia wurde, wie die antiken Quellen bezeugen, von Volksstämmen aus Korsika oder den Volterranern gegründet und ist die einzige große Etrusker-Stadt, die am Meer oberhalb der herrlichen Bucht von Baratti erbaut wurde. Der antike Name *Pupluna-Fufluna* zeigt eine enge Verbindung mit *Fufluns*, dem etruskischen Gott des Weines, mit dem des griechischen Dionysos und des römischen Bacchus vergleichbar.

Die große Blüte der Stadt hing seit Anfang an mit der Ausbeutung der Eisenerz-Vorkommen der dahinter liegenden Hügel von Campiglia und der Insel Elba zusammen. Von der älteren Phase (9. Jh. v. Chr.) sind einige Grabfelder (Poggio del Telegrafo, San Cerbone, Casone) bekannt, die sich über die Hügel und Ebenen vor dem Golf von Baratti erstrecken, während der Bereich des Vorgebirges, wo die Stadt entstehen sollte, zu jener Zeit schon von einem Dorf besiedelt sein musste. Die zeitgleichen Gräber vom Schachttypus enthielten verzierte bikonische und seltene Hütten-Urnen sowie bescheidene Grabbeigaben, die hauptsächlich aus persönlichen Gegenständen bestanden. Schon für diese Zeit weisen einige Funde aus Keramik und Bronze auf Kontakte mit Sardinien hin, die durch die Übernahme komplexer Schmelztechniken eine frühe Entfaltung des Metallabbaus begünstigen mussten.
Mit der orientalisierenden Zeit weisen die Nekropolen von Populonia bestimmte Eigenarten auf: große Tumuli (Erdhügel) mit einem kreisrunden Tambour aus Stein, darum herum ein Bürgersteig, als Eingang ein niedriger Korridor. Er führt zu einer viereckigen Kammer, die mit einer Pseudokuppel überdacht ist. Die Verstorbenen wurden ausschließlich auf Steinbette abgelegt, die mit gedrehten Pfosten verziert waren, wie besonders das „Wagengrab“

Das Wagengrab in der Nekropole von San Cerbone

Bronzefigur des *sich tötenden Ajax*, aus dem Tumulus der Totenbette in der Casone-Nekropole, 480-460 v. Chr. Florenz, Museo Archeologico

und das „Grab der Totenbette" zeigen. Der erste Tumulus aus der Nekropole San Cerbone ist der eindrucksvollste und hat seinen Namen von dem außergewöhnlichen Fund eines Rennwagens und einer Kalesche. Kleiner hingegen ist der „Tumulus der Totenbette" (Nekropole Casone) mit eingefallener Decke, in dem man eine Bronzefigur des *sich tötenden Ajax* fand. Diese reichen Bestattungen wie jene des „Flabelli-Grabes" (nach den großen Fächern aus getriebener Bronze benannt) und des „Goldschmuck-Grabes" aus der Nekropole Porcareccia gehörten zu einer herrschenden „fürstlichen" Schicht, die ihren Reichtum aus dem Eisenerzabbau und dem Seehandel schöpfte.

In der Nekropole Casone wurden seit dem späten 6. Jh. v. Chr. Ädikula-Gräber errichtet, von denen das besterhaltene Beispiel das „Grab der Bronzestatuette des Opferbringers" ist. Es musste ein prächtig dekoriertes Dach mit Skulpturen aus Stein haben. Darum herum liegen andere Bestattungen in Steinkästen, die ein Indiz für Sippen-Gemeinschaften sind, die durch Verwandtschaft miteinander verbunden waren.

In dieser wie in späteren Zeiten war das Gebiet von Populonia nicht besonders groß: Im Hinterland umfasste es die Hügel von Campiglia, in denen die Mineralien geschürft wurden, die Kupfer, Blei, Zinn, Silber und Eisen lieferten. Mit der Schürftätigkeit verbundene Siedlungen mussten in Monte Pitti liegen, während man im Gebiet Madonna di Fucinaia Reste von Öfen für die Röstung des Erzes oder das Brennen der Keramik fand. Sie sind von

Ädikula-Grab der Bronzestatuette des Opferbringers in der Casone-Nekropole

Links, das Goldschmuck-Grab; rechts, die Ausgrabungen auf der Akropolis

ungewisser Datierung, könnten aber aufgrund einiger Grubenleuchten, die man in den Produktionsstätten fand, aus dem 5. Jh. stammen. Diese wurden vor dem 3. Jh. v. Chr. verlassen, als man die Zone als Friedhof benutzte. Eine enge Beziehung band Populonia durch das Eisenerz an Elba, das nach einer ersten Operation der Röstung vor Ort zur Küstenstadt gebracht wurde. In geringer Entfernung zum Hafen von Baratti lag schon im 6. Jh. v. Chr. ein großes „Industrieviertel", wo die eisenverarbeitenden etruskischen Handwerker wohnten und arbeiteten, während die reichen Adelssitze auf der Spitze des Hügels lagen.
Ein sicherer Hinweis für den Reichtum Populonias ist die Prägung (Mitte des 5. Jh. v. Chr.) verschiedener Serien von Silbermünzen mit der Figur der Chimäre oder des Hermes, zu

Reste des Industrieviertels von Poggio della Porcareccia; gegenüber, die Nekropole Le Grotte

denen auch eine Goldmünzenserie mit Löwenkopf kam. Im Folgenden zeigen die Münzen den Kopf einer Gorgone oder der Athene und auf der Rückseite den Namen der Stadt. Die glückliche Verbindung dauerte bis ins 4. Jh. v. Chr., wie die Gräber der Nekropole Le Grotte bezeugen, wo in stillgelegten Sandsteinbrüchen unterirdische Kammern auf mehreren Etagen angelegt wurden. In diesem Ortsteil kamen die zwei einzigen ausgemalten Kammern ans Licht, die nach den Malereien „mit dem Wellenband" (Corridietro) bzw. „mit Delphinen" benannt sind.

Um die Mitte des 3. Jh. v. Chr. geriet die Stadt unter den politischen Einfluss von Rom, aber ihr „Hang zum Eisenerz" wird noch 205 v. Chr. durch die Lieferung von Eisen an Scipio für die Spedition gegen Hannibal bezeugt.

Im Panorama der Oberstadt sticht das „Gebäude der Loggien" hervor, wo man ein Mosaik mit Szenen einer Meerlandschaft und einer großen Vielfalt von Fischen und vor kurzem sogar ein Mosaik mit Figuren von Negroiden fand, die von Vorbildern aus Alexandria abzustammen scheinen.

Infolge des Bürgerkriegs zwischen Marius und Sulla begann auch für Populonia eine schwere Krise, die Ende des 1. Jh. v. Chr. von dem Geographen Strabo bezeugt wird, der noch eine gewisse Aktivität im Hafengebiet erwähnt sowie in der Stadt die Existenz einiger Heiligtümer und wenigen anderen Gebäuden. An der Küste hingegen entstanden einige luxuriöse Villen wie die zum Teil ausgegrabene Villa bei Poggio del Molino.

Vetulonia

Eingangskorridor zum Pietrera-Tumulus, 630-600 v. Chr.

Bronzeschiffchen aus sardischer Werkstatt aus der „Tomba del Duce", Mitte 7. Jh. v. Chr. Florenz, Museo Archeologico

Vetulonia (*Vetluna* oder *Vatluna* auf Etruskisch) wurde infolge der seit 1880 von Isidoro Falchi gemachten sensationellen Entdeckungen mit dem kleinen Ort Colonna di Buriano identifiziert. Durch sie kam es 1887 zur Verkündung eines königlichen Dekrets, in welchem dem Ort in der toskanischen Maremma der prestigevolle Name der Etrusker-Stadt wiedergegeben wurde. Einer antiken Tradition zufolge soll Vetulonia die Zeichen der Königsmacht an Rom übergeben haben: die Liktoren-Bündel, den kurulischen Stuhl, die rot gesäumte Toga und die Kriegstrompete. Die Stadt erscheint auf dem sogenannten „Thron des Claudius" (Skulptur der Kaiserzeit aus Cerveteri, heute im Lateran-Museum in Rom) und beweist durch einen oder mehrere Häfen die besondere Vorliebe zum Handel, die wie das nahe Roselle

das Lagunenbecken des Sees Prile nutzen musste. Der antike See erstreckte sich über die heutige Ebene von Castiglione und war mit dem Meer verbunden, dazu tief und schiffbar. Er trocknete im Laufe der Jahrhunderte auch infolge der Maßnahmen zur Trockenlegung aus.
Ist bis jetzt die Besiedlung des Territoriums in der frühen Villanova-Zeit wenig bekannt, so erscheint die der Eisenzeit (9.-8. Jh. v. Chr.) gut bezeugt, vor allem durch das Material aus der Nekropole von Poggio alla Guardia. Die Schachtgräber – meistens mit nur einer, selten mit mehreren Bestattungen – enthielten bikonische Urnen und zahlreiche Hüttenurnen und zeigen schon eine soziale Differenzierung, die ihren Reichtum auf die Ausbeutung der Metallerze von Massa Marittima gründete.
Die Verfeinerung der Techniken des Schürfens und der Metallverarbeitung brachte in der orientalisierenden Zeit einen starken demographischen und ökonomischen Zuwachs für Vetulonia, was weitgehend durch außergewöhnliche Funde in den Nekropolen bezeugt wird. Es ist die Zeit, in der sich die Steinkreis-Gräber behaupten – mit einer oder mehreren Gruben innerhalb eines

Weibliche Steinstatue aus dem Pietrera-Tumulus, 630-600 v. Chr. Florenz, Museo Archeologico

Steinkreises –, charakterisiert durch prächtige Grabbeigaben mit Importen aus Syrien, Zypern und Ägypten, zu denen Manufakte aus Sardinien wie kleine Bronzeboote kommen. Von Südetrurien hingegen kommen wertvolle Objekte aus Silber. Durch diesen ökonomisch-kulturellen Eifer entsteht ein feines lokales Handwerk, das sich auf die Bearbeitung von Bronze (Vasen und Dreifüße mit Henkel in Form von Lotusblüten, Weihrauchgefäße, Stützen für Vasen) und Gold spezialisiert. Aus Letzterem entstanden Schmuckstücke und wertvolle Ornamente in Granulations-, Staub- oder Treib-Technik, die heute im Archäologischen Museum von Florenz ausgestellt sind.

In der zweiten Hälfte des 7. Jh. benutzte die „Fürsten"-Schicht von Vetulonia monumentale *tholos*-Gräber (Rundbauten). Sie waren von Erdhügeln mit konischen Steinstelen bedeckt und hatten lange Eingangskorridore *(dromos)* und einen

Ausgrabungen im hellenistischen Wohnviertel bei Poggiarello Renzetti

Kammergrab von Poggio Pelliccia in der Nekropole von Giuncarico; unten, restauriertes Inneres des Grabes Diavolino II

zentralen Pfeiler zur Abstützung des Scheingewölbes. Zu diesem Typ gehört das Pietrera-Grab (630-600 v.Chr.) in einem Tumulus von mehr als 60 m Durchmesser und 14 m Höhe. Ein breiter *dromos* mit zwei kleinen Seitenzellen führt zu einer Kammer, die kurz nach der Erbauung eingestürzt sein musste und auf der ein anderes Grab errichtet wurde. In der Nähe wurden wertvolle Haushaltsgeräte und acht fragmentarische Steinstatuen gefunden, die vielleicht als Schmuck des

Eingangskorridors aufgestellt waren, wahrscheinlich zur Darstellung der Vorfahren des Verstorbenen. Von großen Dimensionen war auch das zeitgleiche „Grab Diavolino II", das kürzlich restauriert wurde und Gegenstand neuer Grabungen ist. Hier wurden Teile von Totenbetten aus Stein ähnlich denen von Pietrera sowie zahlreiche andere Funde geborgen. Ähnliche Baumerkmale, aber von bescheideneren Dimensionen, zeigt auch das nahe „Grab der Goldfibel".

Das Gebiet von Vetulonia musste den Küstenstreifen zwischen Castiglione della Pescaia und Pian d'Alma umfassen – wo einige Nekropolen (Val Berretta und Pian d'Alma) ans Licht kamen –, sowie das reiche Eisenerzbecken von Massa Marittima. Die Siedlungen lagen an den Verkehrswegen, welche die Flusstäler von Bruna und Sovata nutzten, und an der Straße nach Massa Marittima. Hier befindet sich der monumentale Tumulus von Poggio Pelliccia, in dessen Mitte ein *Tholos*-Grab mit viereckiger Kammer freigelegt wurde, sowie zwei Grubengräber an den Hängen. Die Beigaben sind im städt. Museum von Vetulonia ausgestellt und enthalten wertvolle korinthische und griechisch-orientalische Keramiken, die eine Nutzung des Grabes von Mitte des 7. bis Mitte des 5. Jh. v. Chr. bezeugen. Die große Bedeutung dieses Gebiets wird von den Gräberarealen Selvello und Torraccia bestätigt.

Die ältesten Reste des etruskischen Vetulonia werden in einigen Abschnitten der Stadtmauer in

Terrakottaplatte aus hellenistischer Zeit mit Chryseis beim Bade aus den Grabungen von Vetulonia. Vetulonia, Museo Civico Archeologico „Isidoro Falchi"

opus poligonalis (unregelmäßiges Mauerwerk) von Ende des 6.-5. Jh. v. Chr. deutlich und sind kurz vor Mitte des modernen Orts und im Ortsteil Piantoni sichtbar. Reste eines Sakraldepots aus dem 6.-5. Jh. v. Chr. wurden auf dem Grabungsgebiet von Costa Murata gefunden, als Zeugnis einer Fortdauer der Siedlung, die von anderen Funden auch für die hellenistische Zeit bestätigt wird.

Ein Wohnviertel aus dem 3.- 1. Jh. v. Chr. kam bei Poggiarello Renzetti ans Licht, das wahrscheinlich durch einen Brand zerstört wurde. Es wurde von einer gepflasterten Straße, dem *decumanus*, durchzogen, an dem einige Lager und Häuser mit Atrium lagen; eines von ihnen konnte vollständig freigelegt werden und enthält reiche Tondekorationen mit Szenen vom Mythos der Medea.

Andere Stadtviertel wurden in den Ortsteilen Apparita und Costa dei Lippi freigelegt, und auch in diesem Fall kamen der Abschnitt einer Pflasterstraße und Teile von Gebäuden mit Verzierungen aus Terrakotta zum Vorschein. Von Ende 4. /Anfang 3. Jh. v. Chr. stammen Silber- und Bronzemünzen, einige davon mit der Aufschrift *Vatl* (*Vatluna*), was auf den etruskischen Namen der Stadt hinweisen würde.

Wie viele Etrusker-Städte geriet auch Vetulonia im Laufe des 3. Jh. in römischen Einflussbereich, vielleicht sogar auf friedliche Weise; es hatte aber immer nur eine Randbedeutung, sodass einige Quellen es als *oppidum* bezeichneten. Im Jahr 89 v. Chr. wurde es der *tribus Scaptia* zugeteilt und die wenigen noch verbliebenen Einwohner wurden römische Bürger.

Accesa

Ansicht eines der Wohnviertel des 6. Jh. v. Chr.

In der Nähe des kleinen Accesa-Sees, nur 7 km von Massa Marittima entfernt, wurden die Reste eines etruskischen Wohnortes gefunden, der zwischen Ende des 7. und dem 6. Jh. v. Chr. datiert werden kann. Er ist zum Teil noch Gegenstand von Grabungen, aber in einem bestimmten Bereich zugänglich.
Die Entfaltung der Siedlung wurde mit der Ausbeutung von Chalkopyrit und silberhaltigem Galenit (bei Bronzelegierungen verwendet) in Bezug gebracht, wertvolle, in der Antike sehr geschätzte Rohstoffe, an denen das Gebiet besonders reich ist. Die bis jetzt entdeckten Wohnhäuser liegen in Wohnvierteln gruppiert, darunter ein Gebäude größeren Ausmaßes, das von kleineren Bauten umgeben ist; wahrscheinlich um eine Anordnung zu betonen, die schon dazu neigt, die Rolle einer herrschenden Klasse hervorzuheben. Von den verschiedenen Räumen blieben nur die Fundamente aus vor Ort behauenen Steinen bestehen, während von dem Oberbau aus vergänglichem Material nichts erhalten blieb. Im Inneren der Häuser fand man Instrumente für die weiblichen Tätigkeiten wie Gewichte zum Weben und Spinnen sowie zahlreiche Keramiken für Tisch und Küche. In geringer Entfernung von den einzelnen Vierteln wurden kleine Gruppen von Gruben-, Kasten- und Kammergräbern gefunden. Die Entdeckung von Schachtgräbern deutet auf eine Besiedlung des Gebietes schon im 8. Jh. v. Chr., auch wenn für diese Zeit sichere Zeugnisse für Wohngebiete fehlen. Seit den ältesten Funden zeigt sich eine starke kulturelle Abhängigkeit dieser Gegend von Vetulonia, das von Accesa nur 15 km entfernt und über das Bruna-Tal leicht erreichbar war.

Stiefelvase aus Impasto-Masse aus dem Grab 14 von Accesa, zweite Hälfte des 8. Jh. v. Chr. Massa Marittima, Museo Archeologico

Großer *kantharos* aus Impasto-Masse aus dem Grab 12 von Accesa, zweite Hälfte des 7. Jh. v. Chr. Massa Marittima, Museo Archeologico

Roselle

Die Stadt erstreckt sich auf zwei Hügel mit Blick auf das antike Becken des Prile, eine große, mit dem Meer verbundene Lagune – heute fast völlig ausgetrocknet –, wo Roselle einen Hafen hatte. Das Gebiet war schon in der Frühgeschichte bewohnt, als die Anhöhe des Poggio Moscona über der zukünftigen etruskischen Stadt in der Bronzezeit Sitz einer Siedlung sein musste. Sichere Zeugnisse aus der Villanova-Zeit (9.-8. Jh. v. Chr.) sind bei Nomadelfia bekannt, wo eine kleine Nekropole der frühen Eisenzeit ans Licht kam.

Rechts, Brunnenbrüstung, 6. Jh. v. Chr. und unten, Tontopf und Feuerstelle, 6. Jh. v. Chr. aus der „Casa dell'Impluvium". Grosseto, Museo Archeologico e d'Arte della Maremma

Unten, Gebeinurne aus Impasto-Masse aus der Nekropole Nomadelfia, 8.-7. Jh. v. Chr. Grosseto, Museo Archeologico e d'Arte della Maremma

Schon um Mitte des 7. Jh. v. Chr. hatte die Stadt eine Wehrmauer aus rohen Backsteinen, und aus derselben Zeit stammen Reste von Häusern aus getrocknetem Lehm und mit Fußböden aus gestampfter Erde. Die ältesten dieser Bauten sind das „Haus mit Einfassung" (casa del recinto) und das „Haus mit zwei Räumen" (casa a due vani), die vielleicht für die Gemeinde von Roselle eine wichtige öffentliche Funktion hatten, sodass sie auch in römischer Zeit keine Schäden erlitten.

Roselles Blüte, die jedoch nicht den Reichtum und Luxus Vetulonias erreichte, musste sich auf einen fähigen Ackerbau in der darunter liegenden fruchtbaren Ebene am Südostufer des Prile und auf die Kontrolle der wichtigen Verkehrswege gründen wie z. B. jene Straße, die das nahe Ombrone-Tal nutzte.

Im Laufe des 6. Jh. wurde die Stadt mit einer neuen mächtigen Stadtmauer bewehrt, die fast ganz erhalten ist und zwei Hügel mit einem Umlauf von mehr als 3 km einbezog. Sie wurde in *opus poligonalis* mit einer Höhe von teils mehr als 5 m erbaut. Dabei wurden extrem große Blöcke von der Nordseite des Hügels von Roselle verwendet, wie Reste von Terrassierungen der antiken Steinbrüche bezeugen. Man fand auch Eingangstore in Höhe der Straßen, die die Stadt mit dem Norden, dem Amiata-Gebiet und Südetrurien verbanden. An diesen Straßen lagen einige Nekropolen mit Gräbern mit Tumulus und Kammern mit Scheingewölbe, auch wurden einige Gräber in der Nekropole Case di Mota freigelegt.

Ansicht des *Forum Romanum* zum südlichen Hügel hin

Auf dieselbe Bauzeit der Mauern geht die große „Casa dell'Impluvium" zurück, die sich auf ca. 300 qm erstreckt. Das Gebäude mit fast quadratischem Grundriss liegt um einen überdachten Hof herum, der mit weiteren acht Räumen verbunden ist, darunter jener mit einem Becken zum Auffangen des Regenwassers und einem Fußboden aus Tontafeln.

Die archäologischen Funde lassen ein Fortbestehen auch im 5.-4. Jh. v. Chr. vermuten, bevor Roselle mit Rom in Konflikt geriet und 298 v. Chr. eine schwere Niederlage erlitt. Vier Jahr später wurde es, wie Livius erzählt, belagert und von Konsul Lucius Postumius Megellus definitiv erobert. Er legte das Gebiet in Schutt und Asche und nahm etliche Gefangene.

Die *Lex Julia* und die folgende *Plautia-Papiria* gaben auch den Einwohnern Roselles die römische Bürgerschaft und gliederten sie in die *tribus Arnensis* ein, aber erst viel später erhielt die Stadt den Titel einer Kolonie, wie einige Inschriften und Quellen bestätigen. Der spätere Verfall hingegen wird von dem römischen Dichter Rutilius Namatianus bezeugt, der sie im 5. Jh. n. Chr. als fast verlassen beschreibt; trotz des langsamen Verfalls blieb sie bis 1138 Bischofssitz.

Die Reste aus etruskischer Zeit wurden zum Teil durch die Bauwut der römischen Zeit verdeckt, die die mächtigen, heute noch sichtba-

ren Gebäude entstehen ließ. Grabungen darunter konnten jedoch ältere Zeugnisse ans Licht bringen. Auf der Spitze des nördlichen Hügels liegt das elliptische Amphitheater und in direkter Nähe die Reste eines Hauses aus griechischer Zeit (3.-2. Jh. v. Chr.), auf dessen Ruinen zum Teil das Amphitheater liegt. Von hier aus dominiert man das ganze Areal des Forums, das Herz des römischen Roselle, wo sich der größte Teil des öffentlichen Lebens abspielte. An der Ostseite des Forums liegt eine gepflasterte Straße, der *cardo maximus*, mit deutlichen Fahrrillen der Wagen; er hört auf der Höhe der Basilika auf, um sich mit einer ungewöhnlichen Lösung in den *decumanus* zu verwandeln, was vielleicht in der Beschaffenheit des Tals begründet war.

In der Nähe des Forums lag ein Bau mit Mauerwerk in *opus reticulatum*, der Sitz des Priesterkollegs der *Flamines Augustales*, der eine bedeutende Reihe von Statuen enthielt (heute in Grosseto) mit der Darstellung des Kaisers Claudius, seiner Frau Livia und anderen Mitgliedern der Kaiserfamilie, die offensichtlich in diesem Ambiente verehrt wurde. In der Nähe kam eine große *domus* mit Atrium, Thermalanlage und zahlreichen Mosaikfußböden ans Licht. Von hier stammen auch die Marmor-Portraits von Kaiser Tiberius, Agrippina der Älteren und Drusus dem Jüngeren. Eine weitere Gruppe von sechs Statuen wurde bei einem Gebäude mit Apsis und Wandnischen an der Nordwestseite des Forums entdeckt,

während an der Ostseite über den *cardo maximus* hinaus die *basilica* lag, in der die Geschäfte und die Rechtsverwaltung der Stadt stattfanden. An der Nordseite des *decumanus* lagen zahlreiche Läden. Man kann auch die Reste eines großen zentralen Gebäudes mit Wasserbecken sehen, das im 5. Jh. n. Chr. von einer Kirche und einem Friedhof mit Kastengräbern überlagert wurde. (G.P.)

Oben, römisches Amphitheater; unten eine Ansicht der Bauten aus römischer Zeit am *cardo maximus*

Die Goldschmiedekunst

Erst in der orientalisierenden Phase entwickelten sich die Bearbeitungstechniken des Goldschmiedehandwerks. Die Entstehung eines Adelsstandes begünstigte die Nachfrage nach wertvollen Verzierungen, der man anfangs mit Importen aus dem östlichen Mittelmeerraum nachzukommen versuchte. Später siedelten orientalische Goldschmiede in das Gebiet der Italiker um. Sie blieben lange Zeit an den Wohnorten ihrer Auftraggeber und verbreiteten den Schatz ihres technischen Wissens und bildlichen Repertoires; beides wurde bald für die eigene etruskische Kultur charakteristisch.

Von den wenigen goldenen Spangen aus Funden der Villanova-Zeit geht es über zu den vielfältigen Arten von Broschen, Ohrringen, Ketten, Haarspangen und Armbändern für Frauen sowie Schnallen und Spangen zur Befestigung der männlichen Bekleidung. Unter den besonderen und seltenen Stücken seien ovale und rechteckige Brustanhänger erwähnt. Dazu kommt das wertvolle Geschirr aus Gold und Silber, das für das Abhalten von Banketten bestimmt war, einer der wichtigsten sozialen Riten für die Eliten jener Zeit.

Mit dem 6. Jh. v. Chr. kann man eine Veränderung im Geschmack beobachten, die auch aus der forschreitenden Krise der Monarchie entstand sowie aus dem daraus folgenden Übergang bei der Verwaltung des Kults weg von dem *rex* und dem Palast des *princeps* hin zu den Priestern. Die wohlhabenderen Klassen nahmen sich nun vor, die Erbauung von Heiligtümern und öffentlichen Werken zu finanzieren, um sich ein größtmögliches Prestige zu garantierten, während die Goldschmiedearbeiten auch in Folge von luxusbeschränkenden Verfügungen in jener Zeit weniger verbreitet scheinen. Trotzdem kehrten schon seit dem 5. Jh. v. Chr. auf der Welle griechisch-orientalischer Moden luxuriöse Schmuckstücke in neuartiger Machart zurück wie zum Beispiel Ringe mit elliptischer Einfassung und Ohrringe in Nietenform – und neue ornamentale, durch Verwendung von Edelsteinen bereicherte Motive. Die größte Vielfalt in Form und Verzierung sollte jedoch in der hellenistischen Zeit erreicht werden, als die Goldschmiedekunst einen fast barock anmutenden stilistischen Reichtum erlangte.

Die Techniken der Granulierung und des Feinstaubes charakterisieren die älteste etruskische Goldschmiedekunst und stellen wegen ihrer technischen Perfektion fast eine Eigentümlichkeit dar, obwohl sie im Nahen Osten schon seit dem 2. Jahrtausend v. Chr. verbreitet waren. Vielleicht kam der Brauch, die Oberfläche von Schmuckstücken mit „Granulierung" zu verzieren, d. h. winzige Goldkügelchen mit einem Durchmesser von ca. drei Zehntelmillimeter zu verlöten, von Syrien her an die Küsten Etruriens. Kleinere Kügelchen, die nur einen Zehntelmillimeter maßen und die man mit bloßem Auge nicht voneinander unterscheiden konnte, stellten hingegen die Basis des Schmucks aus „Feinstaub" dar. Diese mikroskopischen Kügelchen erhielt man durch die Verschmelzung von winzigen quadratischen Goldblättchen und Kohlestaub im Inneren eines erhitzten Schmelztiegels. Sie wurden dann der Größe nach ausgewählt und vom Goldschmied mit organischem Klebstoff auf die Oberfläche des Schmuckstücks angebracht und durch Erhitzung mit Kupfersalz fixiert.

Der größte Teil der etruskischen Schmuckstücke war nicht aus vollem Guss, sondern aus reliefverzierten Blättchen gefertigt; oft bestanden die Objekte aus zwei vereinten Klappen, die eine runde, im Inneren hohle Plastik formten. Die vorausgehende Arbeit des Goldschmieds war also vor allem die eines Goldklopfers, der dünne Metallblättchen von gleichmäßiger Dichte gewinnen musste; sie wurden dann mit einem Meißel oder einem kurzen Messer auf die benötigte Form zugeschnitten, denn die etruskischen Goldschmiede benutzten keine Scheren. An diesem Punkt folgten, je nach Entwurf des Objekts, zwei unterschiedliche Verfahren: im Falle einer Reliefverzierung mit einem sich wiederholenden Motiv schuf man eine Punze aus Bronze, die von der Rückseite her geschlagen wurde. Wenn die Verzierung jedoch nur einmal vorkam, wurde das Motiv in der Vorbereitung mit Hilfe von geraden Sticheln auf die Außenseite der Blättchen strichartig angedeutet, während die als Relief zu gestaltenden Teile mit Sticheln in abgerundeter Form von der Rückseite her getrieben wurden.

Ein wunderschönes Beispiel für die etruskische Goldschmiedekunst und für das Zusammentreffen der verschiedenen angewandten Techniken gibt uns der Brustpanzer aus dem Bernardini-Grab von *Praeneste*, der im Museum der Villa Giulia in Rom ausgestellt ist. Er wurde vielleicht in *Caere* von Handwerkern hergestellt, die nach dem syrisch-phönizischen Stil ausgebildet waren. Dieses außergewöhnliche Manufakt wurde um 670 v. Chr. geschaffen und trägt auf einer relativ kleinen Oberfläche (17 cm x 10 cm) 131 Tiere in Rundplastiken: Löwen, Chimären, Sirenen und Pferde, die auf dünne Goldblättchen getrieben und zwischen drei Zylinder platziert wurden. Die an die Enden angebrachten Exemplare sind mit einer Granulierung in Form von Mäandern fein verziert. (M.M.)

Goldener Ohrring mit Granulation und Negerkopf aus Bernstein aus Volterra, 3. Jh. v. Chr. Volterra, Museo Etrusco Guarnacci

Getriebener Armreif aus dem „Circolo dei Leoncini d'Argento" von Vetulonia, drittes Viertel des 7. Jh. v. Chr. Vetulonia, Museo Civico Archeologico „Isidoro Falchi"

***Kotyle* aus dem Bernardini-Grab von *Praeneste*, zweites Viertel des 7. Jh. v. Chr. Rom, Museo Nazionale Etrusco di Villa Giulia**

Gegenüber, Detail der großen Brustplatte aus dem Bernardini-Grab von *Praeneste*, zweites Viertel des 7. Jh. v. Chr. Rom, Museo Nazionale Etrusco di Villa Giulia

Fibel in Blutegelform aus der „Tomba del Littore" in Vetulonia, zweite Hälfte des 7. Jh. v. Chr. und Fibel in Drachenform aus Marsiliana, zweites Viertel des 7. Jh. v. Chr. Florenz, Museo Archeologico

Kette mit Anhängern vom „Circolo dei Leoncini d'Argento" in Vetulonia, zweite Hälfte des 7. Jh. v. Chr. Vetulonia, Museo Civico Archeologico „Isidoro Falchi"

Ohrringe aus der Nekropole Badia a Volterra, Mitte 4. Jh. v. Chr. Volterra, Museo Etrusco Guarnacci

DAS VALDICHIANA BEI SIENA UND DAS OMBRONE-TAL

Dieses Grenzland zwischen der Toskana und Umbrien wurde vom Fluss *Clanis* durchzogen, einem Zufluss des Tiber, der ein reiches Wassersystem speiste, an das heute nur noch die kleinen Seen von Chiusi und Montepulciano erinnern, das aber in der Vergangenheit Verbindungen mit Südetrurien und Rom ermöglichte. Die Eignung des Gebiets zum Ackerbau begünstigte eine frühzeitige Besiedlung längs der Hügel, von der man heute deutliche Spuren in der Beschaffenheit der Landschaft finden kann.

Eine ähnliche Verbindungsfunktion zwischen den Städten an den Küsten (Vetulonia, Roselle) und dem inneren Nordetrurien war im Altertum der Ombrone, und die Hügel, die den Flusslauf begleiten – arm an Vegetation in der wilden Crete-Landschaft, im südlichen Teil jedoch von einer dichten Macchia bewachsen – bilden heute noch Landschaften von starkem optischen Eindruck. Hier mehr als anderswo ist die Präsenz des Menschen diskret, ja fast marginal, und die Eindruckskraft, die die se Vergangenheit verströmt, hat ihren Zauber beibehalten.

Chiusi

Eingang zu einem Kammergrab

Gegenüber, Detail einer der Verkleidungsplatten des Tempels „I Fucoli" von Chianciano, Mitte 2. Jh. v. Chr. Chianciano Terme, Museo Civico Archeologico delle Acque

Räume eines Hypogäums in der Nekropole Poggio Gaiella

Ein Zeugnis der Bedeutung des antiken *Chamars* wäre wiederum die legendäre Herkunft, die die Quellen dem mythischen *Cluso* zuschreiben, dem Fürstensohn der Lyder, oder Telemach, dem Sohn des Odysseus. Der Hügel westlich des Chiana-Flusses, wo der Etrusker-Ort entstehen sollte, war jedenfalls schon in der Bronzezeit aufgrund seiner strategischen Position besiedelt. In der folgenden Phase der Eisenzeit (9. Jh. v. Chr.) entstanden auf dem Territorium Chiusis kleine Siedlungen, deren Wirtschaft gerade zum Überleben reichte. Für diese Zeit kennen wir die Existenz bescheidener Schachtgräber, während die späteren, orientalisierenden Nekropolen an den Hängen um den Wohnort herum einen starken demografischen Zuwachs dokumentieren und Krugbestattungen, meist als Einzelbestattungen, vorweisen. In dieser Epoche stellten die „fürstlichen" Familien von Chiusi reiche Grabbeigaben zur Schau, die in monumentalen Kammergräbern deponiert wurden. Diese Gräber wurden in Sandstein gehauen oder aus Steinblöcken erbaut und meist von Tumuli bedeckt. Gräber dieser Art wurden bei Poggio Gaiella gefunden; sie brachten sehr reichhaltiges, aus Korinth oder dem östlichen Griechenland importiertes Geschirr ans Licht sowie Reste von Skulpturen aus *pietra fetida* mit Phantasiewesen und Teilen von Dekorationen, die einen Altar schmücken mussten. Beträchtlich sind auch die Beigaben des Pania-Grabes mit einer

Situla des *Plikasnas* aus vergoldetem Silber mit Detail des oberen Frieses aus dem Pania-Grab von Chiusi, Mitte 7. Jh. v. Chr. Florenz, Museo Archeologico

Pyxis aus Elfenbein aus dem Pania-Grab von Chiusi, Mitte 7. Jh. v. Chr. Florenz, Museo Archeologico

Pyxis aus Elfenbein mit Szenen aus der Odyssee. In den letzten Jahrzehnten des 7. Jh. v. Chr. bevorzugte der Adel von Chiusi Urnen aus Bronze, die manchmal auf Thronen standen und mit Phantasiewesen aus Treibarbeit fein verziert waren.

Die ältesten Reste des Wohnorts wurden in Petriolo gefunden, einem nicht mehr bewohnten Gebiet, wo kürzlich gemachte Ausgrabungen eine Art Handwerksviertel für Keramikwerkstätten entdeckten. Der wirtschaftlich-kulturelle Eifer, der Chiusi im Lauf des 6. Jh. v. Chr. auszeichnete, begünstigte ein lebhaftes lokales Handwerk, das sich vor allem in der Herstellung von reich verziertem Bucchero-Geschirr und Elfenbeinobjekten ausdrückte, so z. B. die Pyxis von Poggio alla Sala oder die sogenannten Palagi-Bleche, gleichzeitig aber den Import von Luxusobjekten aus Griechenland oder Südetrurien begünstigte, für welche die Stadt zum „Verteilungszentrum" für Inneretrurien wurde.

Gegen Ende des 6. Jh. v. Chr. identifiziert sich die Geschichte von Chiusi mit König Porsenna, einem bedeutenden Adeligen, der den Bund der zwölf etruskischen Stämme dominiert haben musste und beim Versuch, *Tarquinius Superbus* an die Macht zurückzubringen, für kurze Zeit Rom eroberte. In jenem Moment erreichte die Stadt den Höhepunkt ihrer Macht und eine großen Wohlstand verbunden mit einer fähigen Nutzung des fruchtbaren Bodens, auf dem Getreide, Wein und Olivenbäume angebaut wurden, was die Quellen noch für spätere Epochen erwähnen.

Davon zeugen auch einige Gräber mit Wandmalereien aus der ersten Hälfte des 5. Jh. v. Chr., von denen nur jene im „Grab des Affen" (Tomba della Scimmia, 480 v. Chr.) und in der „Tomba del Colle" (470 v. Chr.) erhalten blieben. Das erste hat einen kreuzförmigen Grundriss und vier Kammern und zeigt an den Wänden die Verstorbene mit einem Sonnenschirm umgeben von Musikern und Athleten,

Zwei Abbildungen der Fresken in der „Tomba del Colle", 470 v. Chr.

die ihr zu Ehren auftreten. Ein kleiner, an einen Baum gebundener Affe, der in der zentralen Kammer dargestellt ist, gab dem Grab seinen Namen. Das zweite Grab zeigt am Eingang eine noch funktionierende, zweiflügelige Steintür und an den Wänden Szenen von Bankettteilnehmern, Wagenrennen und Spielen. Die ausgemalten Gräber lassen auf eine Präsenz von Künstlern aus Tarquinia schließen, das lebhafte Handwerk Chiusis hingegen spe-

Inneres der „Tomba della Pellegrina", Ende 4.-Anfang 3. Jh. v. Chr.

Gegenüber, Ansicht der Kanopen-Gallerie; Kanope auf dem Thron aus der Nekropole Tolle, letzte Jahrzehnte des 7. Jh. v. Chr.; Rekonstruktion des „Fürstengrabes" der Nekropole Morelli, 610-600 v. Chr. Chianciano Terme, Museo Civico Archeologico delle Acque

zialisierte sich in dieser Zeit in der Produktion zahlreicher Stelen aus „pietra fetida", auf denen Szenen ähnlich denen der Grabmalereien eingemeißelt wurden.
Am Anfang des 4. Jh. v. Chr. wurde die Stadt von den Galliern belagert, die den Quellen nach von den reichen Früchten der Landwirtschaft angezogen wurden; jenseits aller Legenden lässt diese Episode das Ausmaß des Handels erahnen, der sich zwischen dem fruchtbaren Valdichiana und Norditalien gebildet hatte. Noch für das 3. Jh. v. Chr. wird die Opulenz der Adelsschicht von Chiusi durch das „Grab der Pilgerin" („Tomba della Pellegrina", zugänglich) bezeugt, das die Mitglieder der Familie *Sentinate* über mehrere Generationen hinweg aufnahm. Die im Inneren heute noch sichtbaren Urnen aus Alabaster und die Sarkophage, so wie sie die Entdecker fanden, weisen auf eine typisch lokale Produktion, die dann während der ersten Jahrzehnte des 2. Jh. v. Chr. mit Materialien wie Travertin und Terrakotta erweitert wurde.
Im 2. Jh. v. Chr. erfuhr das Territorium von Chiusi einen starken demographischen Zuwachs, und die Landschaft war durch zahlreiche Ortschaften von landwirtschaftlichem Charakter geprägt, was vielleicht mit der Freilassung der Sklaven zu erklären ist und der daraus folgenden Massenintegration derer, die 196 v. Chr. am Volksaufstand teilgenommen hatten. Die Stadt wurde von wenigen Familien aus altem Adel regiert, während das soziale Gefüge der gehobenen Mittelschicht sehr viel zahlreicher war und einen hohen Grad an Alphabetisierung hatte. Auf jene Zeit gehen die „Tomba di Vigna Grande" und „del Granduca" aus Travertin-Blöcken sowie ein kleines ausgemaltes Grab zurück, das man beim Ortsgebiet Tassinaia entdeckte. Bekannt ist auch ein Viertel, das sich mit der Herstellung von Keramik beschäftigte und bei Marcianella liegt.
Die Teilnahme am Bürgerkrieg brachte auch für Chiusi die Zerstörung und Konfiszierung weiter Gebiete zugunsten von Sullas Veteranen. Von jenem Moment an erlitt die Agrarlandschaft einschneidende Veränderungen, es bildeten sich große Landgüter mit Sklavenhaltung.

Chianciano

Die ältesten, im Gebiet von Chianciano gefundenen Zeugnisse dokumentieren eine große Blüte in der orientalisierenden Zeit, wie die große Tolle-Nekropole beweist, die noch Gegenstand der Forschung ist und in der bis jetzt einige Hundert Gräber des 7. Jh. freigelegt wurden. Besonders häufig sind Kanopen (Urnen mit eigenen anthropomorphen Eigenschaften des Gebiets von Chiusi), die in Krug-, Kasten- und Kammergräbern deponiert wurden mit reichen Beigaben von Geschirr und Import-Keramik. Der Landadel stellte seinen Status im „Fürstengrab" der Morelli-Nekropole mit außergewöhnlichen Beigaben aus Bronze von Ende des 7. Jh. zur Schau. Allgemein wurden aber mehr Funde ans Licht gebracht, die die große Vitalität dieses Gebiets auch in der archaischen Zeit zeigen.

Chianciano war schon in der Antike für die zahlreichen Heilquellen berühmt und in

etruskischer Zeit auch Sitz von wichtigen, auf den Kult des Wassers bezogenen Heiligtümern. Im Ortsgebiet Sillene wurden Reste des dem Apoll und später der Diana gewidmeten Sakralbaus und außergewöhnliche Fragmente einer Votivgabe aus Bronze gefunden, bei der männliche (5. Jh. v. Chr.) und weibliche Statuen auf einer Biga stehen (4. Jh. v. Chr.). Von

Urnendeckel mit Verstorbenem und *Vanth*, zweite Hälfte des 5. Jh. v. Chr. und *Mater Matuta*, um 470 v. Chr. aus der Pedata-Nekropole von Chianciano. Florenz, Museo Archeologico

einem anderen Heiligtum im Ortsgebiet „I Fucoli" kam der Teil eines Frontgiebels aus Terrakotta (2. Jh. v. Chr.) ans Licht. Er war einer Schutzgottheit gewidmet und zeigt Statuen von exquisiter Machart, die im örtlichen Archäologischen Museum ausgestellt sind. Im nahen Ortsgebiet Poggio Bacherina kann man noch die Überreste eines Bauernhofes mit Räumen für die Weinerzeugung sehen. Er wurde jedoch in den ersten Jahrzehnten des 1. Jh. v. Chr. zerstört. Besonders reichhaltige, teils zugängliche Gräber wurden in der Pedata-Nekropole gefunden, aus der auch die berühmten Urnenstatuen aus „pietra fetida" stammen. Sie zeigen eine Frau mit Kind auf dem Arm (die sogenannte *Mater Matuta*) und einen Verstorbenen, der von *Vanth*, dem geflügelten Gott, begleitet wird, der ihm die Schicksalsrolle zeigt. In römischer Zeit war das Ortsgebiet Sitz luxuriöser Thermalbauten, von denen bei Mezzomiglio und Camerelle eindrucksvolle Reste erhalten blieben.

Sarteano

Rekonstruktion des Grabes mit Kanopen der Nekropole Macchiapiana, Sarteano, Ende 7.– Anfang 6. Jh. v. Chr. Sarteano, Museo Civico Archeologico

Sarteano ist schon wegen seiner bedeutenden prähistorischen Zeugnisse bekannt und auch Sitz weitläufigen Nekropolen, die eine große Blüte in der orientalisierenden Zeit hatten. Diese Gräberzonen, die sich am Hang von Solaia, Poggio Rotondo und Macchiapiana erstrecken, mussten in der Nähe einzelner Siedlungen liegen, die sich mit Landwirtschaft und Viehzucht beschäftigten. Die große Blüte eines lokalen Adels wird durch das Auffinden zahlreicher Kanopen in Krug- und Kammergräbern bezeugt, die auch Doppelbestattungen mit reichen Grabbeigaben aufnahmen; in ihnen tauchen manchmal griechische Import-Keramiken auf.
In der großen Palazzina-Nekropole liegt ein Grab mit Resten von Wandmalereien von Ende des 6. Jh. v. Chr. mit der Darstellung des Verstorbenen, der ins Jenseits gebracht wird. Noch in den späteren Jahrhunderten bezeugen wertvolle Funde, die zum größten Teil im lokalen Archäologischen Museum ausgestellt sind, den großen Reichtum des Gebietes; außergewöhnlich ist in diesem Bezug der neue Fund im Ortsteil Pianacce – Sitz einer weitläufigen und reichen, sehenswerten Nekropole – eines zweiten ausgemalten Grabes aus den letzten Jahrzehnten des 4. Jh. v. Chr., „Grab der Höllen-Quadriga“ genannt. In ihm ist mit großem optischen Eindruck die einzigartige Figur eines rothaarigen Dämons dargestellt, absolut außergewöhnlich im Vergleich zu ähnlichen Darstellungen. Auch die Gräber aus griechischer Zeit bezeugen die Vitalität des Gebiets von Sarteano mit der Verwendung von Sarkophagen aus Alabaster und Travertin und zahlreichen Urnen von Qualität wie jene, die man beim „Cumere-Grab“ fand, während sich die Grabarchitektur durch eine große typologische Vielfalt auszeichnet: die Eingangskorridore (*dromos*) sind manchmal sehr lang und dienen dazu, eine hohe Anzahl von Bestattungen in kleinen, in die Wände gehauenen Nischen aufzunehmen. In diesem Sinne ist auch ein Besuch des Gräberfeldes von Mulin Canale sehr eindrucksvoll.
In römischer Zeit begünstigten die Schönheit der Landschaft und der Reichtum an Wasser das Entstehen eindrucksvoller Villen mit architektonischen Platten und Mosaiken, von denen beim Ortsteil Peschiera bedeutende Reste erhalten sind.

Aschenurne aus Alabaster aus dem Cumere-Grab, Sarteano, erste Hälfte des 3. Jh. v. Chr. Siena, Museo Archeologico Nazionale

Gesicht des Dämons *Charun* im Grab der Höllen-Quadriga der Pianacce-Nekropole, Sarteano, letzte Jahrzehnte des 4. Jh. v. Chr.

Seite 144-145: zwei Seiten der Stele aus *pietra fetida* aus Sant'Angelo, Sarteano, letzte Jahrzehnte des 6. Jh. v. Chr. Sarteano, Museo Civico Archeologico

Murlo

Der Hügel von Poggio Civitate, der im Westen durch den Creole, einen Zufluss des Ombrone, begrenzt wird, war in der Etruskerzeit Sitz einer wichtigen Adelsresidenz.
Im nahen Gebiet mit dem bedeutungsvollen Namen „Piano del Tesoro" (Schatz-Plateau), wo eine volkstümliche Legende sagenhafte Reichtümer vermutete, wurde genau dort eine fürstliche Residenz aus dem 7. Jh. v. Chr. entdeckt. Der große Bau mit rechteckigem Grundriss, der vielleicht durch einen Brand zerstört wurde, zeigte in der späteren Rekonstruktion des 6. Jh. v. Chr. im Zentrum eine weite, nicht überdachte Zone umgeben von einer Holzkolonnade, auf die sich zahlreiche Räume für die häuslichen Tätigkeiten öffneten. Sehr reich ist die architektonische Ausschmückung (im Museum von Murlo rekonstruiert), die die Dachspitze mit sitzenden männlichen Figuren mit großem Hut verzierte; sie wurden identifiziert als Ahnenbilder der Fürstenfamilie zwi-

Giebelverzierung mit Reiter, letztes Drittel des 7. Jh. v. Chr.; männliche Statue als Giebelverzierung, erste Jahrzehnte des 6. Jh. v. Chr. aus dem Fürstenpalast von Murlo. Murlo, Antiquarium von Poggio Civitate

Rekonstruktion eines Dachabschnitts am Fürstenpalast von Murlo, erste Jahrzehnte des 6. Jh. v. Chr. Murlo, Antiquarium von Poggio Civitate

Verkleidungsplatte mit Versammlungsszene, erste Jahrzehnte des 6. Jh. v. Chr.; *kyathos* aus Bucchero, letztes Drittel des 7. Jh. v. Chr. aus dem Fürstenpalast von Murlo. Murlo, Antiquarium von Poggio Civitate

schen Figuren von Sphingen. Die Mauerbasis war aus Stein, der Oberbau aus rohem Lehm mit einem innern Gitterwerk aus Zweigen und Schilfrohr. Die Grabungen zeigten, dass die Siedlung um 525 v. Chr. absichtlich verlassen und die ornamentale Terrakotta in dafür bestimmte Gruben deponiert wurde. Der Ort wurde nicht mehr dauerhaft bewohnt.
Ein weiteres großes Gebäude kam an der Südseite des Plateaus ans Licht und wurde als Handwerksstätte identifiziert zur Herstellung von Keramik, architektonischen Platten, kleinen Objekten aus Bronze, Elfenbein, Horn oder Knochen. Andere Teile desselben Baus mussten der Bearbeitung der Produkte aus Landwirtschaft und Viehzucht gedient haben. Die reichen, zur Residenz von Murlo gehörenden Bestattungen entdeckte man bei Poggio Aguzzo, wo man an der Westseite des Hügels Grubengräber mit Geschirrbeigaben aus Impasto-Masse und fein verziertem Bucchero freilegte.

Asciano

Die etruskische Siedlung Asciano, dessen genaue Lage nicht bekannt ist, erfuhr zwischen dem 7. und 6. Jh. v. Chr. eine große Blüte, wie die reichen Funde beim „Tumulo di Mulinello“ vor kurzem bewiesen haben. Die Bedeutung dieses Ortes ergibt sich aus der Präsenz einer Adelsschicht, die ihren Reichtum aus der landwirtschaftlichen Nutzung und der Ausbeutung der Travertin-Steinbrüche schöpfte, die schon Ende des 7. Jh. v. Chr. in Betrieb waren.
Die günstige Position längs des Ombrone-Tals, die leichte Verbindungen mit Vetulonia und Roselle ermöglichte, musste die Entwicklung Ascianos begünstigen. Die bei Poggio Pinci freigelegten Gräber aus dem 5. bis 1. Jh. v. Chr. bezeugen heute noch die Vitalität dieses Gebiets durch den Import bemalter Keramik aus griechischer und etruskischer Produktion und die Existenz wichtiger, an den Landadel gebundener Familien. Dies bezeugt das große Grab der *Hepni*, das bis zur Augusteischen Zeit ca. 30 Bestattungen aufnahm. (G.P.)

Das Wasser: Heil- und Quellenkulte

Etrurien ist besonders reich an Quellen, und so wurden die heilenden Kräfte des Wassers über die Jahrhunderte hindurch von den Einheimischen überliefert. Der Kult um diese Quellen war fast immer Göttern wie Apoll und Herkules gewidmet, sie waren aber auch Silvanus, Asklepius oder den Nymphen geweiht, die kalte und heiße Quellen liebten; man glaubte, dass aus ihnen helle Wasser hervorsprudelten, die den Menschen ihre Gesundheit wiedergeben konnten. Man dankte der Gottheit mit Trankopfern oder einer Gabe, die den geheilten Teil des Körpers darstellte; so fand man in den Weihdepots, die bei den Sakralbezirken in der Nähe von Heilquellen entdeckt wurden, menschliche Köpfe, Statuetten aus Ton oder Bronze, anatomische Weihgaben, Geschirr oder Münzen. Wenn die den Heilkräften des Wassers zugeschriebene Gesundung Tiere betraf, wurden der jeweiligen Schutzgottheit Tierfiguren aus Terrakotta oder Bronze dargebracht.
Viele der ländlichen Quellen mussten in ihrem natürlichen Zustand belassen werden; eine Erinnerung an ihre Frequentation bleibt lediglich in den Weihdepots erhalten, die man in der Umgebung fand; in einigen Fällen wurden aber auch bescheidene Bauten mit Kultcharakter errichtet, die Heilgöttern gewidmet und Gegenstand eines naiven, volkstümlichen Glaubens waren. Manchmal waren einige Quellen Mittelpunkt weitläufiger Anlagen; man fand in deren unmittelbaren Umgebung einen Sakralbezirk, der der Gottheit gewidmet war. In einigen Fällen wie im Fall von Chianciano Terme sind die Heiligtümer aus dem 5. Jh. v. Chr. bei den Quellen von Sillene und Fucoli besonders imposant, mit reichen Votivgaben aus Bronze. In der darauf folgenden griechischen und römischen Epoche wurden viele Quellen in luxuriöse Thermalbauten von monumentalen Ausmaßen integriert; bevor die Badegäste die Thermalanlagen betraten, mussten sie das Heiligtum neben der Quelle durchschreiten.
Die Macht einer Gottheit über das Wasser konnte sich auch an Quellen in natürlichen Höhlen manifestieren, wo Kulte praktiziert wurden, die ausschließlich mit dem Bereich der Mutterschaft zusammenhingen. Auch das Regenwasser hatte spezielle Gottheiten ebenso wie das Meerwasser, wovon das Sanktuarium von Leucothea in *Pyrgi* zeugt. Mit Sicherheit gab es Flussgottheiten für die großen Flüsse wie Tiber und Arno, aber auch für kleinere Flüsse wie den Chiana, wovon uns eine Inschrift auf einer kleinen Bronzefigur eines Athleten erzählt. Formen der Verehrung zeigten sich auch an den Ufern der großen Seen Mittelitaliens und in der Nähe kleinerer Wasserflächen in der Einsamkeit der Berge; so zum Beispiel im Falterona-Gebirge, wo der Arno entspringt und wo man neben großen Mengen von schönen Bronzestatuetten auch Pfeile fand. Sie wurden wahrscheinlich von der Erde aus abgeschossen, vielleicht um die göttliche Gunst zu erlangen oder als ein Symbol, das den Pfeil mit dem göttlichen Blitz gleichsetzte. (G.P.)

Giebelverzierung mit weiblichem Genius aus dem Tempel „I Fucoli" von Chianciano, Mitte des 2. Jh. v. Chr. Chianciano Terme, Museo Civico Archeologico delle Acque

Das Archäologische Nationalmuseum von Chiusi

Das Museum von Chiusi wurde 1871 eingeweiht und vereinigt das Material, das ihm vom ortsansässigen Adel und Klerus geschenkt wurde. Die Sammlungen wurden dann an den heutigen, 1901 eigens dafür gebauten Sitz überführt und können Funde vorzeigen, die von Ausgrabungen im Gebiet von Chiusi stammen und in chronologischer Reihenfolge ausgestellt sind. Die ältesten Zeugnisse sind in die Bronzezeit (11.-10. Jh. v. Chr.) datierbar: Sie bezeugen die Existenz von Hütten, in denen Hirschhorn bearbeitet und Weberei betrieben wurde. Auch Funde aus der Eisenzeit (9.-8. Jh. v. Chr.) stammen von Siedlungen um Chiusi, wo eine große Menge Tongeschirr und einige Grabbeigaben aus Erdlochbestattungen entdeckt wurden. Erwähnenswert sind die Ossarien in Doppelkegelform sowie ein Deckel mit zwei sich umarmenden Figuren, die den Abschied von der irdischen Welt symbolisieren. Die darauf folgende orientalisierende Epoche (7.-6. Jh. v. Chr.) wird von Geschirr aus Impasto-Masse und Fundstücken aus Bronze dokumentiert. Mann kann daraus einen schon regen Tauschhandel zwischen Chiusi, der Küste Etruriens und dem Gebiet der Falisker ableiten. Es werden auch die reichhaltigen Beigaben aus dem Grab der Pania gezeigt, das durch die elfenbeinerne *Pyxis* (Kelch) berühmt wurde; hier sieht man jedoch nur eine Kopie mit Szenen aus dem Mythos des Odysseus.

Die Sammlung der Bucchero-Keramik umfasst Exemplare, die mit Aufdrucken im Zylindermuster dekoriert sind und enge, mit menschlichen Figuren verzierte Bänder aufweisen. Diese Figuren entstanden, indem man zuerst eine Matrize von ihnen anfertigte, diese auf den Zylinder einritzte und mit ihm dann das Gefäß bedruckte. Es sind auch spätere Exemplare mit prachtvollen Verzierungen zu sehen, die in einer Art Stempeldruck ausgeführt sind. In dieser Abteilung ist weiter eine Gruppe von besonderen Kanopen aus jenem Gebiet ausgestellt, nämlich Aschenurnen mit menschenähnlichem Aussehen, die auf symbolische Weise die Unversehrtheit des Leichnams wiederherstellen sollen, der mit dem Ritus der Einäscherung

Urnendeckel von Poggio Renzo, Chiusi, 8. Jh. v. Chr.

Steinerne Sphinx aus Chiusi, erste Hälfte des 6. Jh. v. Chr.

Bucchero-Krater aus Chiusi, Mitte 6. Jh. v. Chr.

Gegenüber, Kanope aus Dolciano, letzte Jahrzehnte des 7. Jh. v. Chr.

Die Gebeinurne Paolozzi aus Dolciano bei Chiusi, 620 v. Chr.

Aschenurne aus Chiusi mit Deckel in Form eines Dachs, erste Hälfte des 5. Jh. v. Chr.

Aschenurne aus Terrakotta mit Figur eines Handwerkers auf dem Deckel, aus Chiusi, 2. Jh. v. Chr.

Kleine Urnen aus Terrakotta aus Chiusi mit Darstellung von Charon mit dem Verstorbenen und dem Tor zum Hades, 2. Jh. v. Chr.

Zwei Seiten des *skyphos* mit Szenen aus der Odyssee, dem Penelope-Maler zugeschrieben, Mitte 5. Jh. v. Chr.

Rekonstruktion der „Tomba delle Tassinaie", 170-150 v. Chr.

zerstört worden war. Unter den ausgestellten Kanopen ragt die von Dolciano hervor (von dem Namen des Fundortes) mit Thron und Ossarium aus Bronze und einem Tonkopf, der auf die letzten Jahrzehnte des 7. Jh. v. Chr. datierbar ist; auf die gleiche Epoche geht auch das *Ossarium Paolozzi* zurück, mit einer auf dem Deckel stehenden weiblichen Figur. In den Bereich der Bestattung fällt auch die bildhauerische Darstellung aus *pietra fetida* (schwefelhaltiger Sandstein): Darunter ist das stufenförmige Monument von Poggio Gaiella, des Weiteren Grabsteine, Aschenurnen und Sarkophage, auf die Szenen von Banketten, Spielen und Opferungen zu Ehren des Verstorbenen gehauen sind. Die Grabskulptur zeigt auch reale und imaginäre Figuren zur Bewachung der Gräber und zur Abwendung der bösen Mächte.

Die Ausstellung führt weiter zur figürlichen Keramik attischer und etruskischer Herkunft, darunter ist der *skyphos* mit roten Figuren und Szenen aus der Odyssee erwähnenswert: Telemach und Penelope vor dem Webstuhl und Odysseus, der von seiner Amme Eurykleia erkannt wird. Der nachfolgenden hellenistischen Epoche (3.-2. Jh. v. Chr.) sind zahlreiche Aschenurnen aus Terrakotta zuzuschreiben, die auf der Vorderseite mit Darstellungen im Stempeldruck verziert sind. Aus der gleichen Zeit ist das kleine Tassinaie-Grab, das mit Girlanden und Bildern der Verstorbenen bemalt ist. Unter den römischen Funden sind zahlreiche Skulpturen ausgestellt, wie das *Bildnis des Augustus* und Reste von Mosaikfußböden.

Die Ausstellung endet mit Materialien aus langobardischer Zeit, die aus der Nekropole von Arcisa stammen. (G.P.)

Urne des *Larth Sentinates* Caesa aus der „Tomba della Pellegrina" von Chiusi, Anfang 3. Jh. v. Chr.

DAS ÖSTLICHE ETRURIEN

Gegenüber, Detail des bronzenen Kronleuchters aus Fratta di Cortona, 4. Jh. v. Chr. Cortona, Museo dell'Accademia Etrusca

Das Valdichiana in Richtung des Trasimenischen Sees

Das östliche Etrurien war in der Antike geprägt durch das Aufeinandertreffen dreier Flusstäler, das von Arno, Tiber und *Clanis*, dem heutigen Chiana. Er mündete vor der Trockenlegung in der Zeit des Großherzogtums über den Paglia in den Tiber. Jenseits des großen Beckens des Trasimenischen Sees lag Perugia in geringer Entfernung vom Tiber, der seit jeher die natürliche Grenze zwischen den Etruskern und den anderen italischen Volksstämmen war. Zudem verbanden die Verkehrswege längs den Flusstälern das südliche Etrurien – und dadurch auch die Küstenstädte – mit dem nördlichen Etrurien und der Emilia. Cortona und Arezzo liegen an einer dieser Straßen wie auch Castiglion Fiorentino, das ein Knotenpunkt nicht nur auf der Nord-Süd-, sondern auch auf der Ost-West-Achse war, d. h. zwischen Adriatischem Meer und Tibertal.

Das fruchtbare Gebiet war von etruskischen Siedlungen und Heiligtümern auf dem Land bis zum Casentino und der Quelle des Arno übersät. Man fand sehr viele Weihgaben aus etruskischer, umbrischer und griechischer Herstellung im Gebiet eines antiken kleinen Sees, der deswegen als „See der Idole" umbenannt wurde.

Der „Krieger des Falterona", 420-400 v. Chr. London, British Museum

Cortona

Die antike Stadt lag an derselben Stelle wie der spätere Ort des Mittelalters und der Renaissance auf einem Ausläufer des Berges Sant'Egidio, mitten im fruchtbaren Chiana-Tal und in ca. 10 km Entfernung vom Nordufer des Trasimenischen Sees. Nicht sehr klar sind die Ursprünge Cortonas, die üblichen Legenden schreiben die Gründung den Pelasgern oder dem Erichthonios zu, dem Sohn des Dardanos, des mythischen Vorfahren des Äneas.

Spärlich sind auch die antiken Quellen: Sie nennen die von der Stadt zusammen mit Arezzo und Perugia erfahrene Niederlage durch die Römer (310 v. Chr.), infolge derer sie einen dreißig Jahre währenden Waffenstillstand erreichten. Cortona wird dann wieder aufgrund der Schlacht am Trasimenischen See zwischen Hannibal und den Römern (217 v. Chr.) erwähnt, während es in der Auflistung der Etrusker-Städte, die für Scipios Expedition gegen Karthago Hilfe zusagten, nicht vorkommt.

Die reiche Blüte in der orientalisierenden Zeit (7. Jh. v. Chr.) wird weitgehend von den großen Tumuli (örtlich „meloni" genannt) bezeugt, die am Fuße des Hügels, wo der Wohnort liegt,

Zwei Abbildungen des Podium-Altars des Sodo-Tumulus II, 580-560 v. Chr.

Das Grab, das „Tanella des Pythagoras" genannt wird, 2. Jh. v. Chr.

Urne aus dem Grab A des Tumulus von Camucia bei Cortona, Ende 7. Jh. v. Chr. Cortona, Museo della Città Etrusca e Romana

sichtbar sind. Spektakulär ist der große „Melone II del Sodo", wo zu verschiedenen Zeiten zwei leider geplünderte Kammergräber ans Licht kamen. Das erste hat einen langen *dromos* (Korridor) mit zwei Vorräumen, die zu sieben Zellen führen, von denen sechs seitlich und eine am Ende liegen. Das zweite Grab mit viereckigem Grundriss aus späterer Zeit enthielt Erdbestattungen in Sarkophagen und Aschenurnen aus Stein. Von den reichen Grabbeigaben blieb nur eine Sammlung von Goldschmuck erhalten, die zum Glück nicht geraubt wurde. Die Bedeutung dieses Tumulus liegt hauptsächlich in dem großen „Terrassen-Altar", der in seiner Art einzigartig ist: als Zugang diente eine Treppe, die ursprünglich von einem Dach aus Holz und Ziegeln bedeckt und mit architektonischen Platten geschmückt war. Außergewöhnlich ist die Brüstung mit Doppel-Voluten und bildhaue-

Bronzener Kronleuchter aus Fratta di Cortona, 4. Jh. v. Chr. Cortona, Museo dell'Accademia Etrusca

„Platte der weinenden Frauen", steinernes Totenbett aus dem Grab A des Tumulus von Camucia bei Cortona, zweite Hälfte des 6. Jh. v. Chr. Cortona, Museo della Città Etrusca e Romana

rischen Elementen an der Basis, die einen Krieger im Kampf mit einer Bestie darstellen. In ca. 300 m Entfernung liegt das andere Grabmonument, bekannt als „Melone I del Sodo" mit einem großen Sippengrab für mehrere Generationen, wie eine etruskische Inschrift erklärt, die auf einen Architrav aus jüngerer Zeit eingehauen ist. Darin wird ein Mitglied der Familie *Mefana* erwähnt, die wahrscheinlich aus Umbrien stammte. Einem anderen „Fürsten" gehörte der „Melone di Camucìa"; auch diese Bestattung gliedert sich in zwei große Kammergräber. Die prächtige Ausstattung enthielt eine Gebeinurne aus Bronze, zahlreiches Geschirr und ein Totenbett, auf dessen Vorderseite in Trauer kniende Frauen eingemeißelt sind. Die anderen Gräber in der Nähe der Stadt, die „Tanella di Pitagora" und die „Tanella Angori", sind aus späterer Zeit (2. Jh. v. Chr.) und haben Grabkammern aus Steinblöcken und Tonnengewölbe.

Von der antiken Stadt sind heute eindrucksvolle Mauerabschnitte aus großen Felsblöcken und wenige andere Gebäudereste erhalten. Vom nahen Ortsteil Fratta stammt der berühmte, vielleicht aus einem Heiligtum stammende Bronzeleuchter (4. Jh. v. Chr.), der im örtlichen Museo dell'Accademia Etrusca ausgestellt ist. Er zeigt eine komplexe Verzierung mit Figuren von Harpyien im Wechsel mit Satyrn und in der Mitte ein großes Gorgonenhaupt von sehr feiner Ausführung. Ein vor kurzem gemachter Fund ist eine Bronzetafel, die sogenannte *Tabula Cortonensis* (Ende 3./Anf. 2. Jh. v. Chr.) mit einer langen Inschrift auf Etruskisch über eine Grundstücksübertragung bei Cortona.

Oben, Bronzefigur des *Tinia* mit Blitz, aus Firenzuola, 5. Jh. v. Chr.; darunter, Bronzefigur einer geflügelten Gottheit, 6. Jh. v. Chr. Cortona, Museo dell'Accademia Etrusca

Doppelgesichtige Statuette des *Culsans* mit Inschrift aus dem Heiligtum Porta Bifora von Cortona, erste Hälfte des 3. Jh. v. Chr. Cortona, Museo dell'Accademia Etrusca

Castiglion Fiorentino

Zwischen Cortona und Arezzo, im Inneren des imposanten Bollwerks von Castiglion Fiorentino, wurden vor kurzem beträchtliche Reste eines etruskischen Wohnorts aus archaischer Zeit identifiziert, wahrscheinlich mit Kontrollfunktionen über das darunter liegende Tal des *Clanis*. Die archäologischen Daten weisen auf eine Besiedlung der Stätte schon in prähistorischer Zeit hin, aber erst in spätarchaischer Zeit dokumentieren die Zeugnisse die Existenz eines Heiligtums, das mit architektonischen Platten und einem aufgemalten Gorgonenhaupt geschmückt war und von Ende 5./Anfang 4. Jh. v. Chr. stammte. Der Sakralbau wurde dann im 2. Jh. v. Chr. wieder benutzt; aus jener Zeit stammen auch einige Reliefplatten mit Blumenmustern und Keramikfragmenten. In hellenistischer Zeit wurde der kleine Wohnort mit starken Wehrmauern versehen.

Arezzo

Arezzo liegt auf einem bescheidenen Hügel, wo das fruchtbare Chiana-Tal auf das bergige Casentino trifft. Es verdankt seine Entstehung als Stadt der günstigen geographischen Position, ein obligatorischer Durchgangspunkt für die Verbindungen mit der Emilia-Romagna und der Poebene im Norden und dem Tibertal im Osten. Der antike Wohnort, von dem nur schwache Spuren einer Stadtmauer ungewissen Datums erhalten blieben, lag im Gebiet, das heute zwischen der Fortezza Medicea und dem Dom liegt, und gründete seine wirtschaftliche Existenz auf die Landbestellung in der darunter liegenden Ebene. Der Ort bildete sich wahrscheinlich in der zweiten Hälfte des 6. Jh. v. Chr., wie Funde aus der Nekropole Poggio al Sole bezeugen, wo Kasten- und Grubengräber mit Figuren aus Keramik und Bronze sowie Goldschmuck ans Licht kamen. Zur gleichen Zeit bildete sich auch das Votivdepot von Fonte Veneziana, das Bronzestatuetten enthielt, die *kouroi* und *korai* darstellen. Architektonische Terrakotten von bedeutendem

Bronzene Votivfiguren aus Arezzo, 7. und 6. Jh. v. Chr. Arezzo, Museo Archeologico Nazionale

Gegenüber, die *Chimäre* von Arezzo, 400-350 v. Chr. Florenz, Museo Archeologico

Verkleidungsplatten mit Kriegern von der Piazza San Jacopo in Arezzo, Anfang 5. Jh. v. Chr. Arezzo, Museo Archeologico Nazionale

figürlichem Können und hoher Qualität stammen von der Piazza San Jacopo, dem Sitz eines Heiligtums im 5. Jh. v. Chr. Beim Bollwerk der Porta San Lorentino kam eine sehr bedeutende Votivgabe aus Bronze zum Vorschein. Aus dieser Zone stammt die berühmte Skulptur der *Chimäre*, ein Meisterwerk der etruskischen Bronzekunst des 4. Jh. v. Chr., das Mitte des 16. Jh. während des Mauerbaus auftauchte.

Im 4. Jh. v. Chr. erfahren wir aus den Quellen, dass Arezzo von starken sozialen Spannungen erschüttert wurde. Sie entsprangen dem Druck jener Unterschicht, die in den Keramikmanufakturen und Metallwerkstätten arbeitete und an der Regierung der Stadt teilnehmen wollte, die jedoch in der Hand einer kleinen Adelsschicht lag. Die Unruhen entluden sich in Revolten, von denen die erste durch das Eingreifen des *Aule Spurinna* aus Tarquinia (358 v. Chr.), die zweite gegen die reiche Familie *Cilnii* von den römischen Truppen (302 v. Chr.) erstickt wurde.

Der militärische Druck der Römer auf die Städte Etruriens zu Anfang des 3. Jh. v. Chr. betraf auch Arezzo, das gezwungen wurde, einen schweren Tribut für den Waffenstillstand zu zahlen; dies führte jedoch nicht zu seinem wirtschaftlichen Verfall; im Gegenteil, zu Ende des Jahrhunderts zeigte es sich weiterhin als blühende Stadt, die in der Lage war, einenhohen Beitrag an Scipios Expedition gegen

Zwei Vasen aus der typischen Produktion von Arezzo mit korallenroter Farbe, 1. Jh. n. Chr. Arezzo, Museo Archeologico Nazionale

Gegenüber, Votivkopf aus dem Depot der Via della Società Operaia in Arezzo, 2. -1. Jh. v. Chr. Arezzo, Museo Archeologico Nazionale

Abschnitte des ersten Mauerrings aus Stein, 5. Jh. v. Chr.

Ansicht des Amphitheaters, 1. Jh. n. Chr.

Karthago zu liefern. Auch in den folgenden Jahrzehnten blieb die Stadt trotz einiger Sklavenaufstände, die Nordetrurien zwischen 196 und 186 v. Chr. erschütterten, vital; dies aufgrund der privilegierten Beziehungen, die sie mit Rom zu unterhalten wusste. Zeugnis dafür sind die reichen Dekorationen aus Terrakotta aus den Sakralbauten von Catona und Santacroce sowie das besonders reichhaltige Votivdepot der Via della Società Operaia. In eine Zeit offensichtlichen Baueifers fällt auch der Bau des Sanktuariums von Castelsecco, sichtbar auf dem Hügel San Cornelio 3 km von der Stadt entfernt. Mit ihm stand ein Theater mit eigenem szenischen Gebäude und Terrakotta-Dekorationen in Zusammenhang, wo etruskische Tragödien aufgeführt wurden, die der römische Autor Varro erwähnt, und vielleicht auch griechische Tragödien.

Durch die Verwicklung Arezzos in den Bürgerkrieg, in dem es sich wie die anderen etruskischen Städte auf die Seite des Marius schlug, kam es zur Unterdrückung durch Sulla und zur Gründung einer Kolonie seiner Veteranen, *Arretini fidentiores* genannt.

duktion von Schwarzlackkeramik hielt sich über das ganze 2. Jh. v. Chr. und das folgende Jahrhundert, aber gegen Ende des 1. Jh. v. Chr. sollte die Stadt ihren Ruhm an wertvolles Tischgeschirr binden. Es war glatt oder im Relief verziert und mit einer glänzenden, korallenroten Farbe bemalt. Hergestellt wurde es in zahlreichen Werkstätten, die ihre Produkte (seit 15 n. Chr.) mit der Marke in Form eines kleinen menschlichen Fußes kennzeichneten, auf dem der Name des Herstellers stand. Diese große Produktion, die sich im ganzen Römischen Reich schnell verbreiten sollte und die mit einer starken urbanistischen Expansion in der Augusteischen Zeit zusammenhing, war wahrscheinlich mit der Figur des *Maecenas* verbunden. Der adlige Bürger aus Arezzo, ein Nachkomme der Adelsfamilie *Cilnii*, wurde zum Freund und Berater des Augustus, der ihn in einem von Seneca erwähnten Brief in Bezug auf seine Stadt und die wertvolle Keramikproduktion nennt.

Vom römischen Arezzo, das noch im 1. Jh. n. Chr. blühte, sind die eindrucksvollen Reste des Amphitheaters erhalten, das bis zu 8.000 Zuschauer aufnehmen konnte.

Pieve a Socana

Pfarrkirche von Sant'Antonino, im Vordergrund Überreste des etruskischen Heiligtums aus dem 5. Jh. v. Chr.

Große Steinscheibe mit Weihinschrift an die Sonne aus dem etruskischen Heiligtum von Pieve a Socana, 5. Jh. v. Chr. Arezzo, Museo Archeologico Nazionale

Reste eines etruskischen Heiligtums kamen bei der mittelalterlichen Kirche Sant'Antonino in Pieve a Socana als Zeugnis der anhaltenden Frequentation dieses heiligen Ortes ans Licht. Vom antiken Sanktuarium, das eine entgegengesetzte Orientierung als die der christlichen Kirche hatte, wurden ein großer Opferaltar und eine Zugangstreppe entdeckt. Das Gebäude war mit Terrakotten aus dem 5. Jh. v. Chr. geschmückt, und aus derselben Zeit stammen auch einige kleine Altäre und große Steinscheiben mit Widmungen an die Sonne. Es wurde dann im 2. Jh. v. Chr. wiederum ausgeschmückt, wie einige Stirnziegel aus Terrakotta zeigen, und musste den religiösen Bedürfnissen der Landbevölkerung und der Reisenden gedient haben, die den wichtigen Weg rechts des Arno in Richtung des Monte Falterona nahmen. Der Bedeutungsverlust dieser Straße führte auch zu einem schnellen Verfall des Heiligtums, das zu Anfang des 1. Jh. v. Chr. verlassen wurde.

Perugia

Die Quellen nennen eine Vielzahl von Hypothesen, was den Ursprung Perugias angeht, der dem umbrischen Volksstamm der Sarsinaten, den *Achei*, die vom Krieg aus Troja zurückkamen, oder dem *Auleste*, Vater oder Bruder des *Ocnus*, des mythischen Gründers von Bologna und Mantua, zugeschrieben wird; Letztere Hypothese würde auf die Rolle der Städte Nordetruriens bei der etruskischen Kolonisierung der Poebene anspielen. Das Alter der Niederlassung von Perugia wird jedenfalls von Funden aus der Eisenzeit in der Palazzone-Nekropole bezeugt.
Die strategische Position am Zusammentreffen der Verbindungsstraßen des oberen Tibertals mit dem umbrischen Tal trug zur Entwicklung der Stadt bei. Sie konnte ihren Einflussbereich auf ein weites Territorium ausweiten, das Ackerbau, im Besonderen den Anbau von Getreide betrieb. Titus Livius zufolge genoss Perugia Ende des 4. Jh. v. Chr. eine besonders prestigevolle Rolle innerhalb des etruskischen Bundes und lieferte gerade bei den Gefechten

Schale, die der Gruppe der „Kleinen Meister" zugeschrieben wird, aus dem Grab 19 der Palazzone-Nekropole bei Perugia, zweite Hälfte des 6. Jh. v. Chr. Perugia, Museo Archeologico

Bau der Stadtmauern zusammen. Zu verschiedenen Zeiten kamen einige Abschnitte des Straßenpflasters und Gebäudeteile der römischen Stadt ans Licht.
Besser bekannt sind die Nekropolen, die schon für die Eisenzeit sichere Zeugnisse lieferten, besonders die große Palazzone-Nekropole, wo man reichhaltige Gräber mit attischem Geschirr und Bucchero-Keramik ent-

Detail der Porta Marzia, zweite Hälfte des 3. Jh. v. Chr.

Amphore aus dem Grab 172 der Palazzone-Nekropole bei Perugia. Perugia, Museo Archeologico

gegen die Römer zusammen mit Orvieto ein beträchtliches militärisches Kontingent. Die Niederlage 295 v. Chr. in der Schlacht von Sentino kostete Perugia wie auch den anderen Städten des internen Nordetrurien einen hohen Tribut. Nach 90 v. Chr. wurde es römisches *municipium* und der *tribus Tromentina* zugeteilt; ein halbes Jahrhundert später wurde es wegen der Aufnahme von Lucius, dem Bruder des Marcus Antonius, von Oktavian Augustus belagert, erobert und in Brand gesetzt (40 v. Chr.). Es sollte dann wieder aufgebaut und *Augusta Perusia* genannt werden.
Von der antiken Stadt sind aufgrund des Fortbestehens im Mittelalter und in der Moderne ein Teil der ca. 3 km langen Stadtmauer aus Travertin-Blöcken sowie zwei monumentale Tore erhalten geblieben, die beide aus der zweiten Hälfte des 3. Jh. v. Chr. stammen. Die Porta Marzia, die in die Rocca Paolina eingegliedert ist, ist mit Büsten des Zeus und der Dioskuren sowie mit Pferdeköpfen und dem Haupt des Augustus verziert. Sie wird von zwei Türmen aus römischer Zeit flankiert und hat dazwischen einen Rundbogen, der oben mit Schilden und Lisenen geschmückt ist. Wahrscheinlich hängt auch der Sorbello-Brunnen (vor kurzem restauriert und zu besichtigen) mit seiner Verkleidung aus Travertin-Blöcken mit dem

deckte. Hier kann man auch das monumentale Hypogäum der Familie *Velimna-Volumni* mit Bestattungen sehen, die aus dem 2. bis 1. Jh. v. Chr. stammen. Das Grab, eines der interessantesten der spätetruskischen Zeit, besteht aus einem zentralen Vorraum, auf den sich vier Zellen öffnen, und einem Korridor am Ende, der zu weiteren drei Grabkammern führt. Es ist ein schönes Beispiel für das Innere eines Hauses aus hellenistischer Zeit: Der Vorraum hat ein Regendach mit realistischen Hinweisen auf den Holzdachstuhl und den Rückgiebel, der mit einem Emblem zwischen zwei Köpfen reliefartig verziert ist. In der zentralen Kammer mit einem Gorgonenhaupt an der Decke lagen die älteren Bestattungen in besonders eleganten Aschenurnen. Die des Stammvaters *Arnth Velimnes,* eines wichtigen

Inneres des Hypogäums der *Volumni* in der Palazzone-Nekropole, 2. Jh. v. Chr.

Zwei Enden des Sarkophags aus der Sperandio-Nekropole, Perugia, Anfang 5. Jh. v. Chr. Perugia, Museo Archeologico

Magistrats im Perugia des 2. Jh. v. Chr., ist besonders prächtig: die Figur des Verstorbenen ist liegend auf dem Deckel abgebildet, der von zwei geflügelten Dämonen (*lase*) gestützt wird, die eine bemalte Scheintür beschützen. Sehr reich sind auch die in der Sperandio-Nekropole entdeckten Gräber, aus der der berühmte Sarkophag aus „pietra fetida" (Museo Archeologico, Perugia) stammt. Auf ihm ist eine Prozession dargestellt, deren Bedeutung unterschiedlich interpretiert wird: Rückkehr von einer Militäraktion, Völkermigration nach Perugia oder Abreise eines Oberhauptes in die Poebene. Monumental erscheint das Grab von San Manno, das der Familie *Precu* gehörte. Dies besagt eine Inschrift auf dem Eingang einer der seitlichen Zellen mit Tonnengewölbe aus Travertin-Blöcken. Das Grab der *Cai Cutu*, das man im Ortsteil Monteluce noch vollständig und mit Grundriss in Kreuzform entdeckte, wurde im Archäologischen Museum rekonstruiert. Es enthielt 50 Urnen, einige von schöner Machart, und einen Sarkophag, die alle aus einer großen Zeitspanne vom 3. bis 1. Jh. v. Chr. stammen.

Todi

Goldene Ohrringe aus der Peschiera-Nekropole bei Todi, Anfang 3. Jh. v. Chr. Rom, Museo Nazionale Etrusco di Villa Giulia

Todi liegt auf einem Plateau zwischen dem Tiber und den Bächen Naia und Rio; eine geeignete Position, um eine Kontrollfunktion über die wichtige Wasserstraße und den Verkehrsweg, der nach Orvieto führte, auszuüben. Der etruskische Name dieser antiken umbrischen Stadt *Tutere* (*tute*=Grenze) würde genau auf diese geographische Grenzelage anspielen, wie schon die antiken Quellen andeuten. Die Stadt trat im 5. Jh. v. Chr. in die politische Sphäre der Etrusker ein, als sie zwei Jahrhunderte lang eine große wirtschaftliche Blüte erfuhr, sodass sie sogar eigenes Geld mit der Aufschrift *Tuter* prägte. Aus dieser Zeit stammen die Gräber der Peschiera-Nekropole mit großen Mengen an wertvollen Bronzeobjekten, Goldschmuck sowie griechischer und etruskischer Figurenkeramik. Auf das 4. Jh. v. Chr. datiert die Votivgabe des vor der Stadt liegenden Heiligtums von Monte Santo, wo man die berühmte Bronzestatue fand, die als *Mars von Todi* bekannt ist und in den Vatikanischen Museen ausgestellt ist. Die Blüte Todis ist bis zum 3. Jh. v. Chr. gut bezeugt, bis es zu einem Teil des römischen Dominiums wurde. (G.P.)

Gegenüber, der *Mars von Todi*, Anfang 4. Jh. v. Chr. Vatikan, Museo Gregoriano Etrusco

Die *Tabula Cortonensis* und das Bodenrecht

Die Bronzetafel wurde vor einigen Jahren in Cortona gefunden und befindet sich heute im Museum des Palazzo Casali. Es handelt sich um eines der wichtigsten Fundstücke mit epigraphischem Inhalt, das fundamental für die Kenntnis der Sprache und des Rechts in Etrurien ist: mit seinen 40 Zeilen und 206 Wörten ist es bis heute der drittlängste Text auf Etruskisch, nach dem *Buch von Zagreb* mit einer auf Leinwand geschriebenen Auflistung von Riten und nach der *Tontafel von Capua*, auf dem ein Kalender mit Feiertagen eingeritzt ist.
Die *tabula* ist ein rechteckige Tafel von etwa 50 cm Höhe, die in acht Teile zerbrochen ist, von denen nur sieben erhalten sind; sie ist auf der Vorderseite vollständig beschrieben, auf der Rückseite nur zum Teil. Das Objekt hatte ursprünglich zwei Zapfen, um die es sich offensichtlich drehen konnte, um auf beiden Seiten gelesen zu werden. Es wurde demnach lange öffentlich ausgestellt, wie auch die konsistente antike Patina zeigt, die sich vor dem Bruch gebildet hatte; die *tabula* zeigt einen Rechtsvertrag, der von zwei unterschiedlichen Schreibern im 3.-2. Jh. v. Chr. verfasst wurde und sich auf eine Grundstücksübereignung inklusive eines Weinbergs bezieht, die verkauft oder verpachtet wurden. Die Namen der Vertragspartner und die zahlreicher Zeugen werden dort aufgeführt, darüber hinaus Angaben von Klauseln von damals üblichen Gepflogenheiten sowie Angaben von dafür zuständigen öffentlichen Ämtern; auch interessante Hinweise auf die Orte des Ereignisses fehlen nicht.
Leider ist nicht alles, was eingeritzt wurde, erhalten, zum einen wegen des fehlenden Stückes, zum anderen auf Grund von Verkrustungen, die ein korrektes Lesen schwierig machen; trotzdem war es möglich, vollständige Übersetzungen zu versuchen; bei einer glaubt man, dass es sich um eine Grundstücksübereignung zwischen Großgrundbesitzern handelt, der Familie *Cusu*, zu der auch die Hauptperson des Kaufvertrags, *Petru Skevas*, gehört, und einer Gruppe kleiner Landbesitzer als Käufer. Ein öffentlicher Beamter hätte demnach zu den Zeugen oder „Garanten" der Transaktion gehört.
Eine weitere, von obiger Übersetzung leicht abweichende Hypothese interpretiert das gesamte Dokument als einen Vertrag, der zwischen verschiedenen Familien vor zahlreichen Zeugen nur für den Nießbrauch des Bodens abgeschlossen wurde.
Abgesehen von den Interpretationen besteht das Interesse des Fundstücks in der Fähigkeit, uns in die Welt der Grundstücksverträge einzuführen. Es ist anzunehmen, dass Dokumente dieser Art unter den ersten Anwendungen der Schrift gewesen sein müssen, die Ende des 8. Jh. v. Chr. in Etrurien eingeführt wurde; denn Stabilität und Schutz des privaten Grundstückeigentums brauchen ein dauerhaftes, objektives Pfand, was seit Jahrtausenden nur geschriebene Verträge garantieren. Es ist bemerkenswert, wie sich mit den Grundstücksverträgen in Etrurien auch die Vermessung des Geländes und die Markierung der Flurstücke mit Grenzsteinen verbreitet haben muss, was die Existenz einer komplexen Landvermessung vermuten lässt.
Mit dem Laufe der Jahrhunderte und der Zunahme der Transaktionen vermutet man daher ein beachtliches Ansteigen von Dokumenten dieser Art, und doch ist die *tabula* bis jetzt die einzige, die in Etrurien erhalten geblieben ist. Ein solch schwerer Verlust mit Konsequenzen auch für die Kenntnis des etruskischen Rechtssystems kann nicht leicht kompensiert werden.
Einige Eigenschaften des etruskischen Bodenrechts tauchen dennoch aus der Lektüre dieses Textes auf: auf der Tafel von Cortona lässt das Fehlen von Hinweisen auf die Dauer des Vertrages vermuten, dass er „lebenslange" Gültigkeit hatte oder sogar ewig und übertragbar war. Die Dauerhaftigkeit des Verhältnisses, das mit dem Vertrag der *tabula* eingeführt wurde, wurde auch von der Miteinbeziehung der Nachkommen in der Rolle von Garanten unterstrichen, was demnach für die etruskischen Rechtsvorschriften typisch war.
Tatsächlich wurden viele aufgelistete Personen von ihren Kindern und Enkeln begleitet; dies zeigt deren Vorstellung, dass die Garantie durch alle Zeiten hindurch übertragen werden und somit unvergänglich sein sollte.

Steinstele von Perugia, 3.–2. Jh. v. Chr. Perugia, Museo Archeologico

Gegenüber, die *Tabula Cortonensis*, 3.–2. Jh. v. Chr. Cortona, Museo della Città Etrusca e Romana

Die Rechtmäßigkeit des Vertrages von Cortona wurde außerdem von einigen Beauftragten überwacht, die in der Inschrift erwähnt werden, wahrscheinlich Landvermesser, die sich um die Überprüfung der vorgenommenen Vermessungen kümmerten, um Manipulation zu verhindern; auch die Ausdehnung des Vertrages auf gut vier Kopien durch ein Büro, *sparza sazle* genannt, war vorgeschrieben. Gerade der Text von Cortona enthält einen außergewöhnlichen Hinweis auf die gesammte etruskische Rechtsordnung in den Worten, die die „Lehre des Tarchie" erwähnen. Diese Figur wurde auf Grund der etruskischen Ikonographie, in der sie auftaucht, mit dem mythischen *Tages* der lateinischen Literatur identifiziert, dem göttlichen Kind, das aus der Erde von Tarquinia erschienen war und den Menschen die Grundlagen der *Etrusca Disciplina*, der religiösen und rechtlichen Gebote, diktiert hatte.
Diese religiöse Eigenschaft des etruskischen Rechts prägt auch den Text des *Cippo von Perugia*, der als ein Schiedsspruch zwischen den Familien der *Velthina* und der *Afuna* von Perugia betrachtet werden kann, und zwar in Bezug auf einen Streit über Grundstücksgrenzen. Auch hier scheint das menschliche Recht unlösbar mit dem göttlichen Recht verbunden, und der Eid bedeutet eine wichtige Verpflichtung vor den Augen der Menschen und der Götter auf der Grundlage des „etruskischen Rechts" *(tesna rasna)*, das ausdrücklich auf dem Grenzstein erwähnt wird. (M.M.)

DAS GEBIET VON VOLTERRA

Die Toskana im Mittelwesten, die von den Hängen rund um Volterra zur Küste zwischen Pisa und Populonia hin abfällt, ist heute ein Gebiet von großem landschaftlichen Charme, sah in der Vergangenheit aber völlig anders aus. Auch wenn das Binnenland heute einer öden Mondlandschaft gleicht, war es doch einst reich an Pflanzen und Wäldern, und die Küste, die sehr viel weiter zurück lag, war übersät von Dünen und Salzlagunen.

In dieser Landschaft bewegten sich die ältesten Bewohner dieses Gebiets, die im unteren und mittleren Paläolithikum die bescheidenen Anhöhen hinter Livorno und das mittlere und untere Flusstal des Cecina bewohnten. Die menschlichen Gruppen des Neolithikum zogen hingegen die feuchten Zonen in der Ebene vor, die für Landwirtschaft und Viehzucht besser geeignet waren. Aber auch die Hügel und Gebiete weiter im Landesinneren waren beliebt: hier kamen Funde ans Licht, die heute zum Teil im Archäologischen Museum von Cecina ausgestellt sind. Auf die Kupferzeit gehen auch die Gräber zurück, die im Bezirk von Volterra und im Territorium von Livorno entdeckt wurden, während bei San Vincenzo ein Gebiet für die Metallbearbeitung ans Licht kam. Von der alten Bronzezeit bis zu ihrer letzten Phase bezeugen verschiedene Funde weiterhin die Zentralität dieser Zone für die Verbreitung von Metallgegenständen.

Auf das Ende der Bronzezeit gehen die Fundorte der Fortezza Medìcea in Livorno und von Collesalvetti zurück. Der erste Fund ist das Ergebnis neuerer Forschungen im Inneren zweier unterirdischer Räume in der Fortezza von Livorno: hier wurden die Fundamente von mindestens drei Hütten entdeckt. Sehr viel ausgedehnter ist die Stätte bei Pratini dell'Argin Grosso im Gemeindebezirk von Collesalvetti, wo im Lauf von Bauarbeiten eine Wohnstätte (Mitte 11. Jh. v. Chr.) ans Licht kam. Es handelt sich um eine Pfahlbausiedlung, da dieser Ort ursprünglich an den Ufern einer Salzwasserlagune lag. Der obere Teil der Behausungen ging leider komplett verloren, es blieben aber Fundstücke aus dem Wohnbereich erhalten wie Kochstellen und Feuerböcke, Gewichte für den Webstuhl zum Spinnen und Weben und Reste der Land- und Wasserfauna als Zeugen der einstigen Ernährung. Einige Perlen aus blauer und türkisfarbener Glaspaste zeugen von Kontakten auch mit fernen Städten.

Eine Ansicht der Felsabstürze („balze") von Volterra

Gegenüber, das Inghirami-Grab von Volterra, 2. Jh. v. Chr., rekonstruiert im Garten des Museo Archeologico in Florenz

Die Ursprünge Volterras

Mit dem Beginn der Eisenzeit ist Volterra das dichteste Wohngebiet, wo schon seit dem 9. Jh. v. Chr. einige Nekropolen mit Schachtgräbern der Villanova-Kultur dokumentiert sind. Auf sie folgten im 8. Jh. v. Chr. weitere Bestattungen des gleichen Typs. Diese Grabbeigaben enthielten nun auch Metallgegenstände – Lanzenspitzen, Armreife, Broschen, Rasiermesser, Ketten und Anhänger –, die den Metallreichtum des Gebiets belegen. Die Bestattungszone wurde auch im darauf folgenden Jahrhundert mit Schachtgräbern genutzt, bei denen ein Tonkrug die Funktion als Behälter für die Beigaben und den Toten erfüllte.

Rekonstruktion des Grabes Q1 der Nekropole Le Ripaie bei Volterra, zweite Hälfte des 7. Jh. v. Chr. Volterra, Museo Etrusco Guarnacci

Krug mit Schnurschmuck aus einem orientalisierenden Grab, zweite Hälfte des 7. Jh. v. Chr. Volterra, Museo Etrusco Guarnacci

Manchmal bestand das Grab aus einer kleinen Kammer von übereinander platzierten Steinplatten, ein Vorläufer des bald darauf folgenden Kammergrabes. Diese Gräber, die auffallende Ähnlichkeit mit denen des Umlands von Florenz zeigen, stehen mit einem nahen Wohnort, vielleicht Castello auf der Akropolis, in Zusammenhang. Hier ist es möglich, dass sich schon zu Ende des 7. Jh. v. Chr. ein Kultbau erhob, von dem Reste des Fußbodens, des Pfahlwerks und eine Bronzefigur erhalten sind.

Auf der Anhöhe Volterras entstanden in der Villanova-Zeit aber auch andere Wohnorte, und zwar aufgrund natürlicher Erdterrassen und einer Fernsicht, bei der man die Täler des Cecina, der Elsa und der Era sowie das untere Arno-Tal bis nach Pisa kontrollieren konnte. Verschiedene kleinere Siedlungen der Villanova-Kultur entstanden im 8. Jh. v. Chr. auf der ganzen Hochebene; ihre Gräber enthielten interessante Beigaben, die im örtlichen Guarnacci-Museum ausgestellt sind und eine starke Kontinuität in der Tradition der Villanova-Kultur vom 9. bis 7. Jh. v. Chr. bezeugen.

Die Verdichtung der Bestattungen in Volterras Nekropolen während des letzten Viertels des 8. Jh. v. Chr. zeigt, wie die Zunahme der Bevölkerung schon eine Überfüllung erzeugt hatte. Von jenem Moment an entstanden in einem Zeitraum von wenigen Jahrzehnten fächerartig zahlreiche kleinere Siedlungen rund um die Stadt als Folge eines Ausfalls großer Familienclans aus der „Mutterstadt“ zum externen Gelände hin, das bis zu jenem Zeitpunkt wenig bewohnt war.

Vada

Das antike Vada, das wenig nördlich der Flussmündung des Cecina an der Küste lag, war schon im 9. Jh. v. Chr. aktiv. Im Gebiet von *Vada Volaterrana*, das in römischer Zeit Volterras Hafen war und heute der Ortsteil San Gaetano ist, kam ein Hüttendorf aus der frühen Eisenzeit ans Licht. Mit den Gebäuderesten sind auch Spuren jener Umgebung gesichert worden, in der der Ort einst lag: ein mit Meerwasser gefüllter Binnensee ähnlich jenen Seen, an denen die Siedlungen der oberen tyrrhenischen Küste entstanden. Die etruskische Präsenz in Vada wird von anderen Funden und Siedlungsspuren auch für die darauf folgenden Jahrhunderte bezeugt. Mit der römischen Epoche erhält der Hafen von *Vada Volaterrana* eine Bedeutung, die sich bis Ende des 6.-7. Jh. n. Chr. erhalten sollte. Davon zeugen im Boden die Reste der „Großen Thermen", der „Kleinen Thermen", der *horrea* (Warenlager), vermutlich des *macellum* (Markt), der *schola* (Gemeinschaftssitz) und des monumentalen Brunnens. Heute kann man alle Bauten auf dem archäologischen Areal von San Gaetano bei Vada besichtigen.
Die Objekte aus dem Hafenviertel sind im Archäologischen Museum von Rosignano Marittimo zusammen mit dem Material der Ur- und Frühgeschichte, den etruskisch-hellenistischen Grabbeigaben von Castiglioncello, den Beigaben aus den Gräbern von Pian dei Lupi und den Unterwasserfunden ausgestellt.

Das Territorium von Volterra und der Ort Casale Marittimo

Urne von Montescudaio mit Szene eines Banketts, Mitte 7. Jh. v. Chr. Cecina, Museo Archeologico

Inneres der „Tomba Sud" des Tumulus von Montecalvario bei Castellina in Chianti, 7. Jh. v. Chr.

Auch das große Territorium von Volterra zum Binnenland hin, das schon in der frühen Eisenzeit besiedelt war, erfuhr vom 8.-7. Jh. v. Chr. einige Umwandlungen. Bei einigen Orten, die die Verbindungen zum etruskischen Binnenland oder den Apenninpässen kontrollierten, kamen Hügelgräber wie das von Montecalvario bei Castellina in Chianti oder Nekropolen wie die von Casone bei Monteriggioni zum Vorschein, die in Umfang und Reichtum zum 7. Jh. v. Chr. hin angewachsen waren. Auf diesen Moment datieren die Kammergräber, die reiche Grabbeigaben mit wertvollem Material aus Bucchero und Metall sowie Produkte mit orientalischem Einfluss enthielten. Auf der Westseite des Gebiets von Volterra zeugen Gräbergruppen seit Ende des 8. Jh. v. Chr. von Siedlungen in Pomarance, Cerreta, Totolla und in Guardistallo; aus Montescudaio kommt die berühmte Aschenurne aus Impasto-Masse aus der ersten Hälfte des 7. Jh. v. Chr., die heute im Archäologischen Museum von Cecina ausgestellt ist. Es handelt sich um eine doppelkegelförmige Vase der Villanova-Kultur, die mit Swastiken im Relief verziert ist

Bronzeschild, dreibeiniges Metalltischchen und Axt aus dem Grab A von Casale Marittimo, 8.-7. Jh. v. Chr. Cecina, Museo Archeologico

und deren Henkel eine menschliche Figur im Moment der Klage trägt; der schalenförmige Deckel zeigt die Szene eines Banketts, bei dem eine ranghohe Person – zweifellos der Verstorbene selbst – auf einem Hocker an einem dreibeinigen Tisch sitzt, der mit Speisen gedeckt ist; vielleicht wird er von einer weiblichen Figur an seiner Seite bedient. Auf der anderen Seite des Tisches finden zwei Krater für den Wein ihren Platz. Dieses Fundstück zeugt vom symbolischen Wert des Banketts als Zeichen von Wohlstand und dokumentiert den Brauch, die Mahlzeiten im Sitzen einzunehmen; erst seit dem 6. Jh. v. Chr. würde man „nach griechischem Stil" im Liegen tafeln, wobei man auf einer *kline* lag.

Aber die außergewöhnlichsten archäologischen Entdeckungen machte man bei Casale Marittimo, wo man die Nekropole von Casa Nocera mit Gräbern fand, die von Ende 8. Jh. bis Anfang 6. Jh. v. Chr. stammen und deren Funde in den Sälen des Archäologischen Museums von Cecina ausgestellt sind. Das Grab A dieses Areals, das aus einem einfachen quadratischen Steinkasten bestand, enthielt einen Tonkrug, der von einem Schild aus Bronzeblech bedeckt wurde. Die Urne aus Bronze wurde von einer Schale aus Silber bedeckt und enthielt die Gebeine des Verstorbenen zusammen mit seinem persönlichen Schmuck – nach einem Ritual, das auch die homerische Dichtung kannte – in einem Leintuch. Andere Luxusobjekte begleiteten die Überreste des Stammvaters dieser *gens*, darunter ein dreibeiniger Tisch, Zubehör zum Bankett mit Tassen aus Bronze, die teils aus dem Orient kamen, und ein Gefäß, das noch eine Bienenwabe enthielt. Bei den Ausgrabungen wurden auch Reste eines Ritualmahls des Verstorbenen gefunden, darunter Trauben, Äpfel, Haselnüsse, Granatäpfel und geharzter Wein.

Die Nekropole von Casale Marittimo enthielt

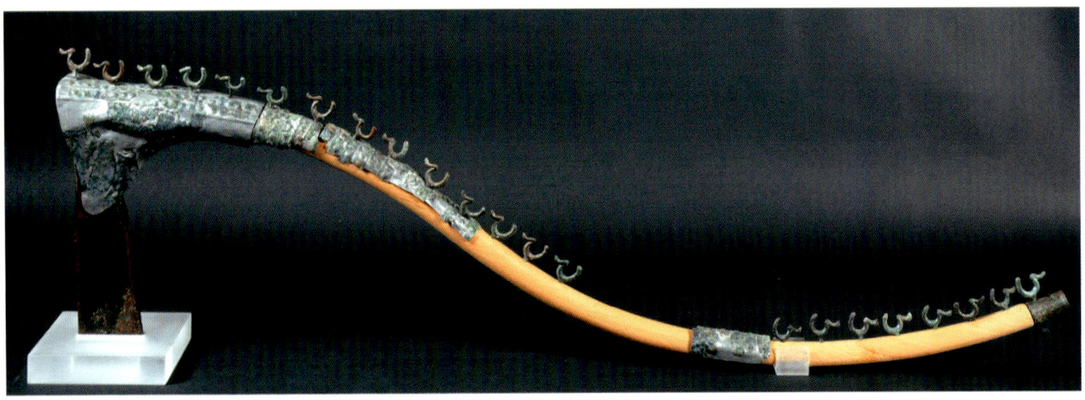

Grabskulpturen aus der Nekropole von Casale Marittimo, Mitte 7. Jh. v. Chr. Cecina, Museo Archeologico

auch eine Grube mit zwei verschiedenen, vielleicht zeitgleichen Männergräbern: bei dem reichhaltigeren der beiden kam außer einem Weihrauchgefäß, einer Tasse aus Silber und Spangen aus Gold, Silber und Bronze auch eine besondere Gruppe von drei Bronzeäxten zum Vorschein. Die Tatsache, dass diese Waffen mit einem Ring miteinander verbunden waren, der durch die Henkel aller dreier Äxte ging, lässt vermuten, dass sie ein Machtsymbol waren. Bedeutsam ist, dass auch das Nachbargrab Gebrauchswaffen enthielt (ein Messer und eine Lanze) und zwei Beile, die durch einen Ring aus Bronzedraht miteinander verbunden waren. Unter den anderen Bestattungen muss das Grab eines jungen Kriegers erwähnt werden, auf dessen Haar, das zu einem langen Zopf geflochten war, ein Blumenkranz lag. Außer Waffen und Ornamenten umfassten seine Grabbeigaben auch eine in ein Leintuch gewickelte Schale, die ein Ritualmahl aus Haselnüssen, Trauben und Granatäpfeln enthielt. Über diesem kleinen Kammergrab mussten zwei Kalkstatuen gestanden haben, die zwei junge Männer darstellten, die mit einem großen ovalen Gürtel und einem Lendenschurz bekleidet waren. Ihre Datierung auf Mitte des 7. Jh. v. Chr. macht sie zu den ältesten großdimensionalen Rundplastiken, die bisher in Etrurien gefunden wurden.

Volterra von der Archaischen Zeit bis zur Romanisierung

Abschnitt der etruskischen Mauern bei Santa Chiara

Auch wenn sich die einzelnen Ortschaften Volterras schon im 7. Jh. v. Chr. zu einer Stadt zusammenschlossen, hat man doch erst ab dem 6. Jh. v. Chr. deutliche urbane Zeugnisse wie die Wohngebiete von Piano di Castello, wo die ältesten Gebäude entstanden. Sie wurden von dem ersten kurzen, ca. 1300 m langen Mauerring um die Akropolis verteidigt, die auch aus jener Zeit stammt. Die in den Tuffstein gehauenen Kammergräber imitierten die Behausungen jener Zeit und enthielten auch wertvolle orientalische Importe. In der ersten Hälfte des 5. Jh. v. Chr. wurde dann der zweite Stadtmauerring mit einer Länge von ca. 2 km errichtet, um zehn ha Stadtgebiet aufnehmen zu können. Auf der Akropolis erhoben sich sowohl Kultbauten als auch Wohnhäuser, bei denen häufig Fundstücke aus Bucchero- und attischer Rotfigurkeramik geborgen wurden. Diese attischen Importe sind ein Zeugnis der Bedeutung der Häfen an der Küste und somit ein Beweis für die Bedeutung nicht nur von Populonia, sondern auch von Vada, durch das anscheinend jener Handel passierte, der das obere Tyrrhenium und den griechischen Hafen von *Massalia* (Marseille) zum Ziel hatte. Auf diese Märkte scheinen sich die Münzen des Schatzes von Porta Penera zu beziehen, der nicht nur lokale Münzen, sondern auch Marseiller Währung und Silbermünzen enthielt. Der Handel bestand aus den Ressourcen der Landwirtschaft und der Ausbeutung der Bodenschätze sowie der Eisenerzindustrie, die von den reichen Kupferadern im Val di Cecina schöpfte. Das wirtschaftliche Wachstum Volterras begünstigte auch eine Tendenz der Verstädterung und hatte Auswirkungen auf die soziale Zusammensetzung seiner Bewohner.

Während man die Bauten auf der Akropolis durch Ergänzung von Zisternen erneuerte, bezeugen die großen Kammergräber der Stadtnekropolen die Zunahme der Bewohner und der Mitglieder der verschiedenen Sippen. Um die Mitte des 4. Jh. v. Chr. sah das lokale Handwerk den Beginn einer erfolgreichen Produktion von Rotfigurkeramik, die ein Jahrhundert lang andauern sollte, wie die zahlreichen wertvollen Kolonnettenkrater (*kelebai*) bezeugen, die bis nach Latium, Umbrien und zur Poebene exportiert wurden und häufig schon bei ihrer Herstellung als Urnengefäße gedacht waren. Noch

Links, zwei *kelebai* aus Volterra, dem *Pygmäen-Maler* zugeschrieben, zweite Hälfte des 4. Jh. v. Chr. Colle di Val d'Elsa, Museo Archeologico

Rechts, schwarz lackierter Krater, 4.-3. Jh. v. Chr. Volterra, Museo Etrusco Guarnacci

größere Verbreitung sollte seit dem Ende des Jahrhunderts die lokale Produktion von schwarz lackiertem Geschirr finden. Diese Keramik diente dazu, das glänzende, brünierte Metall nachzuahmen und war Jahrhunderte lang an allen etruskischen Tafeln vorhanden. Es wurde in Werkstätten mit Techniken hergestellt, die immer „industrieller“ wurden und eine Verschlechterung der Qualität mit sich brachten.

Genauso wichtig und bekannt war die Produktion von Aschenurnen, Kalkstein- und Tuffsteinurnen bei den Exemplaren des 4. und 3. Jh. v. Chr. Waren die älteren Arten kastenförmig mit Deckel in Form eines Schrägdachs, so treten seit der zweiten Hälfte des 4. Jh. v. Chr. halbliegende Figuren auf dem Deckel auf, die den Verstorbenen auf ideale Weise darstellen. Später sollten auch die Kästen immer reich-

Oben, Kastenurne, 4. Jh. v. Chr.; darunter, Urne mit männlicher, halb liegender Figur, 3. Jh. v. Chr., aus dem Gebiet von Volterra. Volterra, Museo Etrusco Guarnacci

Die Porta all'Arco, 3.-2. Jh. v. Chr.

Das römische Theater von Vallebuona, Anfang 1. Jh. n. Chr.

Abschnitt des Mosaiks von dem Thermalbau bei Vallebuona, 2.-3. Jh. n. Chr.

haltiger behauen werden mit Szenen eines Mythos, eines Kampfes, einer Reise oder einer Begrüßung. Man verwendete dazu Alabaster, der in chromatischer Vielfalt bemalt wurde, wobei man sich vielleicht an die „großen" Skulpturengruppen aus Rhodos oder Pergamon inspirierte. Die ältesten Produktionen scheinen auf die Meister aus Südetrurien hinzuweisen, während in späterer Zeit möglicherweise griechische Handwerker eintrafen.

Die wirtschaftliche Entfaltung der Stadt führte in der ersten Hälfte des 3. Jh. v. Chr. zur Errichtung eines neuen Mauerrings von fast 7,5 km Länge aus Steinquadern. Diese Erweiterung des Stadtgebiets auf fast 120 ha führte in einer großen Aktion von Abbruch und Neuaufbau zur Auslöschung zahlreicher Gebäude in schon bestehenden Vororte und älterern Nekropolen. An ihrer Stelle lagen die Wohnungen der eingemeindeten Bürger und auch einige freie Zonen, wohin sich die Bewohner der umliegenden Dörfer mit ihrem Vieh und Hausrat im Notfall flüchten konnten. In diesem Mauerring öffnen sich heute noch zwei Tore, Porta Diana und Porta all'Arco; das erste hatte ursprünglich einen hölzernen Oberbau über einem Steinrahmen und führte von der größten Verkehrsachse der Stadt zu den Straßen des Elsa- und Arno-Tals. Das gleiche Aussehen musste auch die Porta all'Arco haben, die sich nach Süden hin öffnet, später aber (3.-2. Jh. v. Chr.) in der Form umgebaut wurde, wie wir sie heute sehen. Sie zeigt an der Außenseite zwei Pfeiler aus quadratischen Blöcken und wird von einem mehr als 4 m breiten Bogen überspannt, der drei menschliche Köpfe trägt. Wahrscheinlich sollten sie Schutzgötter darstellen.

Volterras Akropolis wurde in hellenistischer Epoche mit der Erbauung zweier Tempel erneuert; der ältere, im Norden erbaute Tempel geht auf das 3. Jh. v. Chr. zurück. Von ihm ist nur die Basis erhalten, bei der man aber den Grundriss mit *cella* und *alae* erkennt; davor standen zwei Reihen mit je vier Säulen. Der andere Kultbau aus dem 2. Jh. v. Chr. erhob sich auf einem hohen Podium mit Treppe und hatte das Aussehen eines griechischen Tempels sowie eine *cella*, die seit-

lich und hinten von einer Kolonnade umgeben war. Von beiden wurden Teile der Terrakotta-Platten im Inneren des heiligen Bezirks (*temenos*) gefunden.
Volterra war im Jahr 205 v. Chr. eine jener Städte, die Material zur Ausrüstung für Scipios Flotte stellten. Die Volterraner erlangten 90 v. Chr. die römische Bürgerschaft und stellten sich auf die Seite des Marius gegen Sulla. Dieser belagerte die Stadt von 80 bis 79 v. Chr., bis es zur Kapitulation, zum Verlust der Bürgerschaft und zur Umwandlung des Territoriums in *ager publicus* kam. Die schwere Krise des lokalen Adels erschütterte nicht alle etruskischen Familien: die *Caecina* – ehemals *Ceicna* – behielten eine gewisse politische und ökonomische Rolle. Dank ihrer finanzierten sie den Bau des Theaters von Vallebuona (Anf. 1. Jh. n. Chr.) und später auch den Bau eines Thermalgebäudes (2.-3. Jh. n. Chr.).

Die Spätsiedlungen

Der Familie *Caecina* wird traditionell auch die römische Villa im Archäologischen Park von San Vincenzino bei Cecina zugeschrieben. Es handelt sich um ein Gebäude, das als typisch städtische Villa entstand (30 v. Chr.). Hier wurde Öl produziert, dazu kamen später das Thermalviertel und das Sommer-*Triclinium* (2.-3. Jh. n. Chr.). Vom Leben vor Ort, das noch bis ins 5. Jh. n. Chr. andauerte, zeugen auch die Nekropole und das kleine *Antiquarium*.
Auf die hellenistische Epoche, in der Volterra in höchster Blüte stand, gehen auch verschiedene Siedlungen an der Küste zurück, darunter die von Castiglioncello und Pian dei Lupi, die im Nordwesten vielleicht Volterras Territorium begrenzten. Von beiden sind Nekropolen bekannt, die im Fall von Castiglioncello mehr als 300 Gräber enthielt, wo seit Ende des 4. Jh. v. Chr. die Toten oft mit Kriegsausrüstung als Grabbeigaben bestattet wurden. Es ist daher wahrscheinlich, dass diese Siedlung ein militärischer Vorposten von Pisa war. Der Ort erreichte im 3.-2. Jh. v. Chr. seinen Höhepunkt, ging aber Anfang des 1. Jh. durch Veränderungen im Straßennetz und im Handel unter.
Noch auf die erste Hälfte des 3. Jh. v. Chr. gehen die ältesten Gräber von Pian dei Lupi zurück, wo die Grabbeigaben ausgestellt sind. Aus diesen Gräbern stammen Tischkeramiken und wertvolle Gegenstände aus Gold und Silber, zahlreiche Waffen aus Eisen, z. B. Lanzen, Wurfspieße und Schwerter. Sie lassen auf eine notwendig gewordene Verteidigung schließen, die wahrscheinlich der Adel übernahm, dessen Einkünfte aus der Kontrolle über das Gebiet und aus dem Handel mit Wein und landwirtschaftlichen Produkten kamen.
Casole im oberen Elsa-Tal war eine wichtige Siedlung im Mittelpunkt kleinerer Orte, von denen noch Gräber erhalten sind. Sie lagen verstreut längs eines Weges, der diese Orte mit der Straße verband, die von Monteriggioni nach Volterra führte. Monteriggioni selbst bezeugt mit seiner ausgedehnten Nekropole die Vitalität dieser Orte, wo Adelsfamilien wie die der *Calisna Sepu* blühten, deren Grab vor einem Jahrhundert entdeckt wurde.
Südlich von Volterra kam bei Sasso Pisano ein etruskischer Sakral-Thermal-Komplex ans Licht, der heute besichtigt werden kann. Er entstand im 3. Jh. v. Chr., wurde nach einem Erdrutsch wiederaufgebaut, um dann bis zum 3. Jh. nach Chr. erneut benutzt zu werden. Die öffentliche Bedeutung des Ortes hat zur wahrscheinlichen Identifizierung der Gebäude mit den *Aquae Volaterranae* geführt, die auf der *Tabula Peutingeriana* angegeben werden, einer mittelalterlichen Kopie einer Karte mit den Städten des Römischen Reiches.
Vielleicht muss die öffentliche Anlage von Torretta Vecchia bei Collesalvetti ebenfalls mit einem Ort der *Tabula Peutingeriana* identifiziert werden, nämlich mit *Mansio Turrita*, die vom 1. Jh. v. Chr. bis Mitte des 6. Jh. n. Chr. ununterbrochen existiert hatte. Noch heute gut erkennbar sind die Überreste aus der Augusteischen Zeit mit einer kleinen beheizten Thermalanlage und können heute auf Vorbestellung besichtigt werden. (M.M.)

Waffen und Heereswesen

Verkleidungsplatte mit aufbrechenden Kriegern aus dem Heiligtum von Piazza d'Armi in *Veji*, Anfang 6. Jh. v. Chr. Rom, Museo Nazionale Etrusco di Villa Giulia

Italisches Schwert mit Scheide aus der Osteria-Nekropole von Vulci, 8. Jh. v. Chr. Rom, Museo Nazionale Etrusco di Villa Giulia

In den frühgeschichtlichen Epochen, als die Grenzen zwischen den Gemeinschaften verschwommen waren und das Recht auf der Gewohnheit oder der Stärke basierte, war der Schutz menschlicher Gruppen und ihres Territoriums eine der fundamentalen Tätigkeiten gemeinschaftlichen Lebens. Im Innern der Gemeinschaften der frühen Eisenzeit bildeten die waffentauglichen Männer – durch Geburt, Alter, körperliche Leistungsfähigkeit und wirtschaftliche Möglichkeit – schnell eine besondere Gruppe. Sie zeichneten sich durch diese Aktivität stark aus, und Waffenerwerb sowie Unterhalt ging während der Kampfeinsätze zu ihren Lasten. Dem Eintritt in den Kreis der Bewaffneten ging wahrscheinlich ein Initiationsritus mit religiösem und psychologischem Wert und einer Dauer von einigen Jahren voraus, der vielleicht auch mit der Jagd verbunden war. Nicht alle erwachsenen Männer erlangten also die Würde eines Kriegers, und die Ausbildung musste nach dem ersten Grad auch weitere Auszeichnungsebenen vorsehen, was archäologisch dadurch dokumentiert wird, dass Männergräber mit Schwertern eher rar sind im Vergleich zu jenen Gräbern, in denen nur Speere gefunden wurden. Aus den archäologischen Ergebnissen schimmert durch, dass die Gemeinschaft der Bewaffneten in junge Männer mit oder ohne Speer und in reife Männer mit oder ohne Schwert unterteilt war.
Die Zulassung ins Heer war ein Zeichen wirtschaftlicher Unterscheidung, was neben den Risiken auch offensichtliche Vorteile mit sich brachte wie der Zutritt zum politisch aktiven Teil der Gemeinschaft, das Recht zu plündern und bald auch das Recht, sich Teile der eroberten Gebiete anzueignen.
Daraus folgt, dass bei den Etruskern die kriegerische Tätigkeit immer eine wichtige Anerkennung des Sozialstatus darstellte und die ausgeschlossenen Gesellschaftsschichten während der ganzen Dauer ihrer Kultur dazu trieb, das immer weiter verbreitete Recht zu fordern, am Krieg teilzunehmen zu dürfen.
In der Villanova-Zeit bestand das Heer vor allem aus jungen bewaffneten Fußsoldaten mit kurzen Lanzen. Im Lauf der einzelnen Duelle, in denen sich die Kämpfe nach dem ersten Zusammenstoss der Heerscharen aufsplitterten, waren die älteren Kämpfer auch durch den Gebrauch kurzer Schwerter mit dreieckiger Schneide und Rippen im Vorteil. Die reicheren Männer rüsteten sich dann (8. Jh. v. Chr.) auch mit Pferden und Wagen aus, von denen herab sie vorwiegend ein langes Schwert mit parallelen Klingen benutzten. Die Kavallerie war ohne Zweifel die Truppe mit der größten Schlagkraft und somit in der Lage, den Ausgang eines jeglichen Zusammenstosses umzukehren sowie eine Kontrolle auf entferntere Zonen auszuüben; folglich genoss sie ein größeres Prestige und war die Abteilung, welche die hauptsächlichen ökonomischen Vorteile aus den Kriegen zog. Um sich vor den Schlägen zu schützen, benützten die Krieger im Allgemeinen Helme, die aus Leder gemacht und durch Nieten aus Metall verstärkt oder ganz mit Bronzeblech verkleidet waren. Zudem hatten die Helme reichhaltige Reliefverzierungen und wurden auch mit Helmverzierungen oder metallenen Kämmen geschmückt. Als Rüstung

Bronzene Pferdegebisse aus Accesa, zweite Hälfte des 8. Jh. v. Chr. Massa Marittima, Museo Archeologico

Schild aus Bronzeblech aus der Petrina-Nekropole in Narce, erste Hälfte des 7. Jh. v. Chr. Rom, Museo Nazionale Etrusco di Villa Giulia

Helm mit Wangenschutz aus der San Raffaele-Nekropole bei Todi, erste Hälfte des 5. Jh. v. Chr. Rom, Museo Nazionale Etrusco di Villa Giulia

Helm mit Helmverzierung der Villanova-Kultur, erstes Viertel des 8. Jh. v. Chr. London, British Museum

benutzte man ein Korsett auch aus Leder mit einer Metallplatte auf der Brustmitte; die Schilde bestanden wie jene bei Homer und bei den primitiven Völkern aus Schichten von übereinandergelegten Tierhäuten.

Die Kämpfe wurden von den älteren Männern angeführt, die an der Spitze der Jüngeren standen; es gab aber weder organisierte Aufstellungen in geordneten Reihen noch komplexe Taktiken; es handelte sich um Zusammenstöße mit wirrem Schlachtgetümmel, wo nach einem Schlagabtausch mit Wurfspießen und einem Kampf Mann gegen Mann die gewinnende Seite die Verfolgung des flüchtenden Gegners aufnehmen konnte, um ihn dann niederzumetzeln bis hin zur Invasion und Plünderung seines Wohnortes.

Der seit der zweiten Hälfte des 7. Jh. v. Chr. stark vom Orient ausgeübte Einfluss auf die Kunst und die Kultur Etruriens sparte auch die Organisation des Heeres nicht aus. Tatsächlich verbreitete sich durch die vom östlichen Mittelmeer kommenden Mode der Gebrauch von Kriegswagen aus, die immer luxuriöser wurden und die außer zum Transport der Krieger auch als Instrument für die Kontrolle der Randgebiete dienten. Auf jeden Fall stellten sie ein Statussymbol mit großem Prestigegehalt dar. Der Besitz von Pferden war schon seit geraumer Zeit ein Umstand sozialökonomischer Auszeichnung, denn diese Tiere wurden nicht für die landwirtschaftliche Arbeit auf den Feldern eingesetzt. Sie waren mit fein verzierten Trensegebissen aus Bronze gezäumt und wurden sogar in einigen Fällen beim Tod ihres Herrn mit ihm zusammen geopfert. So folgten sie ihm nach einem übrigens auch auf Zypern herrschenden Brauch ins Grab.

Das wirtschaftliche Wachstum der Zeit brachte einen größeren Prunk auch bei den Schwertern mit sich; sie waren aus aufgekohltem (d. h. mit Kohlenstoff verstärktem) Eisen gemacht und mit Applikationen aus Gold, Elfenbein und Bernstein verziert – auch die Schilde

Detail der Chigi-Vase aus *Veji* mit der Darstellung zweier Phalangen von Hopliten, zweite Hälfte des 7. Jh. v. Chr. Rom, Museo Nazionale Etrusco di Villa Giulia

wurden in ihren Dimensionen vergrößert und mit reliefverzierter Blattbronze überzogen. Dem griechischen Einfluss verdankt man die Adaption des korinthischen Helms als vollständigen Kopfschutz und mit festsitzenden Protektionen für Nase und Wangen, begleitet von schwereren Rüstungen und Metallschienen für die Beine. Die gleichzeitige Organisation der Gesellschaft in *gentes* bildete außerdem die Basis für einen grundsätzlichen Aufbau der Truppen und deren Hierarchie-Bildung, obwohl die in der Schlacht angewandten Taktiken weiterhin einfach und die Heeresbestände eher klein blieben. Dazu kam, dass die Bewaffnung der einzelnen Männer, die dem jeweiligen Geschmack und den persönlichen Möglichkeiten überlassen wurde, beträchtliche Unterschiede aufwies. Eine tiefgreifende Veränderung fand im Laufe des 6. Jh. v. Chr. statt, als die sozialen Schichten, denen der Waffengebrauch nicht gestattet war, immer entschiedener darauf pochten, Zugang zu den Rängen des Heeres zu haben und damit auch zum politischen Leben in der Gemeinschaft.
Tatsächlich hatten viele Personen mit den landwirtschaftlichen oder kaufmännischen Tätigkeiten ein so hohes Vermögen erreicht, dass sie die mit den Militäraktionen verbundenen Kosten übernehmen und gleichzeitig eine aktive Rolle in der Öffentlichkeit anstreben konnten. Eine Serie von Reformen führte in den verschiedenen Städten Etruriens nach und nach Kriterien bei der Unterteilung der Bewohner nach Vermögensklassen ein, was in begrenzter Weise den Eintritt ins Heer von unten her öffnete; die ranghöheren Soldaten kamen jedoch nach wie vor aus der Adelsschicht. Der daraus folgende, massive Zuwachs an Soldaten führte zu einer Organisation der Truppen nach dem griechischen Modell der Phalanx der Hopliten, d. h. zu einer Organisation in geschlossenen Reihen, wo jeder Fußsoldat, der mit den gleichen Lanzen und Schilden wie seine Kameraden ausgestattet war, zur Schachfigur einer komplexen Kampfstrategie wurde, die von einer Art Oberkommando entschieden wurde.
Die Bewaffnung sah im Allgemeinen Helme mit Wangenschutz, große runde Schilde und lange Lanzen vor. Einige Krieger waren auch mit einem besonderen Schwert (*machaira*) ausgestattet, das eine gebogene, einseitig scharfe Klinge hatte. Die Rüstungen wurden flexibler und robuster dank der Einführung von Korsetten aus Leinen, die zuvor in Gips getaucht worden waren, sowie aus Leder mit festsitzenden Metallschuppen. Um die Nacktheit der Helden aus älteren Zeiten zu imitieren, trug man in anderen Fällen Bronzeharnische, die aus zwei Klappen bestanden und die Anatomie eines kräftigen männlichen Torso darstellten. Die Infanterie, die so das Aussehen eines fest zusammengeschweißten Regiments angenommen hatte, stellte sich dem Zusammenstoss mit dem Feind in geschlossenen Reihen, und zwar in der Art, dass jeder Krieger mit dem großen, am linken Arm getragenen Schild zum Teil auch den Kameraden zu seiner Linken verteidigte. Unter den späteren Hilfstruppen sei jene sozial rangniedrige Abteilung der Schleuderer erwähnt: sie nahmen vom Rand des Schlachtfelds aus an den Manövern teil und waren nur mit Schleudern aus Tuch oder Leder und Wurfmaterial aus Stein oder Metall ausgestattet. Die Mitanwesenheit dieser Schleudertruppe zusammen mit den mehr oder weniger schwer gepanzerten Abteilungen sowie der Kavallerie machte aus den etruskischen Heeren komplexe, differenzierte Kompanien mit bedeutendem Angriffspotenzial, die jedoch einem Vergleich mit den römischen Legionen nicht standhalten konnten. (M.M.)

Krieger, die einen verwundeten Kameraden tragen, oberer Henkel einer Ziste aus *Praeneste*, Anfang 4. Jh. v. Chr. Rom, Museo Nazionale Etrusco di Villa Giulia

Das Etrusker-Museum Guarnacci in Volterra

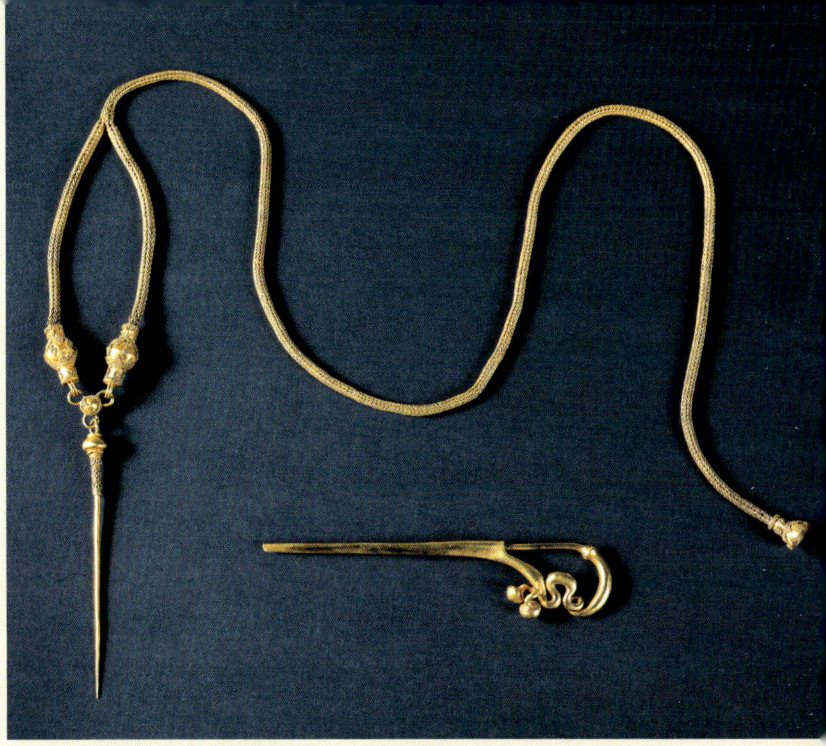

Dies ist eines der ältesten öffentlichen Museen Europas und erhielt seinen Namen von dem Abt, Priester und Forscher Mario Guarnacci, der von 1701-1785 in Volterra lebte. Guarnacci gründete das Museum im Jahre 1761, als seine private Sammlung in bedeutendem Maße dank jener Fundstücke angewachsen war, die er entweder von zufälligen Entdeckern erstanden oder selbst in der Nähe der Stadt ans Licht gebracht hatte.
Das Museum wurde von seinem Eigentümer für die öffentliche Nutzung bestimmt und sofort Gegenstand eines lebhaften Interesses von Seiten der Forscher und Liebhaber.
Im Lauf der Jahrhunderte hat das Museum auch beträchtliche Komplexe an Fundstücken angesammelt, die das Ergebnis neuerer Untersuchungen sind. Dank ihnen kann man heute die umfassende Geschichte Volterras sowohl der Villanova-Kultur als auch der Etrusker- und Römerzeit erzählen.
Im Erdgeschoss bezieht sich die einführende Abteilung (Saal 1) auf die Ur- und Frühgeschichte mit charakteristischen Materialien aus den Nekropolen der Villanova-Kultur der frühen Eisenzeit. Sie dokumentieren den Reichtum der frühen etruskischen Siedlungen und die typische Produktion

von Geschirr und Metallgegenständen. Abgesehen von dem wissenschaftlichen Interesse ist das Kastengrab aus Steinplatten aus der Badia-Nekropole von großem anschaulichen Interesse. Es wurde zusammen mit seiner Urne und den Grabbeigaben im Museum rekonstruiert, und zwar auf die gleiche Weise wie das Grab „Q" mit seinem großen Terrakotta-Krug. Der reiferen Villanova-Zeit – Mitte des 8. Jh. v. Chr. – entstammt auch das Material aus dem Grab des Kriegers von Poggio alle Croci, das in dem Raum rechts vom Eingang ausgestellt ist. Das Grab enthielt einen Helm mit Helmverzierung und eine Art abgeflachte metallene Feldflasche, die aus zwei Klappen aus Bronzeblech geformt ist. Des Weiteren sind im Saal 2 zeitlich später entstandene Materialien aus der orientalisierenden Zeit ausgestellt; darunter ragen das Schöpfgefäß aus Bucchero, *kyathos* genannt, aus Monteriggioni mit Widmungsinschrift hervor sowie die Goldschmiedestücke von Gesseri di Berignone, die im 19. Jh. entdeckt wurden. Der älteren Etruskerzeit Volterras entstammen hingegen die Steinstelen wie die des *Avile Tite* in Waffen. Sie veranschaulicht sehr schön die bildliche Darstellung eines Kriegers, an der sich auch die bildhauerische Produktion in Fiesole inspirierte. Ein weiteres schönes Beispiel der archaischen Skulptur Volterras ist der *Lorenzini-Kopf* (Saal 3), der die älteste Kultstatue aus Marmor in Mitteletrurien ist und wahrscheinlich Apoll darstellt. Außerdem sind zahlreiche kastenförmige Urnen aus hellenistischer Zeit (Säle 4-9) ausgestellt, zum größten Teil aus Alabaster oder Tuffstein.
Der gesamte erste Stock ist ebenso wie ein Teil des Erdgeschosses jener ursprünglichen Sammlung des Museums gewidmet, die sich bis zum Jahr 1861 gebildet hatte und die 1877 neu geordnet wurde. Besonders in den Sälen 4-18 ist eine reichhaltige Sammlung von Aschenurnen ausgestellt, zirka 600 nach figurativen Themen zusammengestellte Exemplare.
Sie stellt bis heute eine unersetzbare Mustersammlung dieser Produktart des blühenden lokalen Handwerks dar. Von den einfacheren Arten ohne Figuren und mit Motiven im Flachrelief geht es über zu aufwendigeren Ausführungen, bei denen der Verstorbene auf dem Urnendeckel in aufgestützter, halbliegender Position wie bei einem Festmahl dargestellt wird, während der darunter liegende Behälter mit Szenen eines Mythos oder Szenen aus dem Leben des Toten verziert ist. Viele Darstellungen auf den Urnen zeigen die Popularität der griechischen Mythen wie

Der *kyathos* von Monteriggioni mit Inschrift, Mitte 7. Jh. v. Chr.

Goldschmuck aus Gesseri di Berignone bei Volterra, 650-625 v. Chr.

Die „Tomba di Badia", im Museum rekonstruiert, zweite Hälfte des 8. Jh. v. Chr.

Die Steinstele des *Avile Tite,* 560 v. Chr.

Ansicht des Saals 8 mit kleinen figürlichen Aschenurnen

auch der griechischen Literatur und Tragödie, während andere Figuren wiederum örtlichen Themenkreisen zuzuordnen sind. Die Bedeutung der Szenen musste jedenfalls einen allegorischen Wert haben und bildlicher Ausdruck der Lebenserfahrung des Verstorbenen sein.

Im Saal 15 zieht die Figur *Ombra della sera* (*Abendschatten*) die Aufmerksamkeit des Besuchers auf sich. Es ist die grazile Figur eines jungen Mannes, die durch die glückliche Definition des Dichters Gabriele D'Annunzio berühmt wurde und die dann auch auf die anderen Votivfiguren aus Bronze in analoger Form ausgedehnt wurde.

Einer einzigartigen Theorie zufolge könnte die längliche Form mit dem Brauch erklärt werden, die Statuetten im Wasser zu lagern, und mit der daraus resultierenden Notwendigkeit, dem optischen Effekt der Lichtbrechung entgegenzuwirken, die dazu neigt, die Gegenstände zu verflachen. Sehr wahrscheinlicher hingegen wurden die besonderen Maße des Votivbilds auf den genauen Willen des Auftraggebers hin bestimmt, der dem Bild auf jeden Fall Ausmaße und Wert von Bedeutung geben wollte: Tatsächlich ist die Figur genau zwei (antike) Fuß hoch und wiegt soviel wie 10 Asse; ein As war die Münzeinheit der etruskischen Münzpräge in Volterra.

Unter den anderen bekannten Stücken des Museums erinnern wir an den Deckel einer Urne aus Terrakotta genannt „der Eheleute" (Saal 19), die aus dem beginnenden 1. Jh. v. Chr. stammt, sich aber in der Modellierung auf ältere Skulpturen bezieht. Der lebhafte Gesichtsausdruck der reifen Eheleute führt uns in das vieldiskutierte Thema der Wahrhaftigkeit der dargestellten Züge ein. Im ersten Stock sind auch Krater (eine Art Krug) ausgestellt, außerdem Spiegel, bronzene

Kleine Urnen aus späthellenistischer Zeit mit verstorbenem Ehemann, der seiner Ehefrau erscheint, und mit Telephos auf dem Feld der Griechen

Bronzestatuette, genannt „Ombra della Sera" (Abendschatten), 3. Jh. v. Chr.

Bronzemünze mit Inschrift *Velathri* (Volterra) und doppelgesichtiger Gottheit, 3. Jh. v. Chr.

Kleine Urne aus späthellenistischer Zeit mit Odysseus und den Sirenen

Bewaffnete *kouroi* beim Gebet, Ende 7. Jh. v. Ch

Votivfiguren aus der Lagerstätte von Docciola (Saal 17), Goldschmiedekunst (Saal 18), römisches Material aus dem Stadtgebiet und den Ausgrabungen im Theater von Vallebuona sowie ein reichhaltige Münztruhe (Saal 23).
Der zweite Stock hingegen zeigt eine große Sammlung von beispielhaften Produkten des Kunsthandwerks aus hellenistischer Zeit. Die momentane Aufteilung der Räume privilegiert die etruskischen Grabkomplexe aus neuerem Ankauf, wo die Urne mit den anderen Gegenständen, die sie begleiteten (Saal 27 und 28), in Zusammenhang steht.
Einer Auswahl an Bronzegegenständen sind die folgenden Säle (33, 34 und 36) gewidmet, während der Saal 35 die bekannte Statue einer Frau mit Kind aus dem 3. Jh. v. Chr. zeigt, genannt „*kourotrophos* Maffei". Sie stammt vielleicht aus einem Kultgebäude in Vallebuona. Die letzten Räume beherbergen Rotfigurkeramiken – darunter die Krater oder *kelebai*, die man im Hellenismus als Urnen benutzte –, Keramiken mit schwarzer Farbe sowie eine Rekonstruktion in voller Größe des Portone-Grabes (Ende 3. – Mitte des 2. Jh. v. Chr.). (M.M.)

Links, Kolonettenkrater, dem Hesion-Maler zugeschrieben, 330-310 v. Chr.; rechts, Kelchkrater, dem Meister von Montebradoni zugeschrieben, letzte Jahrzehnte des 4. Jh. v. Chr.

Seite 188-189: Detail vom Deckel der sogenannten „Aschenurne der Eheleute", Anfang 1. Jh. v. Chr.

ZWISCHEN ARNO UND APENNIN

Das weite Gebiet des mittleren Arnotals direkt am Fuße des Apennin sah man lange als eine im vorrömischen Altertum wenig bewohnte Gegend an, vor allem wegen der vermuteten regelmäßigen Überflutungen des Arno und der weitläufigen Sümpfe, die den größten Teil der Ebene für eine ständige Besiedlung ungeeignet machten.

In Wirklichkeit wurde eine uralte Besiedlung dieser Stätte durch die archäologischen Ausgrabungen in der Altstadt von Florenz bezeugt. Der Ort war ein Kreuzungspunkt im damaligen Wegesystem, denn hier lag eine Furt, an der man den Arno leicht durchqueren konnte.

Die Ausgrabungen im Gebiet von Sesto Fiorentino haben ebenfalls bewiesen, dass diese weite Ebene westlich von Florenz seit dem Neolithikum ständig bewohnt war und auch während der Kupfer- und Bronzezeit zahlreiche Dörfer aufwies. Der Überfluss an Wasser, der für die Gegend charakteristisch ist, war mitnichten ein Hindernis für die Siedlungen, sondern begünstigte hingegen Landwirtschaft, Viehzucht und Fischerei.

Die Urgeschichte von Sesto Fiorentino und des Mugello

Der Mensch erschien im Gebiet von Scandicci vor mehr als 100.000 Jahren, und auf die gleiche Zeit des Paläolithikum gehen zahlreiche Funde im Mugello zurück, die zum Teil längs der Sieve lagen. Das Neolithikum ist in der Ebene von Sesto Fiorentino mit verschiedenen zeitlichen Phasen und mehrere Stätten vertreten. Die Anzahl dieser Siedlungen stieg mit der Kupferzeit sogar noch weiter. Die demografische Expansion in den ca. 15 Siedlungen von Sesto entspricht auch der Häufigkeit der auf dem ganzen Territorium gemachten Funde, wie z. B. in Fiesole und im Mugello. Die Analyse der Lage dieser äneolithischen Funde machte es möglich, den Verlauf der Straßen, die über den Apennin führten, zu identifizieren: Das Gebiet von Sesto konnte über das Flusstal der Marina und den Pass Vetta alle Croci bei Calenzano mit der Emilia in Kontakt treten, während man vom Arno und der Sieve flussaufwärts über den Muraglione-Pass die Romagna erreichte. Von Borgo San Lorenzo ging ein Weg wieder an der Sieve entlang und führte nach Marradi, dann durch das Lamone-Tal über den Apennin. Außerdem gelangte man von Barberino die Stura flussaufwärts zum Raticosa-Pass. Diese Kontakte auf dem Landweg erklären die Formen und die besondere geometrische Dekoration der Keramik des Äneolithikum auch über weite Entfernungen hinweg. So erklärt die Benutzung des Arno als Verkehrsweg auch die Verwandtschaft mit dem unteren Valdarno, der Versilia und dem oberen Valdarno.

In der Bronzezeit kann man eine tiefe Wandlung in der Auffassung des Handwerks, der Wirtschaft und der Standorte der Siedlungen beobachten. Produkte aus Metall nahmen zu, solche aus Stein gingen zurück, die Schaf- und Ziegenzucht ersetzte nach und nach die Rinderzucht. So entstanden mehrere Dörfer auf Anhöhen und deren Hängen, ein Umstand, der vielleicht auf Umwelt-, aber auch auf menschliche Faktoren, vor allem im Konfliktbereich, zurückging. Es war der Zeitpunkt, in dem sich auch die Siedlung von Fiesole entwickelte und

Innenkorridor des Montagnola-Grabes in Quinto Fiorentino, Ende 7. Jh. v. Chr.

festigte, von der Spuren auf der Anhöhe von San Francesco und auf den östlichen Hängen gefunden wurden.
Über die Siedlungen der jüngeren Bronzezeit kommt man zur Eisenzeit und zu den ältesten etruskischen Phasen der Villanova-Kultur. Diese sind an verschiedenen Orten bezeugt und scheinen eine weit verbreitete, aber keine zahlenmäßig starke Bevölkerung widerzuspiegeln. In der Ebene von Sesto kamen Gruppen von Brandbestattungen des „Schacht-Typs" ans Licht; an den Hängen des Monte Morello wurden ungefähr zwanzig Schachtgräber gefunden, die zum Teil in den Stein gehauen waren. In ihrem Inneren befanden sich Beigaben aus der späten Villanova-Zeit und der darauf folgenden orientalisierenden Phase.

Die Ursprünge von Florenz

Alle diese kleinen Gruppen von Gräbern müssen zweifellos auf verstreut liegende, familienartige Siedlungen bezogen werden, die vielleicht auf eine gewisse Art und Weise miteinander „verbündet" waren. Eine ähnliche Situation wurde auch im Zentrum von Florenz entdeckt, wo im 19. Jh. sechs Schachtgräber mit Tonkrügen und doppelkegelförmige Vasen aus dem 8. Jh. v. Chr. ans Licht kamen. Vor kurzem wurden dort auch andere Funde aus zerstörten Gräbern entdeckt, dazu Fragmente von Geschirr mit geometrischer Dekoration aus Griechenland und Süditalien.

Die Herkunft dieser letzten Funde ist ein klares Indiz für die Rolle als wirtschaftlicher Knotenpunkt, der schon in seinen Anfängen durch die florentinische Siedlung bezeugt wird, ein nützlicher Kreuzungspunkt zwischen dem nördlichen Etrurien und den Pässen des Apennin. Zeugnisse dafür sind die in Florenz und Volterra gefundenen Spangen mit Elementen aus Bernstein, der über den Mugello und das Tal des Reno aus Mitteleuropa kam. Beweise sind auch die Eigenheiten, die die florentiner Fundstücke aufweisen, die offensichtlich von denen von Bologna und Volterra

Tonkrug mit Urne aus dem Grab 6 der Gambrinus-Nekropole in Florenz, Mitte 8. Jh. v. Chr. Museo di Firenze com'era

Urne mit Deckelschale aus dem Grab 4 der Gambrinus-Nekropole in Florenz, Mitte 8. Jh. v. Chr. Museo di Firenze com'era

Kohlepfanne aus Bucchero aus einer Werkstatt von Chiusi, Fund aus der Via Strozzi in Florenz, zweite Hälfte des 6. Jh. v. Chr. Museo di Firenze com'era

Bronzefigur eines Kriegers aus der Stadtmitte von Florenz, zweite Hälfte des 6. Jh. v. Chr. Museo di Firenze com'era

Steinstele aus der Via dei Bruni in Florenz, Mitte des 6. Jh. v. Chr. Museo di Firenze com'era

beeinflusst waren. Zudem war diesen Zonen der Umstand gemeinsam, dass sich hier kulturelle Elemente der Villanova-Zeit noch bis zum dritten Viertel des 7. Jh. v. Chr. halten konnten. Typische Beispiele dafür sind Tonkrüge aus grober Impasto-Masse, die mit aufgedrückten Schnüren verziert sind: Sie wurden im Gebiet von Volterra und Florenz für den Hausgebrauch verwendet und auch, um Brandbestattungen aufzunehmen.
Auf eine jüngere Zeit (6. Jh. v. Chr.) gehen einige Reste zurück, die sporadisch im Unterboden gefunden oder beim Aufbau wiederverwendet wurden. Es handelt sich um Material,

das aus Gräbern stammte, die auf eine Präsenz der Etrusker in der archaischen Zeit verweisen. Darunter ist auch ein Fragment aus Bucchero mit der ersten, erst kürzlich entdeckten etruskischen Inschrift von Florenz. Um eine verständliche Dokumentation über die Vergangenheit von Florenz zu erhalten, muss man allerdings bis zur Entstehung der römischen Kolonie *Florentia* warten, die laut den lateinischen Quellen 59 v. Chr. gegründet sein soll. Die Ausgrabungen in der Stadt haben jedoch klar gezeigt, dass, wenn an jenem Datum die *Lex* verabschiedet wurde, die die Entstehung der Stadt beschloss, die tatsächliche Gründung nicht vor 30-15 v. Chr. stattfinden konnte, also in der Zeit des Oktavian Augustus. Wenn das Forum mit der heutigen Piazza della Repubblica identisch ist, lagen die Thermen und Färbereien unter der heutigen Piazza Signoria. Unter Palazzo Vecchio befinden sich die Reste des Theaters, gleich dahinter verliefen die Stadtmauern. Von der Topografie des römischen Florenz sehen wir eine detailgetreue Rekonstruktion im „Museo di Firenze com'era", zusammen mit einer Auswahl des gefundenen Materials.

Quinto Fiorentino

Eingangs-*dromos* und Pfeiler der zentralen Kammer im Montagnola-Grab von Quinto Fiorentino, Ende 7. Jh. v. Chr.

In Quinto Fiorentino sind zwei monumentale Kammergräber gut erhalten, die aus Steinblöcken erbaut und von einem enormen Erdhügel bedeckt wurden. Der Tumulus des Montagnola-Grabes hat einen Durchmesser von ca. 60 m und wird von einem Tambour aus großen Steinplatten mit einem Umfang von 125 m umfasst. Ein langer, nicht überdachter Korridor führt zum inneren Vorraum durch ein Portal: dieses besteht aus zwei Monolithen als Türpfosten und einem Monolithen als Türsturz. Die Wände der rechteckigen Vorhalle waren ursprünglich verputzt und braun, blau und rot bemalt und zeigen heute noch eingeritzte Sterne, Tiere, Pflanzen und Buchstaben. An den Seiten führen Türen zu zwei kleinen Zellen. Die Überdachung des Vorraums war in der Technik des Kraggewölbes ausgeführt, die der Verwendung des Gewölbebogens vorausgeht. Dabei legte man Reihen aus immer weiter vorkragenden Steinen an, und zwar vom oberen Ende der Seitenwände zum Inneren des Raumes hin, bis diese sich berührten, sodass eine solide Überdachung mit doppeltem Schrägdach entstand. Ein spitzbogiges Portal am Ende des Vorraums führt zur kreisrunden *cella*, die ebenfalls in der Technik des Kraggewölbes überdacht war. Der starke zentrale Pfeiler trägt heute noch Inschriften und Nägel, an die einige Elemente der Grabbeigaben gehängt wurden. Das Montagnola-Grab wurde leider schon im Altertum geplündert und hat nur wenige Fragmente der ursprünglichen Bestattungen hervorgebracht. Jedoch können wir dank ihren behaupten, dass die Grabbeigaben sehr reichhaltig waren und ein Bett aus Eisen, Spieße, Messer und Bankett-Zubehör enthalten haben mussten. Es gab auch viele exotische Objekte aus Elfenbein und Knochen, Salbenbehälter aus Alabaster mit einem *aryballos* aus Glas aus Ägypten, verzierte Straußeneier aus dem Orient und Elemente aus Bernstein aus Mitteleuropa. Zu all dem kommen Funde aus Bronze, Silber und Gold aus etruskischer Herstellung, Geschirr aus Bucchero und etruskisch-korinthische Keramiken, die einen chronologischen Horizont von Ende des 7. bis Anfang des 6. Jh. v. Chr. spannen.

In der Nähe erhebt sich die „Tomba della Mula", das „Grab der Mauleselin", das heute von der gleichnamigen Villa beherrscht wird, dessen Keller das Grab ist. Es war von jeher bekannt und hat leider keine Grabbeigaben hervorgebracht, enthält aber den innersten Teil des ursprünglichen Vorraumes sowie ein mächtiges Portal. Es führt in die runde *cella* von gut 9 m Durchmesser ohne zentralen Pfeiler. Im nahen Ortsteil Palastreto wurden zeitgleiche Gräber entdeckt, die vom Typ „Schachtgrab" sind und Schnurkrüge mit zum Teil wertvollen Beigaben enthielten.

Eine ganz ähnliche Situation gab es auch im Mugello, wo die Forschungen in den letzten Jahren mit Erfolg wieder aufgenommen wurden, wie die Ausstellungen in den Museen von Bruscoli, Palazzuolo sul Senio und Sant'Agata zeigen. Man braucht nur die Siedlung von Poggio di Colla bei Vicchio und San Piero a Sieve zu nennen. Am erstgenannten Ort entstand schon seit dem 7. Jh. v. Chr. eine Siedlung, die später mit einem Tempel und einem Sakralbezirk (6. Jh. v. Chr.) bereichert wurde, dazu kam auch ein Friedhofsareal mit Tumulusgräbern. Der Siedlung war ein langes Leben bis zur hellenistischen Zeit beschieden.

Inneres des „Grabes der Mauleselin“ in Quinto Fiorentino, Ende 7. Jh. v. Chr.

Am zweiten Ort wurde außer Resten eines Kammergrabes aus der ersten Hälfte des 6. Jh. v. Chr. auch eine Nekropole aus der vorhergehenden Zeit entdeckt, die neben einem Areal für Keramikproduktion und Metallverarbeitung lag und durch eine Mauer abgegrenzt wurde, die mit Stirnziegeln und bemalten Ziegeln geschmückt war. Die Typologien der Schachtgräber des 7. Jh. v. Chr. zeigen ein deutliches Überleben kultureller Modelle aus der Frühgeschichte, aber die Menge der Gräber und die Ausmaße der angrenzenden Keramikwerkstatt deuten auf eine zahlenmäßig große, organisierte Gemeinschafthin.

Artimino und Comeana

Schwert mit Scheide und Spitze einer großen Lanze; Bronzeurne aus dem Grab des Kriegers von Prato di Rosello bei Artimino, 8.-7. Jh. v. Chr. Artimino, Museo Archeologico

Rekonstruktion des Grabes des Kriegers von Prato di Rosello bei Artimino, 8.-7. Jh. v. Chr. Artimino, Museo Archeologico

Weihrauchfass aus Bucchero aus dem Tumulus C der Nekropole Prato di Rosello, letzte zwei Jahrzehnte des 7. - Anfang 6. Jh. v. Chr. Artimino, Museo Archeologico

Andere wichtige Entdeckungen machte man bei Artimino, wo eine Anhöhe seit dem 7. Jh. v. Chr. der Sitz einer Siedlung war. Zu den Funden aus dem Wohngebiet – das in der orientalisierenden Zeit im Gebiet der Paggeria der Medici-Villa lag – kommen die Reste aus den Gräbern der Nekropolen von Prato di Rosello und Comeana. In erstgenannter Nekropole wurden verschiedene Gräber der neueren orientalisierenden Zeit vom 7.-6. Jh. v. Chr. entdeckt: Darunter befindet sich das leider schon im Altertum geplünderte Tumulus-C-Grab, das einen Durchmesser von 30 m, einen Korridor sowie eine interne Zelle aufweist und mit einer gepflasterten Altar-Terrasse für die Zurschaustellung des Verstorbenen und seiner Grabbeigaben ausgestattet war. Wahrscheinlich wurde die Terrasse zusammen mit der ersten Ausführung des Tumulus erbaut, der jedoch einstürzte und neu aufgebaut wurde. Aus diesem Grab kommt ein schönes Weihrauchgefäß aus Bucchero mit hohem Fuß und zwei beweglichen Armen. Sie tragen zwei stumpfkeglige Behälter mit einem schiffartigen Gefäß in der Mitte. Die auf dem Fuß eingeritzte Inschrift sagt uns, dass dieses Objekt einst *Larthuza Kuleniie* gehörte. Auch wenn dieses Grab aufgrund des heutigen Zustands nicht besichtigt werden kann, ist das hingegen für das nahe Tumulus-A-Grab der Fall, wo eine Brandbestattung von Ende des 6. Jh. v. Chr. entdeckt wurde. In der Nähe erhebt sich auch das Tumulus-B-Grab aus der Mitte des 7. Jh. v. Chr., dessen Tambour durch Steine und einer Art Überhang aus Steinplatten geschützt wurde. Ein wahrscheinlich nicht überdachter Korridor führte ursprünglich zu einem rechteckigem Raum, der durch einen Pfeiler aufgeteilt wurde. Dieser diente dazu, die horizontalen Steinplatten, die das Dach bildeten, abzustützen. Hier wurden auch die Reste eines älteren Grabes (8.-7. Jh. v. Chr.) vom Typ eines Schachtgrabes entdeckt, dessen intakte Beigaben einem Krie-

Amphore mit Deckel aus dem Boschetti-Grab, 670-650 v. Chr. Artimino, Museo Archeologico

Die zwei Räume des Boschetti-Grabes in Comeana, 670-650 v. Chr.

ger aus der Oberschicht zuzuordnen sind, wie eine große Lanze, ein kurzes Schwert, ein Brustschild aus Bronze, Geschirr aus Bronzeblech und Keramik bezeugen. In der Ebene liegt längs eines antiken Knotenpunkts die Nekropole von Comeana mit Gräbern, die großen Landbesitzern gehören mussten, in einem Gebiet mit ländlichen Siedlungen von großem landwirtschaftlichen Wert. Das Boschetti-Grab, das heute besichtigt werden kann, bestand aus einem kurzen Korridor, dem ein Vorraum und ein fast kubischer Raum mit einer Seitenlänge von zwei Metern folgte. Hier kamen einige Reste von mindestens zwei Bestattungen ans Licht, von denen eine die eines reichen Kriegers war, der um 670-650 v. Chr. gelebt hatte. Von ganz anderen Proportionen ist das Tumulus-Grab von Montefortini, ein künstlicher Hügel von mehr als 60 m Durchmesser und ca. 15 m Höhe, der von einem Tambour aus Steinen gestützt wurde, die nur zum Teil sichtbar sind. In diesen Hügel hinein öffnet sich ein überstehender Terrassen-Altar für die Zurschaustellung der Verstorbenen und ihrer Grabbeigaben. Im Tumulus kamen sogar zwei Gräber aus verschiedenen Zeiten ans Licht, von denen eines für Besucher zugänglich ist. Das ältere Grab von Mitte des 7. Jh. v. Chr. liegt im Zentrum des Tumulus und hat eine kreisrunde *cella* mit zentralem Pfeiler, die von einem Kraggewölbe von mehr als 7 m Durchmesser überdacht wird. Der Vorraum war bei der Entdeckung noch durch die ursprüngliche Steinplatte verschlossen, während der Eingangskorridor durch das zweite Grab aufgehoben war. Die Spuren weitläufiger Einstürze an den Bögen des älteren Grabes scheinen darauf hinzuweisen, dass hier ein Erdbeben das Monument unwiederbringlich beschädigt hatte. An Stelle des Korridors wurde das neue Grab angelegt, das heute besichtigt werden kann. Ihm geht ein nicht überdachter Korridor von 13 m und ein Vorraum voraus, der mit vorkragenden Steinen überdacht ist. Von hier aus kam man durch ein bewegliches Portal, das heute verschwunden ist, zu einer rechteckigen, mehr als 4 m langen *cella*, die ebenfalls in der Technik des Kraggewölbes überdacht ist. Sie hat eine steinerne „Konsole" längs der Wände genau wie bei den älteren kreisrunden *tholos*. Auch wenn das Grab schon im Altertum geplündert wurde, hat es doch wie das weiter innen liegende Grab wertvolle Fragmente aus Elfenbein und Gold sowie lokales und ausländisches – auch ägyptisches – Geschirr ans Licht gebracht, die eine Datierung auf das letzte Viertel des 7. Jh. v. Chr. möglich machen. Aus dem ganzen Komplex geht hervor, dass dieses landwirtschaftlich intensiv genutzte Gebiet im Zentrum wachsender kommerzieller und kultureller Ströme stand. Ihre Auswirkungen auf die Traditionen der Frühgeschichte führten zu einer, wenn auch späten und anfangs nicht einstimmigen Einführung eines fürstlichen Lebensstils orientalischer Herkunft sowie zu einer Gliederung der Bevölkerung in *gentes*, d. h. in Familiengruppen, die von einem gemeinsamen Vorfahren abstammten. Die *gens* war der Ausgangspunkt für die Landvererbung und den Reichtum; die großen Monumentalgräber, die jede *gens* für sich erbaute, waren eine für jedermann sichtbare Manifestation von Wohlstand und Herrschaft über das Territorium. Die Verdichtung und der Zusammenschluss der Siedlungen seit Ende des 7. Jh. v. Chr. weist bei einigen Orten wie Fiesole und Artimino auf eine Stadtbildung hin. Dies bezeugt auch die Entstehung handwerklicher Produkte, die für die ausländischen Märkte bestimmt waren. Das innere Nordetrurien zeigt in dieser Phase eine besondere Synthese von Tradition und Innovation, was für dieses recht große und kulturell homogene Gebiet charakteristisch wurde.

Eingang zum jüngeren Grab des Tumulus von Montefortini, letztes Viertel des 7. Jh. v. Chr.

Die Entstehung des Ortes Fiesole

Stele des *Larth Ninie* aus der Umgebung von Fiesole, letzte Jahrzehnte des 6. Jh. v. Chr. Florenz, Casa Buonarroti

Stele aus Sandstein aus Travignoli bei Fiesole, Anfang 5. Jh. v. Chr. Fiesole, Museo Archeologico

In der ersten Eisenzeit wurde Fiesole noch von kleinen Orten besiedelt, die wahrscheinlich auf den beiden Hügelkuppen und auf dem Plateau dazwischen lagen. In den Schichten unter dem etruskischen Tempel wurden einige Löcher im Felsen und eine rechteckige Behauung gefunden, die vielleicht eher mit Hütten aus der Villanova-Zeit als mit Bestattungen zusammenhängen. Aus demselben Gebiet kommen zahlreiche Keramikfragmente, z. B. besondere Henkel aus zwei Hörnern mit hohlen Aufsätzen aus der Villanova- und der orientalisierenden Zeit, die von Inneretrurien bis zur Emilia verbreitet waren; des Weiteren auch Fragmente von Schnurkrügen des schon erwähnten Typs, der in vielen Gebieten Inneretruriens vorkam. Diese Fundstücke sind alle im Archäologischen Museum vor Ort ausgestellt. Es liegt auf dem Ausgrabungsgebiet, wo man auch die Reste des etruskischen Tempels aus hellenistischer Zeit, die Reste der Thermen, des Theaters und des Tempels aus römischer Zeit besichtigen kann. Die in Fiesole gefundene Keramik aus der orientalisierenden Zeit muss mit einigen Gebäuderesten in Verbindung gebracht werden, die als Wohnhäuser erkennbar sind, auch wenn sie durch die Erbauung eines heiligen Bezirks zerstört wurden. Diese Häuser waren vielleicht im letzten Teil des 7. Jh. v. Chr. bewohnt worden, d. h. in jener Zeit, in der die ganze Umgebung von Florenz anscheinend eine Phase der Entwicklung im Siedlungswesen und in der Wirtschaft durchlief, die mit der Zunahme des Handels auf den Verkehrswegen in engem Zusammenhang stand.

Fiesole ist ein typisches Beispiel für die Entstehungsphasen präurbaner Siedlungen in Nordetrurien, die im Lauf der Jahrhunderte eine große Entwicklung erfahren sollten. Hier gibt es für das beginnende 6. Jh. v. Chr. einen exponentiellen Zuwachs in der Anzahl der Funde, die sich auch von der Typologie her radikal ändern. Aber gerade das hohe Niveau in der Ausführung und die Homogenität dieser Keramiken, die an der Drehbank mit Material von guter Qualität entstanden, zeigen klar und deutlich, dass sie von Töpfern in richtiggehenden Werkstätten hergestellt wurden. Ihre Existenz lässt vermuten, dass sich eine große Anzahl von ortsansässigen Personen zusammengeschlossen hatte und eine breite und ständige Nachfrage bildete. Die kapillare Besiedlung des gesamten Stadtgebiets wird bestätigt von weit verbreiteten Funden von Geschirr aus jener Zeit und der Entdeckung von Überresten einiger Gebäude unter dem Tempel, die parallel und rechtwinklig angeordnet waren. Sie lassen in gewisser Weise eine frühe Stadtplanung vermuten. Die Bevölkerung widmete sich speziellen Tätigkeiten – wie der Produktion von Stelen und Skulpturen sowie Geschirr aus Bucchero –, deren

Produkte auch in den umliegenden Ortschaften verkauft wurden. Dies geschah auf Verkehrswegen, deren Bedeutung seit Mitte des 6. Jh. v. Chr. zeitgleich mit der Besiedlung der Poebene noch ansteigen sollte.
Genau in der Mitte jenes Jahrhunderts war das Wohngebiet von Fiesole durch tiefgreifende Umbauten im Bereich der nordöstlichen Hänge des Haupthügels betroffen, vielleicht in Folge eines Feuerausbruchs, dessen Ursache heute nicht mehr geklärt werden kann. Nach diesem Ereignis wurde ein Sakralbezirk geschaffen, in dessen Mitte ein kleiner, fast quadratischer Kultbau lag. Er hatte eine Seitenlänge von ca. 5 m, Wände aus rohen Ziegeln und eine Basis aus Stein. Der Fußboden war aus gestampfter Erde, aber an der Überdachung befanden sich außer normalen Ziegeln auch bemalte Stirnziegel; die beiden Enden des Hauptbalkens trugen Verzierungen in Form eines plastischen Seepferdchens. Eine Kanalisation, einige Terrassierungen und Fußböden vervollständigten das Areal. Von dort stammen wahrscheinlich auch eine Skulptur aus *pietra serena*, einer Art Sandstein, mit einem kauernden Löwen – vielleicht Teil eines Altars oder eines architektonischen Elements – sowie eine Basis aus Stein, dazu Miniaturgeschirr aus schwarzem und grauem Bucchero, attische Keramik und ein Votivdepot mit Weihfiguren aus Bronze.
Ein weiteres kleines Gebäude mit Sakralfunktion, das im 5. Jh. v. Chr. erbaut worden war und während der hellenistischen Zeit erneuert wurde, lag auf der Südseite von Fiesole. Auf diesem Areal fand man mehr als 40 Votivfiguren aus Bronze, dazu Keramiken und Fragmente von *aes rude* (nicht geprägte Bronzestücke, die als Währung vor der Einführung von Münzen verwendet wurden). Die Präsenz eines Steinlöwen auf dem Hügel von San Francesco und die Entdeckung von archaischem und Miniatur-Geschirr sowie eines Helms mit verstärkter Kappe lassen vermuten, dass sich auch hier ein Kultplatz mit Votivdepots befand. Dies ist auch für die östliche Anhöhe von Sant'Apollinare der Fall, wo eine feine Bronzefigur mit dem zypriotischen Herkules auftauchte, der mit dem Fell des nemeischen Löwen bekleidet war. Dieses Netz von ungefähr zeitgleichen Votivplätzen scheint mit der Entstehung der tatsächlichen Stadt zusammenzuhängen. Denn die mit Sicherheit identifizierten Sakralbezirke grenzen an den Verlauf der späteren Stadtmauern an, die aus Gründen der Verteidigung vielleicht ab dem 5. Jh. v. Chr. errichtet wurden. Die Stadtmauer bildet einen Verteidigungswall von 2,5 km Umlauf, der heute noch sichtbar ist.
Aller Wahrscheinlichkeit nach ist den Werkstätten eine Gruppe von Figuren-Stelen aus *pietra serena*, die sogenannten „Steine von Fiesole", zuzuschreiben, die überall auf dem Territorium vorkamen. Es sind genau diese Stelen, die am besten die Entwicklung der etruskischen Siedlungen auf dem Gebiet von Florenz, Prato und Pistoia in der Zeit vom 6.-5. Jh. v. Chr. bezeugen.

Kleiner Löwenkopf aus Stein von der Akropolis von Fiesole, 6.-5. Jh. v. Chr. Fiesole, Museo Etnografico Missionario

Kleine Votivfigur aus Bronze aus dem Weihdepot der Villa Marchi, erste Hälfte 5. Jh. v. Chr. Fiesole, Museo Archeologico

Gebäudeteile der etruskischen Akropolis im Inneren des Museo Etnografico Missionario von Fiesole, 5.-4. Jh. v. Chr.

Bronzehelm aus der Akropolis von Fiesole, erste Hälfte 5. Jh. v. Chr. Fiesole, Museo Etnografico Missionario

Gonfienti

Vielleicht muss dieser etruskische Ort, bei dem es sich um eine richtige Stadt handelt und der vor kurzem in der Ebene von Prato bei Gonfienti entdeckt wurde, mit der Expansion zur Poebene hin in Verbindung gebracht werden. Diese Siedlung, die noch erforscht wird, kam während der Bauarbeiten für den neuen Umschlagplatz der Zentraltoskana am Zusammenfluss von Marina und Bisenzio ans Licht. Der Ort hat eine Fläche von mindestens 9 ha und bestand aus großen, in Wohnblöcken angeordneten Häusern, die einen rechtwinkligen Grundriss hatten und zweifellos einheitlich entworfen waren. Die Chronologie, die sich auf das 5. Jh. v. Chr. konzentriert, entspricht im Wesentlichen der von Marzabotto, der Stadt, die vielleicht fast „spiegelbildlich" jenseits des Apennins am Reno liegt und die ebenfalls während der besonderen Phase der etruskischen Expansion Richtung Norden erbaut worden war.

Der Druck der Kelten und die Romanisierung

Altar; unten, Überreste des etruskischen Tempel, 4.-3. Jh. v. Chr.

Am Ende des 6. Jh. v. Chr., als die Kelten ihren Druck auf den mitteleuropäischen Raum verstärkten, hatten die Etrusker zunehmend Probleme, die Kontrolle über das zentrale Mittelmeergebiet zu behalten. Bald sollte auch der von Syrakus ausgehende Druck die Oberhand über die tyrrhenische Seemacht gewinnen, die bei der Schlacht von *Cumae* 474 v. Chr. vernichtend geschlagen worden war. Folglich versuchten die Städte Inneretruriens, auf alternative Anlaufstellen jenseits des Apennin auszuweichen, und traten dabei auch mit den Küstenstädten der nördlichen Adria in Kontakt, wo griechische Kaufleute aus Attika aktiv waren. Dies führte zu einer schnellen Veränderung der etruskischen Poebene, die eine kulturelle wie auch siedlungsmäßige Entwicklung erfuhr, wie zum Beispiel Marzabotto. Gonfienti würde damit seinerseits ein weiteres Beispiel für diesen Expansionsstrom darstellen, so wie die Untersuchungen über seinen Untergang das Bild einer Rückentwicklung des ganzen Nordetrurien unter dem Druck der Kelten bestärken könnte.

Die Gebiete von Florenz und des Mugello in jener Zeit scheinen zudem recht einheitlich: Während der größte Teil der Orte vorher keine starken Verteidigungsmauern besessen hatte, wurden in den Siedlungen des Mugello von Poggio di Colla und Frascole von da an sehr robuste Stadtmauern errichtet, auch bei kleineren Siedlungen oder Sichtungstürmen.
Auch die Stadtmauer von Artimino scheint jener Epoche zu entstammen; voraus ging der Verlust der etruskischen Kontrolle über die Strasse, von der ein Abschnitt von ca. 300 m bei Capannori ans Licht gebracht wurde. Sie führte als Verbindungsstrasse von Pisa nach Spina durch dieses Gebiet, d. h. sie verband die Häfen des Tyrrhenischen Meeres mit denen der Adria. Die Errichtung der Mauern von Fiesole würde der dringenden Notwendigkeit einer Verteidigung entsprechen, auch wenn die Ansammlung der Bevölkerung innerhalb des geschützten Ortes eine Zunahme der städtischen Wirtschaft hervorrief, wo die lokalen Produktionen die von außen kommenden Handelsströme ersetzten.
Auf die Zerstörung der nördlichen Votivstätte in Fiesole durch ein Feuer Mitte des 5. Jh. v. Chr. könnte kurz danach die Erbauung des großen

Zugangstreppe zum römischen Tempel, drittes Viertel des 1. Jh. v. Chr.

etruskischen Tempels erfolgt sein, der heute auf dem Ausgrabungsgebiet besichtigt werden kann. Er wird auf Ende des 4. Jh. v. Chr. datiert und zur Zeit chronologisch überprüft. Bei seiner Errichtung versuchte man, die Reste der schon bestehenden kleinen sakralen Ädikula nicht zu entweihen, und so legte man die weiter innen liegende *cella* des neuen Tempels darüber. Er hatte eine größere *cella* im Zentrum und zwei seitliche kleinere Räume, die *alae*, während die Wände sich bis zur Stirnseite des Gebäudes hin vorschoben. Die vordere Vorhalle war somit an den Seiten geschlossen; davor standen nur zwei Säulen von recht großen Ausmaßen. Der Komplex wurde von einem hohen Podium getragen, in das sich eine Freitreppe öffnete, die zum darunter liegenden Altar führte. Der Tempel von Fiesole hatte Wände aus Stein und nicht aus rohen Backsteinen, wodurch er sich gut erhalten hat. Er wurde durch ein komplexes Kanalisationsnetz vor Wasserinfiltrationen geschützt, das die Abwässer außerhalb der Stadt entsorgte. In darauf folgenden Phasen wurde der Tempel mit einem Frontgiebel mit Kampfszenen und seitlichen Stirnziegeln mit aufgesetzten kleinen Köpfen (3.-2. Jh. v. Chr.) ausgeschmückt, dazu kamen zwei symmetrisch an den Seiten angelegte Räume zur Aufnahme der Gläubigen, die Bronzefiguren und Geschirr als Weihgaben niederlegten. Aus jener Periode stammen auch die sechs etruskischen Gräber der einzigen entdeckten Nekropole der Stadt. Sie stammen von Ende des 4. Jh. v. Chr. und wurden bis zur Zeit der Romanisierung wiederholt benutzt. Heute können nur noch vier davon besichtigt werden.

Wieder war es ein Brand, vielleicht während der Zerstörung der Stadt im Jahr 90 v. Chr., der das Ende dieses Tempels bedeutete. Im Jahr 80 v. Chr. folgte der Zuzug einer römischen Kolonie von Sullas Veteranen. Das Areal des etruskischen Tempels wurde mehrere Meter tief in die Erde verlegt und ein neues Gebäude errichtet mit ähnlichem Grundriss wie das vorhergehende. Es war jedoch größer und hatte eine grandiose Freitreppe und eine Säulenhalle. Ein wenig jünger sind das nahe Theater, die Thermen und die Bauten, die zwischen der Via Pascoli und dem Ausstellungssitz der archäologischen Sammlung Costantini ans Licht kamen; letztere gehörten zu einem öffentlichen Gebäude.

Die massiven Bodenenteignungen auf Kosten der etruskischen Landbesitzer und die Konzentration der Tätigkeiten in die renovierten römischen Städte – wie *Florentia* in der darunter liegenden Ebene – verursachten den Verfall vieler kleiner, schon bestehender Orte. (M.M.)

Komplex der römischen Thermen, letztes Viertel des 1. Jh. v. Chr.

Stoffe und Kleidung

Auch wenn die etruskische Frau eine wichtige soziale Bedeutung innehatte und in der klassischen Epoche im Vergleich zur griechischen und römischen Tradition bemerkenswerte Privilegien genoss, war sie doch an die häusliche Sphäre gebunden. Der Brauch sah es vor, dass die wahre Matrone sich mit dem Spinnen oder Weben beschäftigte, wie die Grabbeigaben in Frauengräbern bestätigen, in denen einfache Instrumente zum Spinnen neben der Bestatteten liegen.

Wie es noch in der Mitte des vergangenen Jahrhunderts auf dem Lande geschah, wurde die rohe Wolle auf den Spinnrocken gewickelt und zu Fäden verarbeitet, indem man sie mit Hilfe eines hölzernen Stöckchens verzwirnte, das dank eines kugelähnlichen Gegengewichts aus Terrakotta um seine Achse kreiste. Der Webstuhl kam häufig als tragbarer und recht schmaler Typus vor – auch wenn es zuweilen recht große Exemplare gab – und war aus Holz; ein Umstand, der das heutige Fehlen von vollständigen Exemplaren erklärt; es sind jedoch Gewichte aus Terrakotta in Form stumpfer Pyramiden erhalten, mit denen die Kette gespannt gehalten wurde; des Weiteren blieben einige Darstellungen erhalten wie die auf einem bekannten Bronzeanhänger aus Bologna oder jene, die auf der Rückenlehne des Holzthrones aus dem Grab Lippi 89 in Verucchio eingraviert ist.

Bei kürzlich gemachten Studien hat man Unterschiede im sozialen Rang und damit auch bei den Fähigkeiten der Frauen festgestellt: einige waren eher mit Geräten zum Spinnen als mit solchen zum Weben begraben. Man leitet daraus ab, dass die einfacheren Spinnarbeiten eine recht große Zahl von Frauen betraf, während die größere Schwierigkeit bei der Umwandlung des gesponnenen Fadens in Stoff höheres Können erforderte. Eine ähnliche Organisation wurde Jahrhunderte lang unverändert auf dem toskanischen Land überliefert, wo es in den kleinen ländlichen Gemeinden bis ins 20. Jahrhundert hinein nur eine unter den älteren Frauen gab, die den Beginn des

Sandalen mit Holzsohle aus der Nekropole Olmo Bello bei Bisenzio, Ende 6. Jh. v. Chr. Rom, Museo Nazionale Etrusco di Villa Giulia

Detail der Frauenschuhe aus dem „Sarkophag der Eheleute" aus Cerveteri, zweite Hälfte des 6. Jh. v. Chr. Rom, Museo Nazionale Etrusco di Villa Giulia

Schnalle eines Männergürtels aus dem Accesa-See, letzte Jahrzehnte des 7. Jh. v. Chr. Massa Marittima, Museo Archeologico

Große Schmucknadel mit Kette, zweite Hälfte des 7. Jh. v. Chr. Chianciano, Museo Civico Archeologico delle Acque

Weiblicher Bronzegürtel aus dem Grab 543 der Benacci-Nekropole in Bologna, 8. Jh. v. Chr. Bologna, Museo Civico

Anknüpfens eines Stoffballens am Webstuhl bestimmen konnte.
Traditionell bestanden die Kleider aus einfachen Gewändern: der Tunika und dem Mantel; sie wurden von Fibeln aus Metall festgehalten, die der Form nach den heutigen Sicherheitsnadeln ähneln. Der Bogen der Fibeln war dem jeweiligen ornamentalen Typus nach geformt. Für den gewöhnlichen Gebrauch gab es Fibeln mit einfachem (oder halbrundem) Bogen, mit Geigenbogen (d.h. gerade) oder in Form eines Blutegels (d.h. geschwollen und bauchig in der Mitte), mit scheibenartigem Bügel (d.h. mit einer Metallscheibe an der Blockierung der Nadel) oder mit Einarbeitungen aus wertvollen Materialien wie Bernstein.
Für die reicheren etruskischen Frauen wurden mit feinen Techniken auch goldene Schmuckstücke hergestellt. Bei den Ohrringen gab es seit der orientalisierenden Zeit zahlreiche Variationen in Form und Verzierung, von einfachen Ringen im Ohrläppchen bis hin zu Hängeohrringen, Ohrringe in Form von Rosetten oder Kästchen. Seit dem 4. Jh. v. Chr. verbreiteten sich auf der Basis der griechischen Mode auch Ohrringe in Form eines Traubenhenkels oder solche, die wie eine kleine gebogene Tube aussahen und in einem Tierkopf ausliefen, und Ohrringe mit Anhängern aus Edelstein.
Die Männer waren ebenfalls mit Tunika und Mantel bekleidet, auch wenn die jüngeren seit dem 7. Jh. v. Chr. eine Art sehr kurzer, eng anliegender Hosen trugen; man kennt auch Hemden, die wie ein bequemes T-Shirt aussahen und bei körperlicher Arbeit als einziges Kleidungsstück getragen wurden. Um den Mantel auf der rechten Schulter festzuhalten, wurden während des 7. und 6. Jh. v. Chr. im Allgemeinen aus Edelmetall gefertigte Spangen benutzt, die am sichtbaren Teil mit Relieffiguren verziert waren.
Was das Schuhwerk betrifft, so hatten im Laufe des 6. und 5. Jh. v. Chr. bei den Männern Halbstiefel aus weichem Leder großen Erfolg; sie wurden mit Schnürsenkeln über einer Lederzunge an der Vorderseite des Schienbeins zugebunden. Die sogenannten *calcei repandi* waren auch außerhalb Etruriens wegen ihrer Bequemlichkeit und eleganten Farben, mit denen sie verziert waren, sehr gefragt; sie endeten in einer typisch erhöhten Spitze wie jene Schuhe, die an der Süd- und Ostküste des Mittelmeers heute noch getragen werden. Weniger elegant waren – auch wenn die Masse der Bevölkerung oft barfuss ging – Pantinen mit einer Holzsohle und Oberwerk aus Leder oder mit Schnürsenkeln. Wie verschiedene Funde bezeugen, wurde in einigen Fällen die Starre der Holzsohle durch das Einschieben eines Metallscharniers zwischen die vordere und hintere Seite gemildert, damit sich der Schuh zusammen mit dem Fuß besser beugen konnte.
Unter dem Zubehör mit Symbolgehalt spielte der *lituus* eine besondere Rolle. Es handelte sich um einen Stock, bei dem das oberen Ende gebogen war wie bei einem Hirtenstab; mit diesem Stab waren die Priester und manchmal auch andere Persönlichkeiten von hohem Rang ausgestattet. Es war ein Machtsymbol und zugleich ein Instrument, mit dem der Augur vor der Zeremonie zur Deutung der Zukunft das Himmelsgewölbe gemäss dem Ritual der Traditionen und Schriften in verschiedene Abschnitte unterteilte. Ein konischer Hut und ein kurzer, von einer Spange festgehaltener Mantel vervollständigten das zeremonielle Augurengewand. (M.M.)

Goldene Haarspange in Form eines Kamms aus *Praeneste*, erste Hälfte des 7. Jh. v. Chr. Rom, Museo Nazionale Etrusco di Villa Giulia

Goldener Ohrring aus Todi, Anfang 3. Jh. v. Chr. Rom, Museo Nazionale Etrusco di Villa Giulia

Goldener Ohrring in Kästchenform, zweite Hälfte des 6. Jh. v. Chr. Chianciano, Museo Civico Archeologico delle Acque

Goldener Ohrring mit Gorgonen aus Rio Ralletta bei Capannori, zweites Viertel des 5. Jh. v. Chr. Lucca, Museo Nazionale di Villa Guinigi

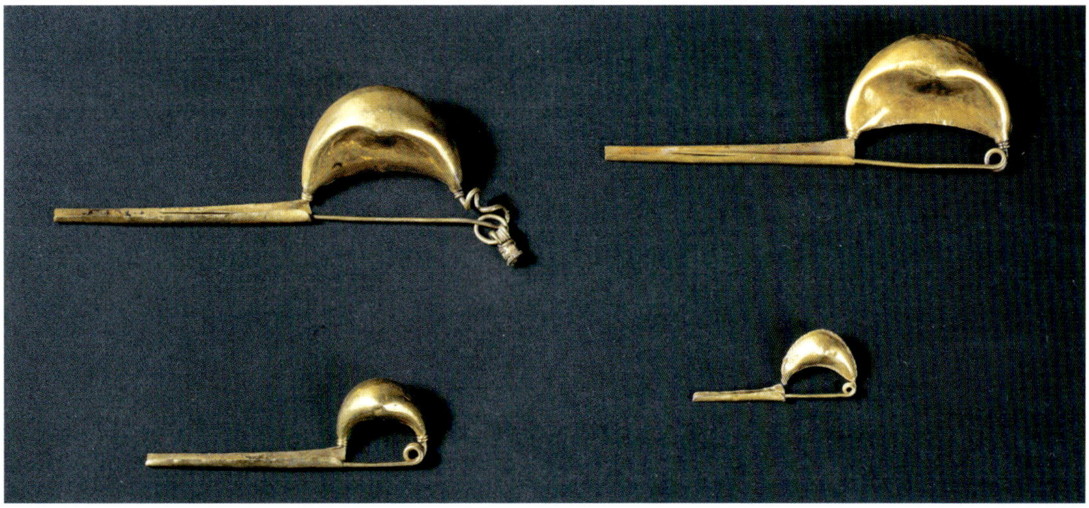

Goldene Fibel in Blutegelform aus Volterra, 650-625 v. Chr. Volterra, Museo Etrusco Guarnacci

Die *Chimäre* von Arezzo, 4. Jh. v. Chr.

Gegenüber, Detail der Minerva von Arezzo, römische Kopie des Originals von Praxiteles

Es ist das erste archäologische Nationalmuseum, das nach der Einigung Italiens im Jahr 1870 gegründet wurde. Zehn Jahre nach seiner Entstehung wurde es an den heutigen Sitz in den Palazzo della Crocetta aus dem 17. Jh. verlegt.
Es wurde mit den Medici- und großherzoglichen Sammlungen gegründet, in denen sich die großen etruskischen und römischen Bronzestatuen und die Kollektionen von Gemmen befanden.
Seit seiner Eröffnung war dieses florentiner Museum ein Sammelpunkt für Materialien, die im ganzen toskanischen Territorium entdeckt worden waren.
Es ist auch Sitz einer sehr berühmten ägyptischen Sammlung – sie wird in Italien nur von jener in Turin übertroffen –, die auf einer schon bestehenden Kernsammlung aus der Zeit der Medici aufbaut.
Im Erdgeschoss liegt draußen hinter den Sälen ein interessanter, im typisch antiquierten Geschmack ausgestalteter Garten. Dort befinden sich unterhalb der zahlreichen Bäume sowohl authentische Etruskergräber – die abgebaut und an dieser Stelle rekonstruiert wurden – als auch künstlich aufgebaute Gräber wie das Inghirami-Grab von Volterra.
Erwähnenswert sind auch das „Grab des Teufelchens", eine kleine Tempelfront, sowie andere, weniger bedeutende Gräber und zahlreiche Skulpturen.
Im ersten Stock des Gebäudes ist heute sowohl das Ägyptische Museum untergebracht – mit neuen, chronologisch und, soweit möglich, topografisch geordneten Sälen – als auch die Abteilung etruskischer und römischer Skulpturen aus Stein und Bronze. Der Korridor hingegen, der diesen Palazzo mit der Kirche Santissima Annunziata verbindet, wurde zur Glyptik-Abteilung mit Kameen aus der Römerzeit und der Renaissance bestimmt. Dieser Gang endet in einem eindrucksvollen, erhöhten Alkoven, von dem aus Maria Maddalena de' Medici, „die Verkrüppelte" genannte Schwester Cosimos II., den Messen der florentiner Basilika beiwohnen konnte, ohne gesehen zu werden.
Die etruskische Sammlung fängt bei der Galerie der Bronzefiguren (Saal 14) an. Hier ragen besonders die großen Bronzefiguren hervor, die im 16. Jh. ans Licht kamen und schon der Stolz der Medici-Sammlung waren. Es handelt sich dabei vor allem um die *Chimäre* von Arezzo (4. Jh. v.Chr.), die 1553 gefunden wurde und deren schlangenförmiger Schwanz das Ergebnis einer Restaurierung ist, die der Überlieferung nach von Benvenuto Cellini stammt. Diese große Skulptur musste Teil einer Gruppe gewesen sein, von welcher der andere Teil mit dem geflügelten Pferd und mit Bellerofonte im Sattel verloren gegangen ist. Diese Figurengruppe war eine Weihgabe an Jupiter-*Tinia*, wie die Inschrift auf der rechten Tatze des Ungeheuers besagt.
Nicht weit davon entfernt ist der *Redner* von Sanguineto am Trasimenischen See ausgestellt, der nach seiner Entdeckung 1566 auf abenteuerliche Weise in die Toskana kam. Er entstand zwischen 100 und 80 v. Chr. in einer stark romanisierten Zeit und trägt am unteren Rand der Tunika eine Inschrift auf Etruskisch, die den Namen der dargestellten Person, *Aule Meteli*, sowie die Widmung an eine Gottheit verrät. Die Gruppe der Meisterwerke der etruskischen Bronzekunst vervollständigt die *Minerva*, die 1541 bei der Kirche San Lorenzo in Arezzo gefunden wurde. Nach ihrer

Der *Redner* aus Sanguineto sul Trasimeno, 100-80 v. Chr.

Links, Bronzefigur des Herkules aus Poggio Castiglione bei Massa Marittima, um 300 v. Chr.; rechts, Bronzefigur des *Laran*, 475-450 v. Chr.

Entdeckung wurden Teile aus Gips und im 18. Jh. ein neuer rechter Arm aus Bronze ergänzt, und erst kürzlich erfuhr die Statue eine bedeutende Restaurierung wie auch die restlichen Skulpturen im Saal.
Der folgende Saal (15) zeigt weitere Artefakte aus Bronze wie Öllampen, Gewichte, ornamentale Elemente, einen Messbecher für einen Scheffel, Waffen aus verschiedenen Epochen und etruskische Spiegel mit Figurenverzierungen auf der Rückseite. Das Stockwerk umfasst auch die Säle der etruskischen Skulptur aus Stein mit kastenförmigen kleinen Urnen, Sarkophagen – darunter jener „des dicken Etruskers" –, Urnenstatuen und den Frontgiebel eines Höhlengrabes aus Norchia. Unter diesen Fundstücken ragt der berühmte „Sarkophag der Amazonen" aus Tarquinia hervor, der vor kurzem restauriert wurde. Wahrscheinlich entstand er um 375 v. Chr. im griechischen Raum und wurde dann nach Etrurien exportiert, wo er die sterblichen Überreste der Adligen *Ramtha Huzcnai* aufnahm. Die feinen Malereien, die ihn schmücken, stellen Kampfszenen zwischen Griechen und Amazonen dar: man kann Achilles erkennen, der die sterbende Amazone Penthesilea stützt. In der Galerie des Flügels ist normalerweise etruskische und römische Goldschmiedekunst ausgestellt. Im zweiten Stock sind in modernen Vitrinen die Sammlungen griechischer

Detail des „Sarkophags des dicken Etruskers", Anfang 3. Jh. v. Chr.

Kämme mit Sphingen aus Marsiliana, Mitte 7. Jh. v. Chr.

Sarkophag der *Larthia Seianti* aus Chiusi, erste Hälfte des 2. Jh. v. Chr.

Zwei Details des „Sarkophags der Amazonen" aus Tarquinia, 375 v. Chr.

Figurenkeramik ausgestellt. Sie kam aus Attika und wurde von den etruskern importiert. Das unumstrittene Meisterwerk dieser Abteilung ist die berühmte *François-Vase*, ein Werk des Töpfers Ergotimos und des Keramikmalers Kleitias, der hier auf übereinander liegenden Bändern einige mythologische Szenen abgebildet hat. Die Technik, mit der dieses Objekt um 570 v. Chr. geschaffen wurde, ist die der aufgemalten schwarzen Figuren, die mit Graffito-Details veredelt wurden. Eine Technik, die später (Ende des 6. – Anfang des 5. Jh. v. Chr.) von der gegenteiligen Technik abgelöst wurde, bei der die roten Figuren aus dem gemalten Hintergrund frei gelassen worden waren. Diese wurden dann mit dem Pinsel mit neuen Möglichkeiten an Weichheit und perspektivischer Verkürzung in ihren Details ausgefüllt. Auf diese Weise entstanden die Meisterwerke des Malers Myson, des Berlin-Malers, des Kleophrades-Malers und andere Werke, die im Museum ausgestellt sind. Der Saal 8 enthält auch Vasen „mit weißem Hintergrund", hergestellt in der zweiten Hälfte des 5. Jh. v. Chr. mit einer Technik, bei der man auf die Vase zuerst einen weißen und cremefarbenen Überzug auftrug, auf den dann die rotgemalten und schwarzumrandeten Figuren aufgetragen wurden.

Im zweiten Stock sind auch die griechischen und römischen Bronzefiguren sowie die aus der Renaissance vorerst provisorisch ausgestellt; der größte Teil davon hatte einst zur Medici-Sammlung gehört. Erwähnenswert sind hier der

Pferdekopf Medici-Riccardi, der sich in der Sammlung Lorenzos des Prächtigen befunden hatte, und der *Torso* von Livorno, der schon in der Sammlung von Cosimo I. existierte; beide sind aller Wahrscheinlichkeit nach griechische Originale, das erste hellenistisch, das zweite aus dem 5. Jh. v. Chr.

An ihnen haben sich viele Skulpturen der Renaissance inspiriert, wie verschiedene in diesem Zusammenhang ausgestellte Werke von griechischem Einfluss beweisen. Die römische Skulptur wird von den Resten einer Reitergruppe dokumentiert, die in Renai bei Signa nahe Florenz gefunden wurde; von großem Interesse sind auch zwei Helme in der Form einer Maske und einer Kappe aus spätrömischer Zeit aus Rapolano bei Siena, die jugendliche, sich an der klassischen Zeit inspirierende Züge aufweisen. Zusammen mit Bronzefiguren und metallenen Öllampen sind Exemplare adliger Portraits ausgestellt sowie eine Gruppe von vier Bronzeköpfen, die 1722 aus den Wassern des Meloria-Riffs (vor Livorno) auftauchten; heute hält man sie für Repliken des 17. Jh. von römischen Werken, die sich ihrerseits auf griechische Originale beziehen. (M.M.)

Die *François-Vase* aus Fonte Rotella bei Chiusi, 570 v. Chr.

Tasse, dem Lyandros-Maler zugeschrieben, zweite Hälfte des 5. Jh. v. Chr.

DAS NÖRDLICHE TYRRHENISCHE GEBIET

Die Küste der Toskana im Nordwesten war im Lauf der letzten Jahre Gegenstand archäologischer Forschungen, die Bedeutung und Besiedlung dieser Landschaft in der Antike klar gezeigt haben. Es handelt sich um ein weitläufiges Gebiet, das von der Lunigiana und den Apuanischen Alpen zum Meer und zur Versilia-Küste hin abfällt, um am Monte Pisano bzw. über interne Wege bei Lucca und der dahinter liegenden Ebene zusammenzukommen. Diese Ebene war in der Antike durch einen heute verschwundenen Seitenarm des Serchio, den Auser, mit dem ebenfalls heute ausgetrockneten See von Bientina verbunden.

Die Urgeschichte

Die Präsenz zahlreicher Berggebiete hat die menschliche Siedlung in natürlichen Höhlen und Schluchten schon seit der Urgeschichte begünstigt. Unter den wichtigsten Fundorten ist Tecchia di Equi in der Nähe von Equi Terme in der Lunigiana erwähnenswert, wo Objekte aus Stein aus dem mittleren Paläolithikum ans Licht kamen und die Anwesenheit von Neandertalern dokumentieren. Diese unter einem Felsen liegende Zuflucht, die mit einer Grotte verbunden ist, wurde später von Völkern der Kupferzeit bewohnt und ist heute dem Publikum zugänglich. Ein Teil des dort gefundenen Materials ist im örtlichen Museum im oberen Aulella-Tal bei Casola in der Lunigiana ausgestellt.
Auch die Garfagnana wurde im Paläolithikum bewohnt, auch wenn interessante Fundstücke aus den Sandgruben um den Massaciuccoli-See zeigen, dass es zu jener Zeit nicht nur die Anhöhen waren, die den Menschen Zuflucht boten. Sehr viel größer war die Besiedlung dieser Stätten im Laufe der Kupfer- und Bronzezeit. Wir wissen, dass im Äneolithikum die Völker dieses Gebiets ihre Verstorbenen in Grotten bestatteten. Manchmal wurden sie sofort beerdigt, manchmal verlagerte man auch die Knochenreste in natürliche Schluchten nach einer ersten Bestattung an einem anderen Ort. Unter den typischen Fundstücken des Äneolithikums sind die wertvollen dreieckige Dolche aus Kupfer, die Armreife, die Äxte aus Metall und das zeitgleiche Geschirr erwähnenswert.
In einem eng begrenzten Gebiet zwischen dem Flusstal des Magra und den Apuanischen Alpen fanden seit den ersten Metallzeitaltern einige besondere Skulpturen ihre Verbreitung, die sogenannten „Stele-Statuen der Lunigiana“, die nur in bestimmten Aspekten mit anderen Objekten des Alpenraumes oder allgemein des europäischen Raumes verwandt sind. Die ältesten, auf die Kupferzeit (3400–2000 v. Chr.) datierbaren Exemplare wurden in zwei Typen klassifiziert. Der erste Typ hat das Aussehen einer oben abgerundeten Steinplatte, die im oberem Teil einfache menschliche Gesichtszüge hat, aber

Gegenüber, zwei Lunigiana-Stelen vom Typ „Malgrate“ aus der Kupferzeit. Pontremoli, Museo delle Statue Stele Lunigianesi

Einige Lunigiana-Stelen vom Typ „Pontevecchio“ aus der Kupferzeit. Pontremoli, Museo delle Statue Stele Lunigianesi

keine Andeutung eines Halses aufweist. Der zweite Typ hingegen hat einen deutlichen, kurzen Hals, auf dem ein halbkreisförmiger Kopf sitzt. Bei beiden Typen treten im Basrelief Arme und charakterisierende Attribute wie Waffen auf. Obwohl ihre Funktion nicht geklärt ist, könnte es zutreffen, dass diese Skulpturen in heiligen Bezirken aufgestellt waren, die nicht zwangsläufig eine Friedhofsfunktion hatten. Ein dritter Typ, der einer rudimentären Statue mit nur männlichen Zügen sehr nahe kommt, müsste aus der Eisenzeit stammen, wie die Inschriften vermuten lassen, die in etruskischem Alphabet auf einigen Exemplaren eingeritzt sind. Man kann eine reiche Auswahl dieser Skulpturen im Museum der Stele-Statuen in der Lunigiana besichtigen, das im Castello del Piagnaro bei Pontremoli untergebracht ist.
Für die Bronzezeit haben archäologische Forschungen im ganzen Gebiet zahlreiche Orte mit Wohnsiedlungen ausgemacht, auch wenn diese manchmal nur für eine Jahreszeit waren, was mit der Viehzucht und der sogenannten Transhumanz zusammenhing.
Die Verbreitung der Funde aus der jüngsten und späten Bronzezeit, die in der Garfagnana, der Versilia und im Gebiet zwischen Lucca und Pisa häufig vorkommen, zeigt, wie dieses Gebiet eine Phase des Wachstums in Produktion und Handel durchlief. Dieses Wachstum stand in engem Zusammenhang mit den Bodenschätzen, die vor allem Kupfer enthielten. Auch die Ausbeutung der Binnensee-Ressourcen rund um den ehemaligen See von Bientina und längs des Flusses Auser begünstigte die Besiedlung durch menschliche Gruppen. Dies beweisen unter anderem die Funde von Fossa Nera im Bezirk von Porcari, wo die Eigenschaften der Objekte aus Metall und Keramik starke Bindungen mit der Ebene der westlichen Emilia bezeugen.

Pisa

Die antiken literarischen Quellen erzählen von einer legendären Stadtgründung durch ein griechisches Kontingent, das aus dem Trojanischen Krieg zurückkam. Die kürzlich gemachten archäologischen Ausgrabungen hingegen haben die Reste eines Dorfes von mindestens acht Hütten aus der letzten Phase der Bronzezeit identifiziert. Es lag in einer Salzlagunenlandschaft und war auf einem Pfahlwerk aus Ulmenstämmen aufgebaut.
Das Verlassen dieses Gebietes am Ende der Bronzezeit und die mehr oder minder gleichzeitige Existenz anderer Siedlungen sowohl im Stadtgebiet von Pisa als auch an der Arnomündung scheint die Verlegung der Dörfer mit der Instabilität des Wasserhaushalts in direkten Zusammenhang zu bringen. Es bezeugt aber gleichzeitig, dass diese Siedlungen die Zonen am Fuß der Berge und die Küstengebiete an den Flussmündungen deutlich bevorzugten. Die Landschaft zu jener Zeit sah im Vergleich zur heutigen völlig anders aus: die Strände waren sehr viel kürzer und die Küste war bis zur Versilia hin von Lagunen und Süßwasserseen gesäumt. Letztere stellten für die Seeleute eine leichte Landestelle und für die Fischerei eine nützliche Ressource dar. Auch die Flüsse spalteten sich an der Mündung in mehrere Arme, die von Schiffen befahren werden konnten. Die Präsenz an Küstenorten von Objekten, die aus Sardinien stammten – wie Materialien, die den Einfluss von Stilen des nordwestlichen Italiens und Frankreichs aufweisen – dokumentieren den Handelsumfang auf dem Meer schon zu Beginn der Eisenzeit.
In diesem Rahmen erscheint also Pisa seit dem 9. Jh. v. Chr. als eine Stadt von großer Bedeutung, in einer Epoche, auf die einige Gräber der Villanova-Kultur und Spuren eines Wohngebietes im Inneren der modernen Stadt zurückgehen. Die primitive Siedlung Pisas entstand direkt in einer Lagunenlandschaft, die durch einige Sandgürtel vom Meer getrennt war, dort wo der nördlichste Flussarm des Arnodeltas mit dem Fluss Auser zusammenkam. Aller Wahrscheinlichkeit nach war diese Siedlung das Ziel einer Handelsroute zu Wasser und zu Land, die von Bologna aus den Apennin überwand, sich dem florentiner Gebiet zuwandte und dann auf dem Fluss nach Pisa ge-

Tumulus der Via San Jacopo in Pisa, 8.-7. Jh. v. Chr.

Abschnitt der Beplankung eines der römischen Schiffe, die in San Rossore bei Pisa gefunden wurden (Grabungen noch im Gange)

langte. Seit dem 8. Jh. v. Chr. musste zu diesem Verlauf noch ein anderer hinzukommen, der vom Gebiet um Modena durch die Täler des Panaro und auf dem Serchio zu diesem Küstenort gelangte. Nach den Funden einiger Bronzeobjekte zu schließen stand er auch mit dem südlichen Etrurien und der Tibermündung über die Küste in Verbindung. In tieferen Ausgrabungsschichten unter der Piazza del Duomo entdeckte man Fragmente von Geschirr, das vielleicht in Tarquinia hergestellt worden war. Es würde auf Pisa hinweisen als ein Zentrum für die Einfuhr und Verbreitung von Keramiken im geometrischen Stil von Südetrurien ins nördliche Küstengebiet und ins toskanische Binnenland. Außerdem lenkt die Verbindung mit jener Stadt im Latium das Interesse wieder auf die antiken literarischen Quellen (unter anderem auch Cato) die die Entstehung Pisas dem legendären *Tarchon* zuschreiben, der auch Tarquinia gegründet haben soll. Andere archäologische Forschungen im Gebiet von Pisa haben in der Via San Jacopo in einer Nekropole der Villanova-Kultur ein großes Tumulus-Grab des 8.-7. Jh. v. Chr. ans Licht gebracht. Es war von Steinplatten umgeben und wurde aufgrund des Fehlens menschlicher Überreste in seinem Inneren als ein wahrscheinliches Zenotaph betrachtet für einen reichen adligen Fürsten; das Gebiet wurde instand gesetzt und ist zur Besichtigung freigegeben.

Ohne Zweifel kontrollierte die Stadt schon zu Ende des 7. Jh. v. Chr. das Territorium, das von Castiglioncello und der Flussmündung des Fine bis zur oberen Versilia reichte. Es stieß auch in das Innere bis zum Tal des Serchio, zum unteren Tal des Arno und zum mittleren Tal der Era vor. Pisa war im Kunsthandwerk und in der Landwirtschaft aktiv – vor allem im Weinanbau, der den Handel mit Frankreich und dem südlichen Etrurien nährte – und erneuerte sein Stadtgebiet zwischen Ende des 5. und Anfang des 4. Jh. v. Chr., wie die Heiligtümer von Piazza Dante und Piazza del Duomo zeigen. Von dieser städtischen Entwicklung zeugen heute noch die Überreste von Hafenanlagen und die Prägung eigener Silbermünzen. Pisa alliierte sich schon im 3. Jh. v. Chr. mit Rom und stand im Zentrum der Zusammenstösse mit den Ligurern, die seit jener Zeit ihren Druck auf das Küstengebiet und auf die Gebiete nördlich des unteren Arno verstärkt hatten. Von seinen römischen Zeiten – zwischen 41 und 33 v. Chr. wurde es *Colonia Opsequens Iulia* – sind die „Nero-Thermen“ aus dem 1. Jh. n. Chr. und einige Skulpturen im Museum der Dombauhütte und auf dem Friedhof erhalten geblieben. Im Dezember 1998 wurde Pisa zum Schauplatz einer sensationellen archäologischen

Entdeckung: Es kamen die Überreste des örtlichen Hafens der etruskischen und der römischen Stadt ans Licht und mit ihnen mindestens 28 Schiffswracke. In dem Gebiet weiter südlich der Ausgrabungsstätte wurden die Reste der Hafenanlagen der Etruskerstadt gefunden, die später in der Erde versinken sollten und die u. a. aus einer wellenbrechenden Palisade bestanden. Parallel dazu verlief ein aus großen Steinblöcken bestehender Kai, der fast zwei Meter tief und mehr als 16 Meter lang und mit einem rechteckigen Vorbau verbunden war.

Einige dieser Fundstücke, die mit diesen Anlagen in Zusammenhang stehen, – Vasen aus Impasto-Masse, ein Kelch mit eingeritzter etruskischer Inschrift, schwarz lackierte Vasen, ein etruskischer Kolonnettenkrater – gehen bis auf das 5. Jh. v. Chr. zurück. Aber die wirkliche Besonderheit war die Entdeckung von insgesamt 28 Schiffen – einschließlich der Ladung und des Materials an Bord –, die sich in einem ausgezeichnetem Erhaltungszustand befanden; dies dank des feuchten Bodens, der keinen Sauerstoff enthält und die Hölzer und organischen Substanzen intakt konserviert hat, die sonst verrottet wären. Die Rumpfe gehörten zu drei Frachtschiffen, drei Schiffen für die Flussschifffahrt, einem Ruderboot und zwei weiteren großen Schiffen, deren Funktion noch bestimmt werden muss, und sind fast vollständig erhalten, während andere Rumpfe unvollständig und beschädigt sind. Die Schiffe gehen in ihrer Gesamtheit auf einen großen Zeitraum zwischen dem 3. und 5. Jh. n. Chr. zurück und müssen im Hafen gesunken sein aus Gründen, die in den meteorologischen Bedingungen und auch im menschlichen Verhalten zu suchen sind.

Die Bergung des Materials ist noch im Gange, und auch die Restaurierung dauert noch an, für die man eher längere Zeitspannen annimmt. Ein erster Teil der gefundenen Objekte ist in zeitlich begrenzten Ausstellungen zu sehen, die im Inneren der Arsenale dei Cavalieri di Santo Stefano veranstaltet werden.

Die Versilia und das Gebiet um Lucca

Der Hafen von Pisa war nicht der einzige, den die Etrusker an der Küste anlegten; unter den in den Ausgrabungen entdeckten Häfen musste der Hafen von San Rocchino in der Nähe von Massarosa eine gewisse Bedeutung eingenommen haben. Seine schwachen Spuren im Boden sind heute leider schon verrottet. Unweit einer Süßwasserquelle kamen hier einige Überreste aus der frühen Eisenzeit ans Licht, wo Ende des 7. Jh. v. Chr. komplexe Trockenlegungen des Bodens und Arbeiten für die Eindämmung der Lagunengewässer ausgeführt wurden. Man baute Palisaden zur Wellenbrechung und hohe Dämme aus Reisigbündeln und Holz. Das Material wurde so angeordnet, dass es regelmäßige Kästen bildete. Auf diesen Unterbau wurden Behausungen errichtet, aus denen heute Fundstücke aus Bucchero- und farbloser Keramik sowie aus Impasto-Masse ans Licht gekommen sind, die außer mit den Ausgrabungen von Pisa auch mit den Funden im Gebiet von Volterra und Populonia große Ähnlichkeit aufweisen. Von Ende des 6. und 5. Jh. stammen Geschirrfragmente aus griechischen Importen mit schwarzen und roten Figuren sowie auch örtlich hergestellte Keramiken. Die bedeutendsten Stücke, die aus diesem Gebiet kommen, sind heute im Museum der Villa Guinigi in Lucca ausgestellt, während andere Fundstücke im Archäologischen Museum von Viareggio besichtigt werden können. Auf die gleiche etruskische Präsenz weisen verschiedene, in der Versilia verstreute Funde hin. Sie sind das Zeugnis eines wirtschaftlichen Drucks Richtung Norden, der die Entstehung kleiner Siedlungen an der Flussmündung des Magra und im Golf von La Spezia und auch einen wahrscheinlich

Schale und Schöpfgefäß aus Chiarone di Capannori, Ende 7. Jh. v. Chr. Lucca, Museo Nazionale di Villa Guinigi

Weibliche Votivfiguren aus Bronze aus der Buca di Castelvenere, 450-420 v. Chr. Lucca, Museo Nazionale di Villa Guinigi

Zwei Seiten der attischen *kelebe*, die dem Schweinemaler zugeschrieben wird, aus Rio Ralletta di Capannori, um 470 v. Chr. Lucca, Museo Nazionale di Villa Guinigi

gleichzeitigen Rückzug der Ligurer mit sich bringen sollte. Andere Zeugnisse aus jener Zeit kommen im Binnenland vor, so zum Beispiel in der Garfagnana, längs des Serchio-Tals und um den ehemaligen See von Bientina herum: Das aus diesen Orten stammende Material ist auf die verschiedenen Archäologischen Museen verteilt: Im Museum von Castelnuovo Garfagnana sind etruskische und ligurische Fundstücke ausgestellt, die auf das 6. bis 2. Jh. v. Chr. zurückgehen. Im Museum von Barga kann man Grabbeigaben aus den ligurischen Gräbern von Castelvecchio Pascoli und dem Vaiana-Tal sehen; das Museum von Pietrasanta zeigt Grabzeichen in Form einer Keule, die für die Etrusker-Zeit der Versilia charakteristisch sind. Im Museum der Villa Guinigi kommt Material aus der Villanova-Zeit, der orientalisierenden und der archaischen Zeit zusammen. Vor allem aber hütet das Museum die eleganten Goldschmiedearbeiten und den wertvollen attischen Rotfigurenkrater mit der Figur des Theseus, ein Werk des „Schweinemalers", das bei Capannori als Urnengefäß für ein Etrusker-Grab diente; des Weiteren ein Depot mit Silbermünzen von Anfang des 3. Jh. v. Chr., die zeitgleichen ligurischen Kastengräber, ein Beweis für das Vordringen der Ligurer in jener Zeit, und ein Kastengrab aus der Lunigiana (3. Jh. v. Chr.). Die Beigaben bestanden aus einem Aschentopf, Geschirr und wertvollen Waffen, darunter ein Schwert, eine Lanze und ein seltener Helm aus Bronze mit großen Hörnern aus dünnem Metallblatt. Es sollte das römische Heer selbst sein, das den Ligurern entgegentrat. Die Römer trafen jedoch auf heftigen Widerstand, der mehrere Feldzüge lang bis zum Jahr 180 v. Chr. andauern sollte. Doch schließlich erlitten die Ligurer eine Niederlage, und es folgte eine Deportation von 40.000 Männern in das Gebiet der Samniter südlich von Rom. Diese Wende öffnete den Weg zur Gründung der Kolonien Lucca und Luni im Jahr 177 v. Chr. Das Museum der Villa Guinigi zeichnet also auch die archäologische Geschichte von Lucca nach, dessen Ursprünge auf die Zeit der Etrusker zurückgehen, wie die Fundstücke beweisen. Sie stammen von Ende des 7. bis Anfang des 6. Jh. v. Chr. und sind auf einen Familienfriedhof zu bezie-

Silbermünzen aus Romito di Pozzuolo bei Lucca, 300-270 v. Chr. Lucca, Museo Nazionale di Villa Guinigi

Kastengräber vom ligurischen Typ aus Vado di Camaiore, Anfang 3. Jh. v. Chr. Lucca, Museo Nazionale di Villa Guinigi

hen, der aus einem Dutzend Urnengräbern bestand. Eine Ausstellung mit römischem und langobardischem Material vervollständigt die Dokumentation über die Geschichte der Stadt. Sie wird zudem durch die Reste des Amphitheaters ergänzt, das man heute noch an dem gleichnamigen Platz sehen kann, sowie durch Überreste römischer Bauten unter der Kirche Santissimi Giovanni e Reparata. Andere wichtige Spuren der Etrusker sind bei Porcari ans Licht gekommen: Es ist ein Gebiet, das schon in der Bronzezeit besiedelt war und später wegen der Überflutungen des Flusses Auser verlassen wurde. Hier entstand zwischen dem 6. und 5. Jh. v. Chr. ein ländlicher Komplex mit Behausungen, Silos und Müllhalden. Die Stätte wurde von einer ersten Überflutung getroffen und durch ein weiteres Hochwasser definitiv zerstört. Diese Flut traf das Sumpfgebiet von Bientina und erschütterte Existenz und Ökonomie der ganzen Umgebung: Das gesamte etruskische Wohnsystem dieser Gegend wurde bis zum 3. Jh. v. Chr. ausgelöscht. Das Gebiet wurde dann um 150 v. Chr., nun schon in römischer Epoche, wieder besiedelt: Es entstand ein ländliches, spätrepublikanisches Haus, das in ein dichtes Netz aus kleinen Bauernhöfen und Nutzgebäuden eingefügt war; kürzlich gemachte archäologische Ausgrabungen haben sie zum größten Teil wieder entdeckt. Von diesen historischen Zeiten zeugen das Material in den ständigen Archäologischen Ausstellungen von Porcari und Capannori und auch jenes im Etrusker-Museum von Bientina. Es entstand an jener Stelle, wo sich im Mittelalter ein großer See befunden hatte, der im Laufe des 19. Jh. trockengelegt wurde.

Oinochoe aus roter Impasto-Masse und Topf aus Bucchero mit Deckelschale (links) und Tontopf mit Deckel und kleiner Krug (rechts), aus der Via Squaglia in Lucca, um 600 v. Chr. Lucca, Museo Nazionale di Villa Guinigi

Amphore und Geschirr aus dem etruskischen Haus im Ortsgebiet Fossa Nera. Bientina, Museo Etrusco e della Storia Antica del Territorio

Überreste der römischen Villa der *Venulei* beim Massaciuccoli-See, 1. Jh. n. Chr.

Die Siedlungen der Romanisierung

Das Ausgrabungsgebiet von Massaciuccoli, das am gleichnamigen See liegt, nimmt auch wieder auf die römische Epoche Bezug. In dieser Zone, die für Besucher zugänglich ist, liegen die Überreste einer großen Villa, die zu Beginn des 1. Jh. n. Chr. für die pisaner Familie *Venulei*, reiche Ziegelsteinhersteller, auf Erdterrassen angelegt wurde. Auf dem höheren Teil dieses antiken Komplexes steht heute die Pfarrkirche San Lorenzo, während die tiefer liegenden Terrassierungen mit Brunnenanlagen, Becken, Thermalgebäuden und einem *triclinium* mit Exedra heute noch erkennbar sind; die Ausgrabungen sind hier noch im Gange, bis der Komplex vollständig erforscht ist. Weiter nördlich im Ortsteil Capezzano Pianore kam ein römischer Bauernhof mit Anlagen zur Herstellung von Olivenöl ans Licht. Er lag am Fuße der ersten Hügel in Küstennähe. Im Inneren des Gebäudes wurde eine doppelte Kelter mit den dazu gehörenden Becken für die Dekantierung gefunden. Sie befand sich in der Nähe jenes Bereiches, der für die Lagerung der Produkte vorgesehen war. Die Fundstücke sind heute im Archäologischen Museum von Camaiore ausgestellt, während das Gelände der Villa für die Besichtigung freigegeben ist.
Von großer Bedeutung für die römische Epoche sind auch die ältesten Marmorsteinbrüche (1. Jh. v. Chr.) in den Apuanischen Alpen. Das Marmor-Museum von Carrara zeigt Funde wie Münzen, Kultstatuen und halbfertige Materialien – Säulen, Kapitelle, Basen –, die hauptsächlich von Luni aus für ihre Verschiffung zu den Zielorten bereitstanden, wo sie fertiggestellt wurden. Das Museum von Carrara stellt auch Teile von antiken Oberflächen aus dem Marmorsteinbruch aus, die sogenannten „tagliate", auf denen man heute noch die Bearbeitungsspuren der römischen Schürfer sehen kann. Andere zeitgleiche Fundstücke sind in der Akademie der Schönen Künste von Carrara zu sehen, was man mit einem Besuch des Archäologischen Museums und der Ausgrabungszone von Luni verbinden kann. Diese antike Stadt liegt in Ligurien in der Nähe von Sarzana und war Kolonialsitz und ein von den Römern angelegter Hafen (177 v. Chr.). Sie gründeten den Ort auf einer schon bestehenden Siedlung, deren Existenz schon zu Ende des 3. Jh. v. Chr. bezeugt ist. Von Luni sind noch ein großer Teil des Ortes und des Straßennetzes, Mauerreste, das Forum mit dem *capitolium*, das Theater, der Tempel im Norden und das Amphitheater vor dem Osttor erhalten. (M.M.)

DAS ETRURIEN DER POEBENE

Die Kultur des Etrurien in der Poebene ist so alt wie die jener Gebiete, die im eigentlichen Etrurien liegen; die etruskische Kultur der frühen Eisenzeit, die sogenannte „Villanova-Kultur", erhielt diesen Namen von einem Ort in der Nähe von Bologna, Villanova, wo zum ersten Mal Zeugnisse dieser Zivilisation gefunden wurden. Einige Gebiete in der Romagna und der Emilia bis zum Po zeigen eine wesentliche Identität mit den Gebieten südlich des Apennin, einer Barriere, die in Wirklichkeit schon seit der Urgeschichte von zahlreichen Pässen durchzogen war.

Die Villanova-Kultur dauerte in der Poebene dennoch bis zur Mitte des 6. Jh. v. Chr. an, d. h. weit über die für das eigentliche Etrurien üblichen chronologischen Grenzen hinaus, und zwar unter Beibehaltung der soziokulturellen und siedlungsmäßigen Traditionen, die für die Bildung von richtigen Städten ein Hindernis darstellten. Tatsächlich wissen wir, dass bestimmte Entwicklungsprozesse durch den Hang zu einer eher produktiven, kommerziellen und handwerklichen Tätigkeit als zur Landwirtschaft entstanden waren. Sie gingen vom südlichen Etrurien aus und verbreiteten sich dann durch Expansion allmählich nach Norden und Osten.

Bologna

Die Hauptstadt der Emilia liegt im Zentrum eines schon seit der Urgeschichte bewohnten Territoriums und wurde seit dem 9. Jh. v. Chr. von Stämmen der Villanova-Kultur besiedelt. Sie standen an der Spitze mehrerer benachbarter Siedlungen, von denen man Überreste und auch Nekropolen entdeckt hat. Die Entwicklung der örtlichen Villanova-Kultur begann mit Dörfern mit ovalen oder eckigen Hütten – wie die auf der Stele San Vitale 793 eingeritzte Hütte – und mit Schacht-Urnengräbern mit spärlichen, wenig differenzierten Grabbeigaben; sie sind ein Dokument der Gesellschaft jener Zeit, die anscheinend nicht sehr gegliedert war. In der ersten Hälfte des 8. Jh. v. Chr. verlagerten sich die bologneser Siedlungsgebiete nach Westen, was mit dem Lauf zweier Flüsse zusammenhing. Die Grabbeigaben wurden langsam reichhaltiger, bis sie von der zweiten Hälfte des 8. Jh. bis zur ersten Hälfte des 7. Jh. v. Chr. ein sehr beachtliches Niveau erreichten: Die Fundstücke aus Metall sind zahlreich und zeigen den Einfluss von Modellen aus Vetulonia und Tarquinia. Das häufige Auftreten von Angriffswaffen in den Männergräbern ist ein Indiz des sozialen und wirtschaftlichen Aufstiegs der Krieger, im Besonderen derer zu Pferd, von denen der bekannte „*Askos* Benacci" möglicherweise die Ikone darstellt. Ein weiteres Zeugnis der Blütezeit die-

Gegenüber, der „*Askos* Benacci" aus dem Grab 525 der Benacci-Nekropole in Bologna, zweite Hälfte des 8. Jh. v. Chr. Bologna, Museo Civico Archeologico

Der „Zannoni-Stein" aus Bologna, Ende 7. Jh. v. Chr. Bologna, Museo Civico Archeologico

Der „Malvasia-Tortorelli-Stein" aus der Via Santo Stefano in Bologna, Mitte 7. Jh. v. Chr. Bologna, Museo Civico Archeologico

ser verschiedenen bologneser Orte ist die Lagerstätte von San Francesco mit Objekten aus Bronze. Die Stätte bestand ursprünglich aus einer Hütte mit einem großen Tonkrug im Inneren, der zum Teil in die Erde eingegraben war und ca. 15.000 Objekte aus Bronze und nur drei aus Eisen enthielt; diese Objekte sind heute im Archäologischen Museum von Bologna ausgestellt. Die Bevölkerung wurde in individuellen Gräbern bestattet, bei denen es sich immer öfter um Erdbestattungen handelte; die Inschriften in etruskischer Sprache dokumentieren, dass die starken Familienclans (*gentes*), die im südlichen Etrurien schon vorkamen, hier noch nicht verbreitet waren. Trotzdem fehlen breit gefächerte kulturelle und künstlerische Einflüsse nicht, wie die fortschreitende, gleichzeitige Präsenz von traditionellen geometrischen Motiven und Verzierungen mit Männer-, Tier- und Pflanzenfiguren auf dem Geschirr zeigt.

Verucchio

Auf die Zeit vom 9.-7. Jh. v. Chr. geht auch die Siedlung Verucchio zurück, die auf einem unzugänglichen Hügel im Hinterland lag; wahrscheinlich handelt es sich um den wichtigsten etruskischen Ort der Villanova-Kultur in der Romagna. Im 9. Jh. v. Chr. hing die Präsenz der Villanova-Kultur im Gebiet von Bologna eng mit den Gruppen Nordetruriens zwischen Arno und Ombrone zusammen, während die Villanova-Kultur in der Romagna und den Marken (Fermo) auf die etruskischen Volksstämme nördlich des Tiber zurückzuführen ist. Bis zur Mitte des 6. Jh. v. Chr. zeichnete sich die lokale Kultur durch evolutive Formen der Villanova-Kultur aus, die absolut eigentümlich und von großem Reichtum waren. Auch wenn Überreste von Hütten, Brunnen und Keramikbrennöfen als Zeugnisse der Siedlungsgebiete gefunden wurden, so waren es doch die Gräber, die wirklich spektakuläre Fundstücke ans Licht brachten; manchmal hatten sie weder von Grabräubern noch von Umwelteinflüssen Schaden erlitten. Die hohe Feuchtigkeit des Bodens und die Wasserinfiltrationen haben Materialien wie Stoff, Holz, Tierhäute, Pelze, Weiden und Nahrung konserviert. Das Lippi-Grab 85 hat unter anderem auch Material aus Holz hervorgebracht, zum Beispiel einen Thron, der mit einer hohen Lehne verziert war, einen Fußschemel und drei runde Tischchen mit je drei Beinen. Des Weiteren einen Helm, der aus geflochtenen Weiden gemacht und mit Bronzenieten verstärkt war, sowie Reste einer Tunika aus Leinen, in die eine Gebeinurne eingewickelt war. Auch das Grab 89 enthielt einen hölzernen Thron mit Inschriften und Szenen des Alltags und von zeremoniellen Paraden. Außer zahlreichen Bronzeobjekten wie Schilde aus Bronzeblech kamen auch ein Helm zum Vorschein, bei dem noch ein Teil des doppelten Helmbusches aus Rosshaar erhalten war, sowie ein Beil mit originalem Holzgriff. Diese Gegenstände sind im Archäologischen Museum von Verucchio ausgestellt. Hier kann man auch die Objekte sehen, die in einem Brunnen gefunden wurden: Er war mit Votivmaterial gefüllt, das bis auf die erste Hälfte des 4. v. Chr. zurückgeht.

Bronzefigur eines Betenden aus dem Votivdepot von Monte Acuto Ragazza aus Grizzana bei Bologna, 480-460 v. Chr. Bologna, Museo Civico Archeologico

Zwei Seiten der „Situla von La Certosa" aus dem Grab 68 der Nekropole La Certosa in Bologna, Ende 6. Jh. v. Chr. Bologna, Museo Civico Archeologico

Die Besiedlung der Poebene durch die Etrusker und Marzabotto

Um die Mitte des 6. Jh. v. Chr. fanden im Etrurien der Poebene Umwälzungen statt, die mit dem Migrationsschub einiger etruskischer Städte, allen voran Chiusi, einhergingen. Diese Entwicklungen hatten zahlreiche Ursachen wie zum Beispiel den Rückzug der Etrusker aus Kampanien, die wachsenden Kontraste zwischen den einzelnen Seestreitkräften, die auf dem Tyrrhenischen Meer aktiv waren, sowie das griechische Interesse für die Märkte Mitteleuropas: Um diese zu erreichen, führten die Schiffsrouten das Adriatische Meer hinauf. Die Suche nach neuen Absatzmärkten und neuem Land für eine wachsende Bevölkerung öffnete den Weg für Stämme und Elemente einer Kultur von typisch etruskischer Prägung, die in die Villanova-Kultur der Poebene eindrang.

Bologna nahm erst in dem Moment ein städtisches Aussehen an, als es sich zwischen den Flüsschen Aposa und Ravone verdichtete. Einige Traditionen verschwanden jedoch nicht: Man bevorzugte nach wie vor die individuelle Bestattung in Schachtgräbern, akzeptierte aber neue Moden, bei denen aus Attika importierte Krater und Vasen als Urnengefäße benutzt wurden. Die Einführung der *gens* als Gesellschaftsmodell wird von Epigraphen bezeugt, und von der neuen Sozialordnung zeigen uns die Reliefs der *situla* aus der Kartause von Bologna ein eindrucksvolles Bild: Hier sind einige Szenen aus dem Leben des Adels sowie ein Heer dargestellt, das aus den mittleren Gesellschaftsschichten kam. Während die Bräuche des Adels von orientalischen, griechischen und mitteleuropäischen Moden beeinflusst zu sein scheinen, weisen die verschiedenen Abteilungen des Heeres hingegen auf eine Bevölkerung von eher bescheidenem Wohlstand hin. Diese subalterne Klassen unterschieden sich nach Bewaffnung und damit nach Vermögen; folglich passten sich die militärischen Einheiten in den verschiedenen Gebieten Etruriens nur zum Teil an das Modell des griechischen Heeres der Hopliten an, für das hingegen eine größtmögliche Uniformität seiner Komponenten typisch war.

Der Erfolg von Städten wie Bologna wuchs im Laufe des 5. Jh. v. Chr., als der Verlust der etruskischen Oberhoheit auf See nach der

Der Einzäunungs-Altar D auf der Akropolis von Marzabotto, Anfang 5. Jh. v. Chr.

Gegenüber, Fundamente der Wohnungen des südlichen Areals von Marzabotto, Anfang 5. Jh. v. Chr.; unten, die Ost-Nekropole mit Kastengräbern außerhalb des Ost-Tors, 5. Jh. v. Chr.

Niederlage von *Cumae* die Städte an jenen Straßen noch wichtiger machte, die Etrurien mit den neuen Häfen der Adriaküste verbanden. Auf einer dieser Routen südlich von Bologna entstand Marzabotto, das zuerst seit Mitte des 6. Jh. v. Chr. besiedelt war und dann zu Beginn des 5. Jh. v. Chr. planmäßig „gegründet" wurde. Auf einer Hochebene, die von einem Flussarm des Reno begrenzt wird, und in einer Anordnung, die sich nach den Tempeln der Akropolis richtete – die Tempel waren aus religiösen Gründen nach Süden ausgerichtet und lagen auf dem nördlichen *decumanus* – entstand also eine rechtwinklig angelegte Stadt mit einem gepflasterten *cardo* und drei *decumani* von 15 m Breite. Auch wenn sich die Eigenschaften dieser Siedlung – sie liegt zeitlich früher als die Lehre des Hypodamos von Milet, eines griechischen Städteplaners, der eine Theorie über eine planmäßige Stadtgründung entwickelte – nach einer typisch etruskischen Mentalität vorwiegend aus religiösen Aspekten ergeben, so können die technischen, praktischen und sozialen Anwendungsbereiche nicht geleugnet werden, die zum Teil mit den späteren politisch-philosophischen Einflüssen des Hypodamos übereinstimmen und die mit der Entfaltung der Demokratie in Athen zusammenhängen.
Die Häuserblocks (*insulae*) von Marzabotto bestanden aus großräumigen Häusern, die aus rohen Ziegelsteinen und auf Fundamenten aus Gesteinsmassen gebaut waren. Sie hatten oft nur ein Stockwerk mit Werkstätten und Lagerräumen, die zur Straße hin lagen. Der zentrale Eingang führte zu einem Innenhof, der sich auf das *impluvium* öffnete – der Literatur nach war seine Einführung den Etruskern zu verdanken, – um den herum die Wohnräume angelegt waren. Andere Häuserblocks dienten dazu, die Produktionswerkstätten wie Brennöfen für Keramik und Werkstätten zur Metallverarbeitung aufzunehmen. Bei einem Besuch des Ausgrabungsareals wird man sich der Ausbreitung der Stadt bewusst, während das Museum die Siedlung bis zu ihrer abrupten Aufgabe (Anfang 4. Jh. v. Chr.) zeigt. Dies wurde durch den Einfall keltischer Stämme verursacht, die das Gebiet von Mitte 4. Jh. bis Ende 3. Jh. v. Chr. besetzten.

Spina, Adria und die anderen Städte

An der Mündung eines Flussarms des Po entstand Spina, von dessen griechischem, in jedem Fall nicht etruskischem Ursprung viele antike literarische Quellen sprechen; Etrusker und Griechen waren jedenfalls beide seit Mitte des 6. Jh. v. Chr. präsent, als Spina zu einem großen *emporion* wurde, wo aus dem griechischen Attika große Mengen von Geschirr ankamen, das die Gräber preisgaben und das im Archäologischen Museum von Ferrara ausgestellt ist.
Der Ort war auf mehrere kleine Inseln verteilt, von denen die größte eine Oberfläche von ca. 6 ha hatte. Die dem Wasser ausgesetzten Seiten waren durch einen Damm aus Pfählen geschützt, während das Wohngebiet aus Häusern mit Wänden aus Holzdielen oder lehmbedecktem Schilfrohrgeflecht bestand. Diese Häuser waren durch rechtwinklig angelegte Straßen und Kanäle in Wohnblöcke unterteilt. Die Gräber waren einfache, in den Boden eingelassene Gruben, in denen sich Holzkisten befunden hatten. Aufgrund der Vorherrschaft von Syrakus über das Tyrrhenische Meer seit dem 5. Jh. v. Chr. erfuhr Spina, das für die Produkte aus seinem Hinterland und aus Mitteleuropa (Korn, Agrarprodukte, Holz, Metalle, Bernstein) als Verteilungszentrum Richtung Griechenland fungierte, einen neuen wirtschaftlichen Aufschwung. Gerade aus Hellas kam Jahrzehnte lang auf der gleichen Route in entgegengesetzter Richtung jegliche Art von Geschirr, aber interne griechische Konflikte und das Vorgehen der Syrakusaner auf dem Adriatischen Meer ließen diesen Fluss immer geringer werden, bis er um 325 v. Chr. herum gänzlich verschwand. Mitte des 3. Jh. v. Chr. führte die Präsenz der Gallier zum Untergang von Spina.
Ähnlich erging es der Ortschaft Adria, die zwischen Po und Etsch lag und durch einen schiffbaren Flussarm mit dem Meer verbunden war. Sie war seit dem 6. Jh. v. Chr. bewohnt und vielleicht Sitz einer Siedlung mit griechischer Bevölkerung. Ihr Stern ging Mitte des 5. Jh. v. Chr. unter, zum Vorteil von Spina. Außer bestimmten Abschnitten des Wohnorts, der auch hier aus Holzhäusern bestand, wurden verschiedene Nekropolen entdeckt, deren Materialien im örtlichen Museum ausgestellt sind.
Die Kelten tauchten im Gebiet südlich der Alpen schon im 7.-6. Jh. v. Chr. auf und waren anfangs durch eine Zunahme des Handels sogar erfolgreich. Diese Völkerstämme waren vom Wohlstand der Etrusker-Städte in der Poebene und dem fruchtbaren Boden dieses Gebiets angezogen worden, übten schließlich aber einen wachsenden militärischen Druck aus. In schneller Aufeinanderfolge wurde der größte Teil der Siedlungen von den Etruskern aufgegeben, die die Demarkationslinie zwischen den verschiedenen Einflussgebieten auf dem Apennin festlegten. Trotz der Konflikte kam es jedoch auch zum Handelsaustausch, der in Mantova noch für das 4. Jh. v. Chr. bezeugt ist. Vergil zufolge wurde die Stadt von dem Etrusker *Ocno* gegründet und stellte seit dem 5. Jh. v. Chr. einen fundamentalen Knotenpunkt für die Handelsbeziehungen mit Rhein und Mosel dar. (M.M.)

Ende eines Kandelabers mit Spielerin von Klapperinstrumenten aus dem Grab 128 der Nekropole Valle Trebba in Spina, 1. Hälfte des 5. Jh. v. Chr. Ferrara, Museo Archeologico

Nützliche Bibliografie

Allgemeine Werke

J. Heurgon, *La vita quotidiana degli Etruschi*, Mailand 1967 (2. Ausg.)
L. Banti, *Il mondo degli Etruschi*, 1969
R. Bianchi Bandinelli, A. Giuliano, *Etruschi e italici prima del dominio di Roma*, Mailand 1973
R. Bloch, *Gli Etruschi*, Mailand 1977 (8. Ausg.)
M. Cristofani, *L'arte degli Etruschi. Produzione e consumo*, Turin 1978
M. Torelli, *Storia degli Etruschi*, Rom-Bari 1981
M. Pallottino, *Etruscologia*, Mailand 1984 (7. Ausg.)
G. Camporeale, G. Morolli (Hrsg.), *Gli Etruschi mille anni di civiltà*, Florenz 1985
M. Cristofani (Hrsg.), *Gli Etruschi. Una nuova immagine*, Florenz 1985
T. W. Potter, *Storia del paesaggio nell'Etruria meridionale*, Rom 1985
M. Torelli, *L'arte degli Etruschi*, Rom-Bari 1985
G. Pugliese Carratelli (Hrsg.) *Rasenna*, Mailand 1986
M. Torelli, *La società etrusca*, Rom 1987
G. Bartoloni, *La cultura villanoviana*, Rom 1989
M. Cristofani, *Gli Etruschi del Mare*, Mailand 1989
A. M. Bietti Sestieri, *Protostoria*, Rom 1996
Toscana etrusca e romana, Mailand 2002
G. Bartoloni, *Le società dell'Italia primitiva*, Rom 2003
G. Camporeale, *Gli Etruschi. Storia e civiltà*, Turin 2004 (2. Ausg.)

Kataloge zu Ausstellungen

M. Cristofani (Hrsg.), *Civiltà degli Etruschi*, Mailand 1985
Gli Etruschi e l'Europa, Mailand 1992
Principi etruschi tra Mediterraneo ed Europa, Venedig 2000
M. Torelli (Hrsg.), *Gli Etruschi*, Bompiani, Mailand 2000
G. C. Cianferoni (Hrsg.), *The World of the Etruscans*, Shanghai 2003
G. C. Cianferoni (Hrsg.), *Treasures from Tuscany – The Etruscan Legacy*, Edinburgh 2004
G. C. Cianferoni (Hrsg.), *Il mondo degli Etruschi*, Tokyo 2005

Die Illustrationen dieses Bandes wurden vom
ARCHIVIO SCALA bereitgestellt, dem bedeutendsten Bestand an Fotocolor
und Digitalaufnahmen der bildenden Kunst aus aller Welt.

Die über 60.000 auf der Webseite
www.scalarchives.it
zugänglichen Abbildungen erlauben einfache
und schnelle ikonographische Recherchen jeder Art.

E-mail: archivio@scalagroup.com

Die Veröffentlichung von Archivbildern staatlicher Besitztümer Italiens
erfolgt mit Genehmigung des italienischen Kultusministeriums.

Texte: Maurizio Martinelli (M.M.) und Giulio Paolucci (G.P.)

Graphik: Matilde Contri
Übersetzung: Ute Rothhaar Mercantelli
Textarbeitung: Marilena Vecchi

Fotonachweis: Archivio Fotografico SCALA Group (S. Lampredi) außer
Seite 19, 46a, 155b, 183a (British Museum, HIP/SCALA); Seite 199b,
220, 221 (M. Martinelli); Seite 211 (Soprintendenza
per i Beni Archeologici della Toscana)

Druck: Grafiche Flaminia, Foligno 2006